赢在运营

律所运营的体系架构与实践

宋佳 / 著

WIN BY OPERATION

THE ARCHITECTURE AND PRACTICE OF LAW FIRM OPERATIONS

法律出版社 | LAW PRESS
北京

图书在版编目（CIP）数据

赢在运营：律所运营的体系架构与实践 / 宋佳著. 北京：法律出版社，2024. -- ISBN 978-7-5197-9390-6

Ⅰ. D926.54

中国国家版本馆 CIP 数据核字第 2024B1Z531 号

赢在运营:律所运营的体系架构与实践

YING ZAI YUNYING: LÜSUO YUNYING DE TIXI JIAGOU YU SHIJIAN

宋 佳 著

策划编辑 朱海波 杨雨晴
责任编辑 朱海波 杨雨晴
装帧设计 鲍龙卉

出版发行 法律出版社
编辑统筹 法律应用出版分社
责任校对 邢艳萍
责任印制 刘晓伟
经　　销 新华书店

开本 A5
印张 12.625　**字数** 200千
版本 2024年9月第1版
印次 2024年9月第1次印刷
印刷 北京中科印刷有限公司

地址:北京市丰台区莲花池西里7号(100073)
网址:www.lawpress.com.cn
投稿邮箱:info@lawpress.com.cn
举报盗版邮箱:jbwq@lawpress.com.cn
销售电话:010-83938349
客服电话:010-83938350
咨询电话:010-63939796

书号:ISBN 978-7-5197-9390-6
定价:68.00元
凡购买本社图书,如有印装错误,我社负责退换。电话:010-83938349

序　一

一家律师事务所的“明星”，通常是做业务的律师，但星瀚还有一个“不是律师”的超级IP，那就是宋佳。宋佳是星瀚的高级合伙人，负责整个律所的运营管理，事无巨细、极其忙碌。星瀚的知名度和美誉度，离不开她滴水穿石的推进；不仅如此，她还是内部合伙人最愿意交流的对象，律师们常常主动和她“约饭”，聊聊“方向”；而在行业内，她也是“红人”，各种演讲、邀约不断，据说高薪挖角的offer也时常出现。

是什么让这个连律师证都没有的女孩，从后台走向前台，成为星瀚乃至律师行业的一张名片？作为一起创业的伙伴，我来试着回答这个问题。弄清楚了答案，宋佳写作这本书的意义也就可以理解了。

律所运营岗位值得“人才高配”

我认识宋佳的时候，她还是大三学生。那时候星瀚刚刚成立，为储备人才招募寒假实习生。面试的律师告诉我，这个高挑的上海女生极其优秀，但建议不要招进来，因为优秀如此，初创的星瀚是留不下来的，不要徒增遗憾。于是，我说：“那就由我亲自带教试试。"就这样，宋佳成了星瀚第一期的实习生，也成了我的"小徒"。

我记得那个冬天特别冷，宋佳穿一件白色羽绒服、戴红色围巾，大楼的中央空调不够好，在室内她有时也这样穿。我当时设计的实习生带教计划，是一个人才识别和筛选体系，每天都有培训、读书、研讨、实务工作，让每个实习生都过得很充实。宋佳很安静，清晨来得很早，一到下班时间就准时离开。休息时，律师们和实习生欢快地聊着奇闻逸事，她就在旁认真听着。但我很快就发现她的不同，无论你布置多少工作，她在当天总能完成。无论多晚，你都能收到她的交付邮件；实习日报表上的工作心得，常常是上千字的小作文。宋佳的字很隽秀，工作习惯极好，据说来自小时候母亲的严格培养。

她欣然接受所有律师的交办事务，没有畏难，反馈极快。实习一周之后，我试着把一些行政运营工作交给她，比如制作宣传手册、客户登记表、网站改版，她都是来者不拒，不像其他法学生排斥律师业务之外的事务，反而有很高的投入度。我突然意识到，星瀚创业不可或缺的运营人才，或许能从这个清瘦的女孩开始。

在星瀚第一年的年会上，我们邀请每个实习生做一段八分钟演讲，平时言语不多的宋佳非常出彩，她用自己的微博九宫格图片回顾了 2010 年并展望新年，画面感很强，有故事、有逻辑，新媒体（新浪微博 2009 年底才推出）运用得恰到好处：一个热爱生活、勤于思考、追求卓越、不断探索的文艺女孩栩栩如生，惊艳众人。

一个月的寒假实习很快结束了，这段经历对双方都是宝贵的。宋佳一定感受到了初创期星瀚专业、亲切、温暖、欢乐的氛围，不仅每一个案件的成功、每一个客户认可都如此真切，而且这家律所从无到有、越来越有模样，也让亲身参与的她有成就感。而对于我来说，我还有一年多的时间，争取这个“小徒”成为我的创业伙伴……

十四年过去了，那个系着红围巾的大学生，已经成为自信、优雅的职场丽人、律所高端运营人才的标杆。我要承认，当时的星瀚运营岗位招募到宋佳是高配的，有机缘巧合、师徒情谊的因素，相比宋佳原来职业规划的五百强外企，在理性层面上星瀚是没有竞争力的。但正是因为星瀚找到了这样一位高配的带头人，才走通了律所运营人才的自主培养之路，反过来也成就了星瀚这个年轻组织的发展。人才是事业的基础。律师行业这些年高速发展，值得优秀人才匹配，市场这个“看不见的手”，把体制内的公检法人才、公司的资深法务，以及法学院最优秀的毕业生，甚至“跨专业、跨领域”的“非法律”英才，都聚拢成律师合伙人的“供给”。但这种精英化往往只限于做业务的律师，律所招聘营销、市场、人力资源、财务、IT 这些非律师岗位人员时，往往招不到、留不住优秀的人才；留下的人，常常缺乏领导力和创造力，长期平庸化。这与律师行业的发展趋势形成错配，而一个行业的成熟必然走向分工的精细化与专业化。哪个组织解决了职能岗位人才的瓶颈问题，就会形成差异竞争力；而发现错配，躬身入局的优秀人才，也理应从这种竞争力提升中获得成长和回报。星瀚正是在创业时就有了这种意识，并且幸运地解决了人才挑选问题。

运营的竞争力是想象并实践出来的

宋佳加入星瀚之初，岗位是“市场专员”，当时星瀚的基础运营已经有了行政和财务岗位，被我界定为“高配人才”的宋佳，要做不一样的事情。至于怎么做，没有标准和过往经验。我给这个岗位的定位是提升“星瀚”品牌的知晓度和美誉度，所有与此有关的工作，都是这个岗位的职责。这样模糊的界限在一个成熟组织是不可想象的，但也构建了广阔的实践空间：品牌建设、市场推广、自媒体运营、文化塑造都涵盖其中。优秀的人总是勇于探索，在实践过程中，宋佳表现出二个特质：

一是执行力。宋佳是那种目标明确之后，就会去千方百计达成的人。她具有典型的“把大象装进冰箱里”的思维模式。不会犹豫、反复怀疑目标，而是直接分解任务：打开冰箱门、把大象装进去、关上冰箱门。发现冰箱不够大的问题，就去找来更大的冰箱；关不上门，就去找对应的工具。

我记得微信公众号刚刚出来的时候，宋佳找到我，说要做“星瀚微法苑”，目标是周一到周五发原创文章，而且不发律所新闻，只发干货研究。“必须形成稳定输出，让关注的受众觉得有价值。”对于这个目标，我觉得以当时星瀚的规模是达不成的，而宋佳认为，如果通过新媒体扩大星瀚知名度的目标定下了，就创造条件达成它，至于律师团队稿源不足的问题，她设计了一套解决方案：她自己来写作法律“轻知识”；她去旁听业务案例讨论会，隐去敏感信息，根据记忆写案例分析；律师在外做讲座，把PPT拿过来，就可以做图解的专业文章。她参与到各种知识活动中去，有时活动一结束，培训讲课的内容就成了一篇干货文章，不需要律师自己再写。她要求出一个"卫新的办公室"系列文章，让我以创始人视角分析行业发展。我说，我没有时间啊。她每周就定一个主题来和我聊天，然后根据聊天内容整理初稿让我来改……"星瀚微法苑"就这样做起来了，后来和陌生的同行、法官、客户打交道，就时常听到："星瀚所，我知道的，你们的公众号我关注的。"就像宋佳要写作这本书，日常工作没有时间是不会阻碍她的。每天早晨5～9点写作，坚持半年，不影响其他工作，最后完成，绝对是她干得出来的事。

二是想象力。创业本来就是从0到1的过程，宋佳是敢于想象的。她推动汪银平律师的内控反舞弊法律服务产品研发和推广。一开始是在律所举办一些讲座，发现听课的客户爆满，让宽敞的会议室变得拥挤；又有客户和她提议：星瀚为什么不组织一些收费培训？于是宋佳就有了更大的想象力：在顶级酒店租一个至少容纳300人的会场，邀请全国从事内控反舞弊的业内人士参加，把规模搞得更大一些。她去推动汪银平律师办一场"企业内控与反舞弊行业峰会"，而且要收费，讲干货。"第一届企业内控与反舞弊行业峰会"就这样诞生了，从报名、会务到宣传都是宋佳带领运营团队完成的，每一个细节反复琢磨。那天清晨，当全国各地的朋友陆陆续续来到会场，宋佳的设想成为现实，为了会务通宵布置、准备的整个运营团队都很兴奋，觉得付出值得了。经过数年的运作，企业内控与反舞弊行业峰会已经成为星瀚的自主品牌活动，不需要任何第三方机构加持，每年还会有不少科技企业赞助，整个活动完全由星瀚运营体系自主完成。不仅如此，我们还建立了相关社群，都由星瀚自主运营。

在星瀚，宋佳带领的运营团队做成了很多事，当然也有失败的项目，唯一可贵的是我们始终在尝试。宋佳是实践主义者，而对于一个实践主义者，最需要容错的土壤。宋佳的想象力、执行力，与星瀚业务合伙人包容的胸怀和协同的勇气，是“强运营”真正的基石。

有所为，有所不为

选择比努力更重要。宋佳是华东政法大学国际法毕业的，但在律所工作的她，并没有去申请律师证。这些年，她不做任何业务，甘当“绿叶”。我见过许多做律所运营的人，转身都考了律师证，做起业务来。我非常理解他们，因为在律所这个高度市场化的组织里，能签合同、做案子是最有安全感的，从事运营岗位总有边缘化的感觉；和律师合作分工也并不容易，与其成就他人，不如自己干。这也加剧了运营的人才瓶颈，运营转业务，归根结底是业务合伙人导致的。他们主导分配机制，并且长期认为自己理应获得高额分配比例，从而大大压缩了其他职能的优秀人才获得回报的空间。

常常有同行向我请教，如何招募、培养运营人员。我通常会先询问：你们愿意为这些职能提供怎样的薪酬？组织做出了怎样的分配机制设计？此时，他们总是语焉不详。于是，我发现他们“弱运营”的现状是最稳定的“纳什均衡”，大概率不会变化。律所主任指望通过技巧，找到优秀的运营人员，发生了确定性的增量再调整分配，那是愿望思维，不是科学决策。

在星瀚，创业基因所致，业务与运营的合作是双向奔赴的。宋佳从没有想过要自己完成业务，即使她有扎实的法学教育背景，这种自我的“限制”反而扩大了她和业务合伙人的协作。限制了自己的选择权，却发出了明确的“合作信号”，信息对称就形成了合作共赢的局面。对业务合伙人来说，肯定并尊重运营的价值，建立运营职能人员担任律所高级权益合伙人的通道至关重要。宋佳是星瀚的高级权益合伙人，是星瀚收益的最终所有者之一，也是星瀚的决策者，这种通道是与业务合伙人晋升制度同步建立的。当宋佳晋升到这个职级，星瀚运营团队的天花板就抬高了，这是所有律师向运营人员发出的合作信号：运营和业务一样，是这家律所的主人。

宋佳的“不为”，业务权益合伙人的“所为”，成就了星瀚的“顶层架构”，引领律所发展。

弥足珍贵的伙伴情谊

宋佳的优秀，让我吃了不少“苦头”。

第一批“星辰计划”招募，宋佳说：要招到最优秀的人，创始人就要去上海每个知名高校的法学院做宣讲,你是律所的代言人,为律所找到人才是你的职责。她就帮忙对接好各个高校,陪我一家一家去跑宣讲会,结果那一期的应届生成了如今星瀚的骨干明星。

她说,法天使的“法律人故事大会”办得不错,我替你报名了,好好准备;

她说,新则的“开言”在行业里很有影响力,星瀚最近的曝光度不够,来来来,你去讲一下;

她说,律新社凤梅姐最近开了一个“卓越律所品牌之道”的直播,她都是亲自下场,我们星瀚是不能缺席的,我已经帮你安排好了……

这是典型的徒弟优秀,倒逼师父成长的故事。除了工作上的各种交集,在我的记忆里还有一些关于宋佳的“难忘画面”:

创业初期律所组织生日会,全所同事围在一起为寿星庆生。那天,宋佳吹灭许愿的蜡烛,一向冷峻的她突然对着众人说出愿望:“希望之后的每个生日都能和星瀚在一起。”而那一刻,我正好举着相机,按下了快门。

宋佳发来长长的邮件质问我的决策,看完后我生气而失态,对着宋佳拍桌子,全无风度,她冷冷地离开,也放下了工作。事后,我很懊悔,后来是她主动约我去四季酒店吃自助餐,前嫌尽释。

2022 年上海封控前,很多同事陆续被封在家里。我和宋佳特别幸运,小区一直没有阳性,我们坚持上班,看着办公室的人越来越少,始终乐观。直到最后一天,关好律所的大门互相告别,我们笃定地说:"4 月 5 日见。"当时窗外天很阴,后来下了一场大暴雨。

宋佳和我一起去北京出差,参加新则的"开言"演讲,我拖延症严重,一直没完成准备。直到演讲前的一个小时还在备稿,全无底气。宋佳就在演讲地点不远处找了个酒店,在大堂给我安排了安静的地方,她则在旁边点了杯咖啡等着。当我在 300 人面前完成演讲,走下场的时候收到她的消息:"卫律师,讲得很好。我发烧了,就先回去了。"

……

创业的路上充满欢笑、失意、成功、挫折,总免不了做错事、被人误解,对于宋佳是这样,对于我也是如此。我们共同经历过这些,心怀理想、彼此扶助,不仅有合伙人的链接,还有伙伴的情谊。

宋佳在星瀚的发展之路,并非行业里的标准化案例,但像宋佳这样的高质量运营人才,代表了推动律师行业迭代转型的重要力量。她写作这本书,不仅把她多年实践的经验、工具、思考慷慨地分享给读者,而且讲述了自己的成长经历与职业历程。我想,这本书既是给律所的运营人员看的,也是给律所的主任、业务合伙人看的,他们也可以拥有像宋佳一样优秀的运营伙伴。

丹麦哲学家索伦·克尔凯郭尔有句名言:"生命只能向后理解,但必须向前发展。"意思是,我们只能通过回顾过去的经历来理解生命的意义和教训,但我们却必须在不确定和未知的未来中继续前行和生活。宋佳把她的过去写下来,获得智慧和理解,但这种理解并不能完全指导我的未来行动。这就是人生的悖论——我们必须在无法完全理解的情况下做出选择。所以，尽管本书充满智慧，仍需要读者做出自己的决策并勇敢地向前迈进。

卫　新*

* 上海星瀚律师事务所创始人、主任。

序二　高质量律所发展之路将由律所运营品质决定

第一时间读完上海星瀚律师事务所首席运营官宋佳做了12年律所运营管理后，花了半年时间每天早晨5点~9点写作而成的《赢在运营：律所运营的体系架构与实践》，非常感慨：这本书所直指的，不就是中国律所CEO的全面素养吗？

我们常说一位好律师的素养是：能说会写，而一位好律所CEO的素养是：能说会写善管理。如果好律师的标准是：比客户更懂客户，那么好律所CEO的标准就是：比律师更懂律师，比客户更懂客户。惟有如此，才能真正实现把法律服务的价值运营到客户那里，真正让客户得到法治保障价值。

这样的工作，不就是律所高质量发展的目标，法律服务业的发展目标，法治化营商环境建设的目标吗？

对律所运营工作价值的认知，怎么重视也不为过。但是这个看似常识的道理，在真正的律所实践中很难落地。因为律师习惯了自己单枪匹马作战，传统合伙制律所很难有公共预算和科学管理机制。

上海星瀚律师事务所创始人、主任卫新多次和我介绍宋佳的价值：她不是普通的律所运营人员，她是律所的合伙人。或许是我眼里闪过了一丝疑问（一般律所中律师合伙人都是主角，运营人员都是绿叶)，卫新还专门给我讲了发现宋佳的过程——他大学毕业后，在房地产公司参与过创业全过程，30岁创立律所，一心想打造一家公司制律所，解决律师行业里常年个人"一条龙"服务的"顽疾"。他在招聘时就专门设置了运营岗，也很幸运，从华东政法大学国际法学院招到了一位不想做律师想做市场品牌的实习生。这位叫宋佳的女生非常擅长写作，安静的外表背后有一颗格外注重"仰望星空"的心灵，这让她后来放弃了数倍于律所薪酬的外企offer，来到了星瀚一起创业。她虽然写得一手好文章，但她绝不是普通的品宣人员，她还懂得如何识别客户需求，如何将咨询线索转化成"案源"，如何提升律师的服务能力，让服务全程充满专业价值，让客户体验感杠杠滴。而这还不是她的核心追求，她的目标是参与打造一家真正具有品质的律所。有时她甚至因为卫新偶尔动作慢了，迅速反馈，提醒"聚焦目标"。这些对目标的管理能力和行动自驱力，让她在律所运营中不断追求工作的细节化、流程化及考评化，让每项工作的颗粒度都细致饱满，最终推动星瀚成为闻名业内的一体化精品所、上海市十佳律师事务所……

正因如此，卫新特意给我介绍宋佳的意图有两点：第一，以后星瀚的事找宋佳就行，她都能做主；第二，很多律所主任都问他，怎么找到宋佳这样的运营人才？他觉得目前可遇不可求，但是可以通过培养来扩大运营人才的来源，律新社可以多组织培训，律所太需要优秀运营人员了。作为一名优秀律师，他深感，律所管理人才的专业化是律所高质量发展的重要基础保障。

对此，我非常认同，也一直在行业里大力宣传。

律新社创立于2015年,从传统媒体进入法律服务业新媒体领域,从市场角度观察律师行业,既看到了台前鲜亮,也看到了幕后艰辛。我们发现好律师和好律所完全是两个维度,前者是个人能力好就真的好,后者是组织能力好才能持久好。法律服务作为专业服务业的组成部分,具有门槛高、投入久、无形化、私密性等特点,信息半径很短,唯有品牌可以持久链接用户。所以,律新社从品牌入道研究律所、律师,我们发现了一个重要规律:好律师、好律所的品牌背后,都有一套运营机制支撑;再往背后探析,就是律所管委会运营理念和律所运营人员能力。快速发展的律所背后,都在运营体系上有较高的认知和较多的实践投入。

律新社一直在接触业内多种律所运营体系,可以直观感受各种运营体系的规划性和落地性。2023年,律新社还发布过《律师业品牌运营人才调研报告(2023)》,调研中我们了解到,中国律所运营体系建设还在初期,从事律所运营管理工作的非律师人数不过数千人,且集中在大所和头部精品所,而具有一定管理思想和影响力的律所运营人员不过百余人,这和中国目前4万家律所、70万律师的体量非常不匹配;运营人员的专业能力、待遇和发展空间,都还有很大的提升空间。这和律所管理者对这一机制的认知程度、律所运营管理人员自身能力和影响力、职业发展的支持环境等相关。因此,加强律所运营人员培训非常重要,律新社为此也推出了律所管理与品牌运营精品培训大课,并多次邀请宋佳来做讲师。

也正因如此,宋佳撰写的这本《赢在运营:律所运营的体系架构与实践》非常具有时代价值。她以星瀚实践为例,对律所运营进行了全面梳理,是非常好的学习资料和培训教材。

书中介绍了中国律师行业的发展历程、律所性质、律师执业、律所战略、律所运营制度模式等行业基础概念。任何一位律所运营人员首先要对行业有所了解,这不仅可以帮助在律师行业内转型至运营岗位的人士全面认知自身,而且对从其他行业进入律师行业的运营管理人员而言,也是非常基础而重要的一课。实践证明,其他行业的运营人员转入律师行业,很多惯用的方法不服水土,导致摩擦较多,律师行业对直接从外部请专家信心不足。

书中运营之术的系列介绍也很有价值。对运营实务所涉及的视觉、新媒体、活动、客户管理、产品设计、人才招聘管理、数字化、风控、行政与秘书、财务等,作者都一一详细阐述作用、价值,还非常贴心地将工作表格全部呈现,如新媒体发稿后的复盘表。工作之精细之用心,令人赞叹,由此可见运营到深处,自有专业颗粒度。

当然,即便能把本书里公布的制度、表格全部复制,也未必能把运营工作都做好。因为这个工作仍然需要10000小时积累,唯有反复练习,才能掌握精要。有道是:“书痴者文必工,艺痴者技必良。”若无热爱和长期主义精神,很难将其贯彻到底,产生精妙效用。

律所运营是一项实践性非常强的工作,方法论的梳理有助于更好地整理发展思路,且目前行业内关于分配制度、文化建设、管理机制等还无完全定论,中国律师制度恢复重建45年来,依然在一个壮年发展期,很多与之相关的运营工作尚在起步期,都有非常大的探索空间。

法律运营，国际上称 Legal Operations，在国际律所中也在日渐升温。法律运营专业人员既像是律师团队的“总管”或“教练”，又承担了相当多的辅助和支持工作，对外面向客户，对内管理团队项目运行，并且持续地改进流程、工具、技术，让整个团队有条不紊且更加高效。

理查德·萨斯坎德在《法律人的明天会怎样?》书中也提到未来 20 年法律行业剧烈变革的三股力量:“事多钱少”、执业泛化、信息技术。其中执业泛化的趋势就是将有越来越多不同专业的人员进入法律行业，成为律所的合伙人、管理者等。

2024 年初，上海提出制定《上海市律师事务所特别合伙人管理规定》，迎来“特别合伙人”时代，一场改革大潮正拉开序幕，深度认知“特别合伙人制度”将成为律所下一轮竞争的分水岭。

当下，我们正站在这个职业风口的起点，一个更大的舞台正在展开。中国律师业经过 30 余年的高速市场化发展，未来的竞争一定围绕组织力、品牌力和文化力展开，而“百年老店”的目标更离不开运营管理和文化建设。因此，持续研究和尽早实践律所运营，是孕育伟大律所的必要前提。随着中国在国际舞台上的重要地位和海外发展需要，展示中国好律所的时间点越来越紧迫，加速培养优秀律所运营人才也是必要策略之一。

虽然当好一名律所 CEO 依然很难，各种融合挑战，依然是普遍难题，但是意义很大。宋佳无带教老师，全靠自己在律所中不断实践和创新，围绕“热爱法律的技术派”这一价值理念，一点点探索出了星瀚发展之道,同时也探索了律所运营职业的发展之道。这本书是她对律所运营职业认知的系统梳理和总结,也为中国律所运营的职业化、专业化打了个样,也再次证明了可以爱一行,创一行。

莱昂纳德·科恩说:“万物皆有裂痕,那是阳光照进来的地方。”

万物皆有不完美,这是万物的本质。任何不完美之处都是我们发光的机会!

希望这本来自一线实践的《赢在运营:律所运营的体系架构与实践》能帮助更多有志者进入这个职业,成长为中国法律运营人才梯队的中坚力量,助力中国律所和法律服务事业的强大,让法律价值之光照进更多人的心里!

王凤梅*

* 律新社 CEO。

自 序

回望45年前——1979年，当年9月，司法部恢复重建；12月，司法部颁布了《有关律师工作的通知》，自此，1979年被称为中国律师制度恢复的元年。随后，中国律师行业从20世纪90年代开始逐步市场化，先后开启了“牌照红利”和“规模红利”时代。

业内普遍认为，律师制度恢复之初，只要拥有律所牌照、获得律师身份，在改革开放的背景之下，律师业务就供不应求，大家都是时代背景下的幸运儿。2010年之后，中国律师行业的面貌较此前30年发生了翻天覆地的变化，其变化背后的重要动因之一就是行业人数的激增。从1979年到2016年，37年的发展使全国律师人数达到32.8万人；时至2022年，全国律师人数突破65万人，换言之，仅仅6年时间，中国律师人数就增长一倍。按照增速推算，2025年前后，中国律师人数将突破75万人，甚至是80万人。2010年之前启动规模化发展之路，或是2010年之后坚定地走上规模化之路的律所，在律师人口的红利期里也得到了时代的回馈。

但是，律师服务属于专业服务业，有门槛、有难度、非标化，规模化之后带来的管理难度陡增。品牌美誉度如何提升、增量市场如何打开、存量市场如何维护、所内合作如何进行、专业品质如何保障、风控管理工作如何推进、如何吸引优秀人才、如何留住具有核心竞争力的合伙人、如何避免内部利益冲突和各类内耗、如何应对日趋激烈的竞争环境……这些问题都成为律所创始人、管理者，乃至每一个律师的内心关切。我们见证了一些律所因其在组织建设、运营管理方面的优势异军突起，甚至是弯道超车；但也看到了一些极具影响力的律所在发展路径和管理模式上遇到困局，过往数十年取得的成绩在短短几个月之内就成为过往云烟。

专业服务机构的管理不同于传统企业的管理，国外专业服务机构管理的经验也无法拿来就用，各家律所的基因、环境、优势不尽相同。律师本身是法律领域的专家，但在品牌、市场、销售、人事、数字化、财务、行政等方面却普遍缺少经验。加之每一个律师都是可以自带生产力和生产工具的，对于自由的向往也是很多人选择成为律师的重要原因，种种因素的叠加产生了律所很难管理的局面，外部咨询机构的专家们许多时候也爱莫能助。在此情况下，法律界的专业服务机构选择分享信息——做新媒体内容，搭建平台——组织培训、参访、游学，发出行业声音——颁布专业指南，举办大型峰会、行业论坛，为的都是让大家互通有无、取长补短、因时因地因人制宜。

作为国内较早专职从事律所运营管理工作的从业者之一，过去十多年里，我写过数十篇有关该主题的公众号文章，在数百场业内外活动中进行经验分享，接待过万余名律师、律所运营从业者来到我们上海星瀚律师事务所交流，所涉话题覆盖新媒体营销、活动营销、律所文化建设、律师团队绩效管理、如何打造市场化的运营体系等方方面面。即便如此，但我明白仅靠这一次次的交流分享对于想要从零开始建设运营管理体系的律所而言是远远不够的;每次交流都是选择一个角度与大家探讨自然是不全面、不系统的。客观情况也是如此,听过我讲课的朋友们难免在实操落地中遇到具体的困难,他们会来细细询问,但也怕对我的工作生活多有打扰。也有同行听人介绍联络到我,但他们提出的问题往往非常宏大,诸如:"我们管委会决定要高度重视律所中台建设,请您跟我们讲讲,中台怎么建。"这让我一时不知从何说起,即使花费好一番精力说完,对大家的实质性帮助还是很有限的。要怎么解决这个问题呢?我想到的办法是"三个一":一本体系化的实务书、一套综合性的实务课、一个互帮互助的共创社群。

写书是最好的知识管理,读书是系统性获取知识的最佳方式。我想将我过去十多年工作过程中的方法、经验、观察、思考记录下来,帮助大家看到:一家 2010 年之后成立的精品律所,是怎么通过运营管理的优势成为"上海市十佳律师事务所",得到"钱伯斯""The Legal 500"等行业媒体认可;一个律所公众号"星瀚微法苑",是通过哪些方法扩大行业影响力,并每年为律所提供数额可观的案源创收;年轻的后起之秀们怎样通过法律服务产品化在律师行业中赢得尊重、站稳脚跟……无论你称律所中的非业务人员为运营管理团队,还是中后台,我想分享一下,如何找到他们、培养他们,并且通过与他们的合作,赋能律所与律师的发展。

没有一家律所能够完全复制另一家律所的经验和做法,但是每一种经验和做法都能产生启发与影响。我将书名定为《赢在运营:律所运营的体系架构与实践》,并对此进行简单拆解:

首先是“律所”。书中所讲主要是律所层面的运营管理，因为长期以来，我本人的站位一直都是律所视角，但这并不妨碍这本书对律师团队的合伙人、个人律师、青年法学生、运营工作者同样会有帮助。博弈论的视角下，人类文明的发展历程就是如何解决个体利益和集体利益之间的冲突，让大家突破囚徒困境，在协同与合作中获得共同的幸福，律所的运营管理逻辑也是一样的。我讲律所的运营管理，也是在讲律师团队的运营管理、律师本人的自我运营、律所运营管理人员的成长，有异曲同工之妙。

其次是“运营体系架构”。在我看来，运营管理是让组织更为高效、流畅运转的方式。怎么看待运营管理的效果？就是要在同样的人数之下，辐射更多的客户、获得更高的创收、产生更大的利润；又或者，在人数增加的情况下，避免边际效应递减，即人数增加N倍，但取得的效应远不止N倍。这样的成果是要通过多人、多部门在科学方法和创新意识之下形成合力、进而产生的，所以我会讲律所中常见的运营管理职能部门——市场部、人事部、财务部、行政部、IT部、法务秘书部、业管风控部……介绍各个部门在什么样的目标和定位之下，具体可以做哪些事。

最后是“实践”。其含义就是可以实操、落地。我尽量避免语言上的絮絮叨叨，争取通过言简意赅的方式帮助大家掌握一些方法、技巧，尽管无法完全穷尽，但也希望读者可以从中得到启迪。能在看过这本书之后，有一些具体的举措应用到日常工作当中，并且期待大家从中有收获、有发展。

如果大家对本书所写的内容能够相对认可，后续我也将尝试挤出时间来做一些系列培训课程,建立专门针对律所运营管理话题的社群并深度运营。律师业务和律所的运营管理工作都是需要实践的,正如我在法学院读书时老师常常提醒的来自霍姆斯法官的名言:法律的生命不在于逻辑,而在于经验。

我写这本书的初衷是希望将我在律所运营管理上的积累分享给大家,助力更多的律所、律师结合运营管理的思维发展律所,为律师行业的进步作出贡献;也希望帮助勇敢地选择了律所运营管理这条道路的从业者们确立信心、找到方向。这本书是阶段性经验的汇总,也是下一段经验的开始。由于我个人的局限和过往的职业历程,书中所写的内容一定会有错漏、缺憾、不完美之处,还请读者见谅并指点。期待我们一起共探律所运营管理、律师行业发展的下一站。

宋 佳

2024 年 8 月

目录

前　言

打造卓有成效的律所运营体系

由于本书内容是基于我个人职业的积累，书中自然少不了以星瀚[①]为例，甚至带着较为突出的星瀚烙印。所以我想借此前言与大家分享我在星瀚做运营、管运营的故事，由此让大家纵览为何要建设运营岗位、如何建立运营体系、运营所能发挥的作用等。

创新律师行业的分工

2010 年 12 月 18 日，星瀚创立。创始人是卫新律师，他是律所主任，也是创立阶段唯一的合伙人律师[②]。彼时的卫律师刚满 30 岁，在这个年龄独立开所之于十分依赖经验积淀的律师行业而言，着实要有不小的勇气。而之所以坚持创办律所而非带领团队转所，卫律师有他独到的战略考量和发展规划，也与他个人的职业背景密不可分。

2002 年，卫律师从华东政法大学法律系本科毕业后考入浦东

① 星瀚：指“上海星瀚律师事务所”，本书缩写为“星瀚”。
② 星瀚初创时期为个人所，此处的“合伙人律师”指内部职级。

新区法院，在正式入职法院前，他去了一家新成立的房地产公司实习，因被公司的创业氛围感染，最终放弃了浦东新区法院的工作，选择留在这家创业公司。他在公司从法务做起，直到成为这家公司的副总，分管除房地产业务以外的全部运营板块，包括行政、财务、市场、人事、IT、法务等各个部门。但是，房企副总的职位令他离法律专业本身越来越远，出于个人理想与内心的真实热爱，卫律师决定从房企离职，进入一个以法律专业作为核心竞争力的行业当中，2005 年，他成为一名律师。

从公司进入律师界，卫律师面临的最大不适应就是律所的管理模式与公司大相径庭。在公司，有市场部负责做网站、做宣传册、协助业务团队做服务方案；有人事部负责招聘，发布招聘信息、筛选简历、组织笔试面试，各个细节都面面俱到；有 IT 部门在你刚坐到工位上的时候，就将电脑配备给你，并且指导上网、打印、扫描等一系列事务……但彼时，这些工作在绝大多数律所都是由律师本人完成的。律师自己找网站公司、找设计师，为自己进行品牌宣传；自己联系校友、朋友，帮忙推荐实习生、律师助理……卫律师回忆说，上班第一天，没有人来为自己连网线、装打印，也没有人来宣贯律所的各项制度，律所中的非业务人员只有前台和财务，二者被统称为“行政老师”，她们负责协助接待、利冲检索、记账、开票、报税等基础事宜。事实上，时至今日，这也还是国内绝大多数律所的现状。

这一局面的存在与律师行业本身的特殊性不无关系。对于大部分公司而言，依靠单个个体很难实现规模化盈利，比如工厂要有采购、销售、工程师、流水线工人等，餐厅要有厨师团队、服务团队等，都少不了各个职能部门之间的密切合作。但律师是自带生产力和生产工具的，传统观念里，律师就是自己把自己销售出去，为客户提供服务，单个个体本身就具备盈利能力，由此也就形成了律师行业长期没有分工、不重视分工的客观局面。

然而大家都不得不承认的事实是，个体的力量终究有其局限性，从业务规模、业务效率的角度看，单个律师作业时的天花板显而易见，因此组建团队、形成分工，成为很多律师具备一定业务体量后的主动选择，但也由此带来不少烦恼。诸如优秀的人才怎么招、招募进来之后如何培养、团队创收如何创新高、团队内部怎么管理、团队利益怎么分配等问题，此时律所这一组织的意义和价值便能体现出来。

律所也是企业，经济学对人为何要进入企业工作有过很多解释。1937 年，著名的经济学家科斯撰写重要论文《企业的本质》(The Nature of the Firm)，他在文中指出，人们之所以要进入企业工作，而不在市场里面单干然后互相交易，原因在于市场有着很高的交易费用。单干的时候，每天要和很多陌生人打交道、讨价还价、应付交易对手的不靠谱行为。但当我们愿意进入企业工作时，这些成本就会大幅缩减，我们跟熟悉的人一起工作，互相信任、长期配合，这就相当于我们将自己的劳动力一次性批发给了企业，而不用每天、每小时、每件工作都去议价，议价的成本就节省了下来。而且企业内部有各种各样的规章纪律，企业的管理者可以协调很多问题、解决各类冲突、作出适当的奖惩。所以，市场上存在巨大的交易费用，是人们愿意放弃自己一部分的自由、放弃自己一部分的权益，进入企业、听任于人的原因。

经济学家阿尔钦（Armen Alchian）和德姆赛茨（Harold Demsetz）对企业的形成同样有着精彩见解。他们二位于1972年在《美国经济评论》（American Economic Review）发表文章《生产、信息成本和经济组织》（Production，Information Costs，and Economic Organization），其中指出，之所以有企业，那是因为企业是一种团队，而团队就具有非常独特的特征——是能够带来比每一个成员单独产出之和还要大的产出的那些组织。有一组资源，把它们凑在一块，它们能够带来的效用、满足，比这一组资源、每一个成员单独所能带来的效益加起来还要大，那就是一个团队。两位经济学家认为，团队具有神秘的功能，它把东西加起来以后，会无中生有一些新的效用；而这些新的效用，无法完全追溯到构成这个团队的每一件要素上面。

在此背景下，卫律师创立星瀚时就希望星瀚内部能够形成明确的横向分工与纵向分工。横向分工就是专业领域和行业领域的区分，星瀚成立之初，设立了房产部、公司部、知识产权部、劳动人事部、涉外部等（尽管彼时星瀚的规模非常有限），律师专注于相关业务领域的具体研究和办案，从而形成比较优势。假设沈律师是房产建工领域的专家，他越是专注于这个标签，他就越容易被客户识别，办理的房产建工案件就会越来越多，经验也愈加丰富。李律师是公司股权领域的专家，当她的客户有房产建工案子时，李律师就把客户介绍给沈律师，因为李律师自己从零开始研究房产建工案子太浪费时间、效率太低,专业度还无法跟沈律师相比;同样地,沈律师的客户如果有公司股权结构设计的问题,介绍给李律师就好。

纵向分工是指律所内部体系与部门的划分,按照卫律师的规划,除了传统的行政部、财务部外,市场部、人事部、客户服务部、IT部等都要逐步成立,实现让专业的人做专业的事。

此后伴随着星瀚的发展,“产品化”成为星瀚在横向分工维度上的战略,“强运营”成为星瀚在纵向分工维度上的战略,并构建起星瀚的整体战略——“产品化、强运营”。

先人后事

卫律师喜欢招人,这是出了名的,直到现在也依然如此。星瀚创立后的第一周,卫律师就安排了一项工作,招聘寒假实习生,并且发挥了自己作为华政校友的优势,请学校老师帮忙转发和推荐。当时我是华政国际法专业的大三学生,我的辅导员、学院的团委老师等都跟我介绍了星瀚,问我是否有意向实习。

巧合的是,那个寒假我也的确在寻找实习机会。当时,我已经基本确定自己不太想从事法学专业相关的工作,包括公检法、律所、公司法务等,换个方式讲,我比较确定自己喜欢品牌建设、传播及市场推广相关的工作。

之所以有这样的确定,一方面是因为我发现自己天然地喜欢去查看品牌发展历程有关的事情,比如看到一个新店铺、新牌子,我就会去查它的来历、定位、核心产品、推广模式等，也会去看相关产品的市场占有率、增长率、营销投入的占比等。看品牌故事、看各家咨询公司、研究机构出具的数据报告与市场分析，在我看来是相当有意思的事情。另一方面，我入学后报名的学生会部门就是外联部，外联部的工作内容包括寻找活动赞助、帮助品牌在活动中进行展现（类似于广告植入），甚至直接参与到品牌在校获客的过程（如果赞助费出得非常高的话），我对这样的工作内容是比较喜欢的，品牌方也会对我的工作成果给予高度评价。因此我基本明确，自己在大四的时候，会关注的校招岗位应该都是消费品行业、科技公司的市场管培生，那么在大三的时候，反倒可以去感受一下法律工作的实际情况（这样的规划其实并不科学）。若未来别人问起我的专业，知道我是学法学的，我总归还能说出一点点实践经验。

碰巧我当时参与了一个课题，是和证券交易有关的，有了去上海证券交易所实习的可能。但此事一直没有最终敲定，经过和辅导员的沟通，我决定先去星瀚面试。通过星瀚的实习面试，拿到 offer 后的几天，上交所也来与我确认实习的事情，考虑到是星瀚先给的 offer，上交所也能帮我将实习的时间延后到暑假，于是我成了星瀚成立后招募的第一批实习生，并且也是卫律师在星瀚带教的第一个实习生。

作为创始人的实习生，有两处不一样的“优待”。一处是，卫律师向所有的律师、律师助理说，我不仅仅做卫律师安排的工作，其他同事有工作任务，也可以安排给我。这样一来，我每一天的工作都非常充实，可以从早上七点一直忙到凌晨两点，短短一个寒假，就参与到了30多个案子中，案件涉及的类型包括境外投资、劳动仲裁、股权纠纷、房产陪购、商标保护等多个方面，和我想要充分实践法律工作的初衷相当吻合。另一个特别之处就在于，当带教是创始人而律所又新成立时，就意味着我的工作还包括一些非业务的内容，比如设计Newsletter和律所宣传册、更新律所官网、制作满意度调查问卷等，这也和我未来想要从事的职位方向不谋而合。

在我实习的第二周，卫律师专门和我聊了一次，问毕业之后是否有意向留在星瀚，这让我有些吃惊，没想到自己的工作能落实得这么快。毕竟我2008年入学时恰逢次贷危机，无论是社会舆论还是老师讲课，几乎都会让大家做好心理准备，全球性的经济影响可能持续多年，导致大家的就业难度增加，以此鞭策同学们好好学习。我当时很坦诚地跟卫律师介绍了我本身的职业规划。听完我的规划，卫律师立刻给出了第三选择——在律所从事市场工作。

卫律师谈道，传统律所对非业务的板块都不够重视，律所中的非业务人员被统称为“行政”，但他觉得，“行政”的概念太狭隘，并不能概括律所在管理和发展的过程中所需的全部助力。在他看来，非业务的同事不仅承担着服务的职能，也会发挥管理，甚至引领的作用。星瀚作为一家新成立的律所，想要有长远的发展，就一定要有特色和优势，根据他创立星瀚的初心，星瀚的非业务同事会成为星瀚的核心竞争力之一。法学背景从事律所市场工作，他认为，这个定位对我本人、对星瀚都能产生竞争优势，有着非常广阔的前景。对此,我当时的回复是需要考虑一下。

之所以要考虑,最主要的原因是为时尚早,大三的寒假,距离我毕业还有将近一年半的时间。除此之外,我对律所市场工作具体要做些什么、能够做到怎样的程度,心里也没底。在卫律师的提议后,我做了一些调研,比较直观的感受是不少国际律所在非业务的板块已经有了成熟的体系与分工,从他们的官网、Newsletter、举办的各类酒会或者活动中就可见端倪,从英美的一些律政剧里也可以管中窥豹。但在国内,关注非业务板块的律所很少见,以此作为律所宣传亮点或竞争优势的律所几乎没有。究竟是因为领域新兴、需待相关理念被普及,还是因为这样的想法本就没有实践的土壤、在行业里不被认同,是值得思考的问题。

到了大四的时候,我还是按照原计划开始了自己的校招生活,同时将有意思的面试过程在 MSN 上跟卫律师进行分享。和律所简单的笔试、面试流程不同,绝大部分消费品或科技公司的管培生岗位都要经过五轮以上的考察环节,从网申阶段的简历递交到性格测试、逻辑测试、综合笔试、群面、单面、Presentation 或者小组项目竞赛等,流程非常繁杂,对于非商科背景的我而言,充满了新奇感和挑战性,也是在这个过程中,我找到了在律所从事市场工作的价值与意义。

比如有一次单面,三位面试官同时面试我一人,面试内容主要围绕简历和群面情况的复盘展开,总时长达 90 分钟。我当时有两段实习经历,一段是星瀚,另一段是上交所,因为后者的工作内容学术性因素较多、保密要求也高,在星瀚的实习尤其是和非业务工作相关的部分，就成了交流的重点。

我们聊到，我曾经和卫律师去新浪地产、网易房产等门户网站的频道专区展开合作，包括设立文章专栏、开设互动留言板、参与网站的直播和线下分享活动等。面试官就会关心，我们的专栏在整体网页上的位置，展现方式、更新频次、点击率如何；点击用户中，选择在留言互动区提问的用户比例、选择参加网站平台线下活动的用户比例；新浪、网易的共同点和区别是什么；与不同的平台合作时，我们是否有些调整，调整体现在哪些地方；通过这样的合作，我们的房地产法律服务能否得到客户与案源，投入产出比怎样……特别感谢面试官们的启发式提问，让我很直观地感受到了律所市场工作的价值和可以为之努力的方向。

大四那年的秋冬天，经过若干家公司的全流程面试和几次慎重的录用事宜沟通，在与卫律师交流后，我最终决定加入星瀚。尽管彼时的星瀚成立未满三年，还没度过国内新设企业的生存期（有一种说法是，中国企业的平均寿命是三年），且选择星瀚与通常择业时的常用标准——收入高、离家近、企业实力强可谓背道而驰，但我的直觉告诉我，应该选择“和喜欢的一切在一起”。

星瀚的工作氛围非常纯粹，大家的目标都是将律师业务做好、将律所组织建设好，没有内耗、没有复杂的人际关系，有的是彼此之间的深度信任和无私分享。星瀚的文化战略也极具吸引力，当时的我们都高度认同卫律师的创所初心和战略规划，立志要成为有实践精神的理想主义者。很多法学生都有法治天下的梦想、维护公平正义的主张，我也一样。要将这些想法落到具体的行动中，既可以成为法官、检察官或者律师，让自己的法学专业知识在每一个案件中发挥作用；也可以加入法学教育的队伍培养一代代的法治人才；还可以将法治精神融入于自己的点滴生活中，哪怕不从事和法律有关的工作也同样体现法治信仰；也当然可以从事律所市场工作，让好律师、好产品被看到，将客户的法律需求与合适的律师匹配到一起。商业社会中，阻碍交易的最主要因素就是信息不对称、信用不传递，这在高客单价、低频次的产品领域更是如此。十多年前，本科即将毕业的我想让优秀的律师能够通过市场化的方式被外界识别，也想让具有法律服务需求的当事人通过直观、便捷、低成本的方式找到专业、负责、合适的律师。

卫律师看着我放弃薪酬数倍于星瀚的名企工作，做了一个预言：法学生进入法院、检察院、公安系统的很多见，留校当老师，进入企业做法务，或者在律所从事律师工作的都不稀奇，但是，法学科班生在律所专职从事市场工作、管理工作却非常罕见。当法律行业的分工越来越细、市场化的竞争越来越激烈，就会有越来越多的律所亟须这类人才，而这类人才又是极度稀缺的。哪家律所具有这样的人才、哪个人才身上具备相关的能力，就会成为差异化的竞争优势。如今看，这一预言成真了。

从零到一

2012 年，我本科毕业，正式成为星瀚员工，在此之前，我与星瀚的交集已经有一年半的时间。

成为正式员工后，我的职位是市场部主管，虽然彼时市场部就我一人。主要工作职责是星瀚官方网站的维护与更新、星瀚微博及博客的维护与更新、星瀚专业文章的撰写和编辑、制作星瀚的宣传物料、举办活动、对接各类渠道、参与招聘工作、协助客户管理和知识管理工作，以及卫律师安排的其他事宜。自驱力强、执行力好是我一贯的优势，这些常规工作的开展使得星瀚相较于当时其他律所，已经显现出了一些特色，一种能够被识别的气质。

在常规工作逐步稳定且熟稔后，我们开始尝试一些新项目。第一个重点尝试是百度推广。2012 年，线上流量还未得到广泛的重视，尽管博客、微博、论坛已经成为大家日常生活的一部分，也有人人网、开心网等其他平台，但人们更多的是将这些平台作为个人社交的工具，并未将品牌宣传与之强关联。2012 年 8 月，微信公众号平台诞生，但在法律圈形成一定规模地运营公众号尝试，至少要到两三年之后。当时，律所或律师在线上进行推广的逻辑与方式基本包括以下几类：(1) 制作网站，潜在客户通过搜索看到相关网站，联系律师。(2) 与门户网站合作发文，潜在客户通过浏览门户网站联系律师。(3) 开通微博、博客，因为这些平台的流量比较高，通过发文或者发表观点引发关注。也有深耕知乎平台的律师，因为知乎的专业用户相对集中。(4) 在第三方制作的法律咨询平台上发布广告位或推广位，如华律网、找法网、法律快车等一类的网站是很多律师的选择。

在上述这些方式中，前三项我们都落实了，至于为什么没有在第三方平台上进行推广，主要原因是我们认为这类平台更适合非一体化管理的律所及其律师，而星瀚在设立之初是公司制的，强调律所的整体品牌形象，与第三方平台的呈现、定位不是很匹配。

接触到百度推广是缘于创建星瀚的百度百科，我们考虑到这是互联网用户了解新生事物时的常用渠道，而且彼时的百度百科还不像现在这样商业化，和维基百科的模式比较相似，是相对开放的、能够让大家自发补充信息的平台，只要信息来源有出处或援引即可。此后，百度的销售人员联系了我们，问我们是否对搜索排名有兴趣，大概率就是我们创建百度百科的行为让百度的销售团队预判我们在互联网推广方面可能有兴趣。

星瀚当时有一位专门的 IT 主管，跟我是同一届、同一个学院的同学，在校期间是学生会科技部的部长；因为对计算机感兴趣，也为了不辜负法学背景，毕业后选择成为星瀚专职 IT 人员。我们就一起琢磨了百度推广，而且他在与谷歌合作搜索广告方面有一些经验。

谈到百度推广，就一定会提搜索引擎优化（SEO）和搜索引擎营销（SEM），SEO 指搜索引擎的自然排名优化，其实质是理解搜索引擎本身的搜索规则，通过网站的内容优化和技术优化，使得网站被搜索到的概率自然而然地提升、并逐步稳定，这是我和 IT 主管彼时正在执行的工作。而 SEM 就是搜索引擎的付费推广，可以在搜索引擎的后台设置拟推广的关键词并为之标价，当用户搜索到这个关键词时，标价高的网站就会在靠前的位置出现。

购买百度推广服务的同时，他们还会搭配百度商桥，也就是在我们的官网页面上会出现在线客服的对话窗口。我们设想的场景是,客户带着问题搜索百度,搜索关键词与推广内容、网站页面高度匹配,客户进入星瀚官网后阅读相关的专业文章,自然而然地与在线客服展开聊天,进而转化成咨询案件,甚至是正式案件。事实上,就星瀚当时的实践来看,百度推广的效果的确不错。总结下来,取得不错的效果的原因是我们落实好了几件事情:

(1)官网的内容。因为处于发展阶段,当时星瀚官网的内容是非常丰富翔实的,不仅有高频次更新的纯原创专业文章,还有新法新规、热点新闻、常见问答等板块。带着法律问题点进来的用户,一定不会只觉得这是一个律所的宣传界面,而是能实实在在收获知识、得到启发的专业网站。这就使潜在客户更愿意在我们的官网上长时间停留、连续点开若干界面,并且能够在这个过程中认可星瀚律师的专业度、用心程度。

(2)竞价的策略。我们在做关键词竞价排名时,选用的不是概念宽泛的名词,比如"上海律师""上海房产律师"等,在我们看来,这类名词的竞争对手多,竞价成本势必会被抬高。而且在点击的过程中也容易被"误伤",比如有些用户搜索这类关键词可能不是因为他有法律问题想咨询,或许搜索者是同行、法学生、记者……所以,我们通过将常见咨询问题词组化、短语化来选取关键词,而这些常见问题是基于星瀚登记的日常咨询案件情况分门别类梳理出来的。随后,在做百度推广时,我们密切关注真实客户的搜索时间段、所在地域、使用的搜索词等,将这些信息整理出来,以便不断优化我们的竞价策略和网页内容。所以,我们的推广竞价始终保持动态,以推广效果为导向,让成本与收益尽可能实现最优。

(3)邀约与转化的机制。为了不浪费从百度推广上获取的流量，我们在制度上进行了保障。制定了排班表，排班时间内，相关同事需要随时准备在线回答客户提出的问题并预备电话沟通。前台同事、律师助理是一线客服的角色，他们通过合理使用我们编写的话术与客户进行初步沟通，识别客户是否有真实需求，倘若并无后续转化的可能，则咨询环节到此结束；但如果有转化的机会，在线沟通的任务就会转交到值班律师的手上。百度商桥是有内部流转功能的，客户看不到的地方，由我们自己把握。值班律师看过沟通记录后继续与客户在线交流，并且尽快引导电话联系，因为电话沟通所能产生的信任感总是大于纯文字沟通。在电话沟通环节，律师的核心工作是确认客户质量并且将有真实需求和付费意愿的客户约上门。可以说，我们在大大小小的环节都进行了一些思考和设计，也根据实践情况不断调整。

当时，星瀚的百度推广从在线沟通到电话沟通，转化率大约为50%；从电话咨询到面谈咨询，转化率大约为80%；从面谈咨询到签约成案，转化率超过90%，这个成绩对当时的我们而言是比较理想的。百度推广所获案源为初创阶段的星瀚形成了一定的业务补充，给年轻律师提供了锻炼的机会，案源类型主要以房产法律、劳动人事、婚姻家事、移民法律为主，还有少量的常年法律顾问咨询。

不过伴随着星瀚的发展，商事客户的比重越来越高，百度推广所获得案源的类型、客单价与律所的发展不再契合，2014年之后星瀚放弃了百度推广这一方式。其实,只要律所的战略清晰、定位明确,互联网推广对一些特定的业务依然非常适用。但如今的线上流量价格已经非常昂贵,不少律所、团队以百万,甚至千万级的投入在做线上推广,这对投放的专业度、转化的专业度和律师的业务承接能力自然提出了更高的要求,很多线上推广领域的高手应运而生,在律所发挥着重要作用。

第二个尝试方向是直邮推广,这是一件很有意思的事情。当时我们的一个律师提出,法院网站会定期公示开庭信息,而案件中的被告不排除刚刚收到传票且并未聘请律师的情况,此时,如果他们收到星瀚律所寄出的诉讼法律服务介绍手册,是不是就有可能在第一时间联系星瀚律师进行咨询呢?我们觉得,这是一个很顺畅的逻辑推演,便开始了具体执行。

第一步是请我们的 IT 主管通过技术方式,将开庭公告上的被告信息梳理出来,明确他们的公司名称、法定代表人姓名、联系地址、联系电话等;第二步,就是准备好我们的诉讼宣传手册和致客户的一封信,上面写明了收件人因何事由产生诉讼,即将在什么时间、在哪个法院开庭,如果有聘请律师的需要,可以联系我们;第三步,就是同事们一起合作,将相关材料整理后寄出,为此我们还采购了中国邮政的直邮专项服务。

后来的事实证明,这是一个试错的过程。我们寄出了 1 万多份直接邮寄广告(Direct Mail Advertising, DM),但仅接到两个电话,一个电话是告诉我们,他们已经有律师在跟进;另一个电话的语气则更为严厉,大意是,这是他们当事人自己的事情,会协商的,不用我们这些外人插手。我们内部分析,绝大部分的直邮宣传资料应该都没能触达相关诉讼案件的负责人;此外,与其寄送材料,电话销售的效果和转化应该会更高。但当时我们察觉到这样的打法并不适合星瀚。不过据我所知,还是有一些律所通过电话销售的方式取得了很好的案源成绩。

第三个尝试方向是法律服务的产品化。星瀚从专业分工到实践产品化,经历了一段时间。2014 年前后,“创业企业陪跑项目”正式推出,可以视为星瀚产品化之路的一小步。做产品的初衷是,很多创业者在企业设立的初期都会将核心预算投入业务拓展方面,对于法务事宜的预算总是相对有限,但他们又的确有法律服务的需求。为此,我们跳出了传统法律顾问服务的局限,使“创业企业陪跑项目”的服务内容相对标准化、支付方式更为灵活化,取得了不错的市场反响。

近些年,不少律师同行在参访星瀚时都问过我,如果要划分星瀚成立至今的发展阶段和每个阶段的特色,我会怎么划?我自己习惯将 2010 年至 2016 年作为一个小阶段,在这个阶段里,星瀚的人数规模从最初的 7 位正式员工发展到 40 多位;星瀚的办公场地从创业时的宝华大厦搬迁到了长宁来福士;星瀚在创立阶段所希望具备的职能分工初具雏形;经过了一系列大胆的尝试之后,星瀚探索出了自己的发展路径和特色,每年创收都保持高速增长。

就星瀚的运营体系而言,在 2016 年之前称为“支持体系”,完成了人才储备即发展蓄力。我们的财务部门通过校招和社招迭代,引入了两位非常优秀的财务专家,她们一位有审计工作的经验、一位是专业高校的优秀毕业生，二人相互配合，为星瀚的财务工作保驾护航。在完成传统财务的各项工作之外，她们还提供数据测算、成本分析、预算管理等专业服务，当我们的客户或律师在办案过程中遇到财务问题时，她们也能给予指导和帮助。市场部、人事部亦进行了人员扩充，创新力好、自驱力强的伙伴们持续加入。还有我们的行政前台也在几轮更替后形成了亮丽的风景线，不仅颜值高，专业度也强，让同事和客户都感受到了满满的能量与亲和力。

2016 年之后，“支持体系”更名为“运营体系”，一边是继续创新之路，让星瀚的强运营更好助力业务发展；另一边是迎接挑战、克服困难，伴随着律所的人数增多、规模扩大、分配模式上的调整，运营面对不同的需求与质疑时需要拿出有针对性的、个性化的解决方案。“协调”“沟通”方面的压力陡增，对我、对运营体系的同事们而言，提出了更高的综合能力要求，我们都要思考：理想主义者在雷暴之下怎样内核坚定、穿越风雨，并且做出比过往更为亮眼、更有说服力的成绩。

坚持与创新

2016 年，我主抓了两件事情——“星瀚微法苑”和“星瀚开放日”。这两个品牌项目后来成了外界识别星瀚时的重要标签，直至今日。

对于“星瀚微法苑”，我定下了几个基础规则：(1)“星瀚微法苑”需要在每个工作日更新,即保持工作日的日更;(2)公众号发布的头条内容必须传递价值,没有特殊情况,律所动态、荣誉信息、签约业绩都不上头条;(3)公众号需要进行栏目策划和排期,在一定的机制保障下稳定运作,从而确保“星瀚微法苑”是一个值得关注的高质量公众号。就这样,初代的“星瀚微法苑”开始按照“专业研究”“案例评析”“新规解读”“轻知识”“星瀚人文”,这五个栏目方向进行运作;如遇突发热点事件,我们还有“热点透视”栏目。“专业研究”的产出由各个业务部门排期,公司部、金融部、房产部、刑事部等各部门每周轮替着写,平均下来全所业务同事每年写专业研究2篇左右。“案例评析”的写作会与结案情况挂钩,在我们的管理系统中如有同事申请结案,我就会去关心一下案件的大致情况,询问是否有类案调研和经验总结,可否整合出一篇案例分享。“新规解读”“轻知识”“星瀚人文”可以完全由我独立完成,其中,“星瀚人文”是最具特色的。好故事总是吸引人的,星瀚又恰好是人文感很强的律所,通过这一栏目可以帮助读者更好地了解星瀚、了解星瀚律师,加深大家的情感连接。而且,已经读了4天专业性文章的读者也需要在周五有所喘息,后台数据也很好地反映了“星瀚人文”这个板块的受欢迎程度。此后,“星瀚微法苑”的运作机制不断迭代和完善,在行业内形成了一定的影响力和口碑,也成了星瀚市场化案源的重要渠道,我们有年付千万律师费的客户就是通过看“星瀚微法苑”而来的。

“星瀚开放日”定位为每月面向客户主办的专业分享活动,这类分享活动自星瀚成立起就开始举办,但没有形成稳定的机制。

后通过“星瀚开放日”这一品牌，加深了星瀚乐于分享的文化精神，增强了客户黏性，更给予律师们展示专业风采的机会。

从2016年下半年开始，“星瀚开放日”基本保持每月至少一次的举办频次。2019年，“星瀚开放日”多达52场（当年的星瀚持证律师和律师助理加在一起也就50人左右，其中，合伙人不足10人）；2023年，“星瀚开放日”超过70场（全所持证律师近80人，其中，合伙人律师近30人）。开放日的形式使得“星瀚微法苑”及星瀚新媒体矩阵的读者们从线上转化到线下，提高了潜在客户对律师能力和律所实力的立体认识，也给了律所市场部门的同事接触客户、转化客户的契机与平台，更重要的是，对星瀚品牌形象的持续提升有很大的帮助。

有了“星瀚微法苑”和“星瀚开放日”这两大工具，法律服务产品的开发、宣传、推广就有了基础平台。自2016年起，我和卫新律师、汪银平律师等紧密合作，在企业内控与反舞弊、投融资并购、融资租赁、私募基金、文娱体育等产品板块持续发力、开发法律服务产品。他们都是专业能力强、对客户负责、乐于进行知识积累与分享并且会不断思考产品发展方向的优秀人才。在正向的合作之下，这些产品都取得了不错的成绩，是星瀚创收中非常重要的组成部分，也为外界识别星瀚产生了积极影响。

在此背景下，星瀚的市场化开拓形成了一套自己的方法，并且日益成熟、形成优势（见图1）。概言之，当我们的律师在某个专业领域或行业领域产生拓展意愿时，星瀚的市场部门就可以协助他开启法律服务产品的研发工作。内容包括调研客户需求、调研外部竞品、思考产品定位等，在此过程中，还会与星瀚既有的客户资源、专业优势等充分结合。通过研发工作，判断产品具有潜力之后，我们会建议律师先撰写一个系列专栏，在“星瀚微法苑”上以相对稳定的频次输出两个月左右，以此让读者和客户们了解到我们的新产品动向。接着，我们通过后台数据，分析相关产品的受欢迎程度，选择合适的时机举办“星瀚开放日”。通过开放日获取潜在客户的反馈，也借此机会获得面谈沟通、拓展业务的机会。伴随着客户反馈的增多、服务经验的提升，再对法律服务产品进行迭代、优化，找到新的切入点推出新的一系列文章、举办关联主题开放日，由此形成一个正向的闭环，这样的模式在星瀚取得了很好的效果。

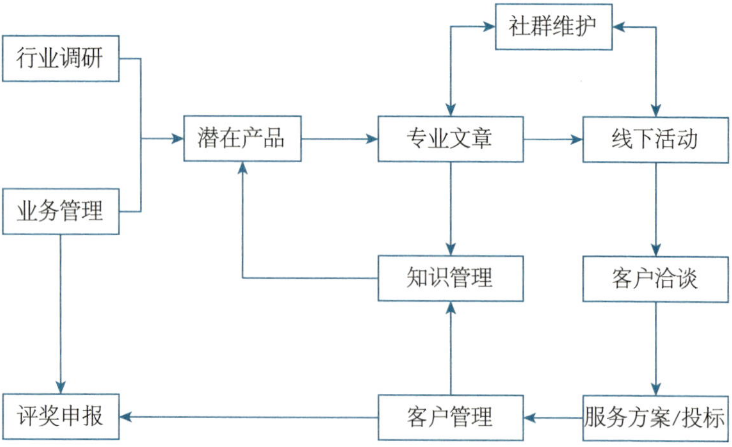

图 1　星瀚发展模式示例

2019 年，星瀚被评为“上海市十佳律师事务所”。卫律师在面试演讲环节对星瀚的定位进行概括：星瀚是面向未来的创新型律师事务所。他从三个方面来突出星瀚的创新精神，包括：(1)法律服务的创新——产品化；(2)发展模式的创新——强运营；(3)律所文化的创新——热爱法律的技术派。

也是在2019年，星瀚不再是单一的公司制分配模式，开始了“造星计划”[①]的探索与尝试，一体化的管理、双轨制的分配，对律所的运营体系又提出了新的挑战。

从分管市场、人事，到增添分管行政、法务秘书等板块，再到全面分管星瀚的运营体系，对我而言，需要持续思考的问题是：律所运营体系的工作如何卓有成效，如何更好地助力律所发展；以及律所运营体系的伙伴如何招募，加入星瀚之后我们如何对其进行培养、如何安排其晋升与发展。

坚持创新是星瀚的文化精神，也是星瀚运营体系的工作职责。就像在星瀚成立十周年的纪念活动上，我们引用《爱丽丝梦游仙境》中红桃皇后说的那句话：“你只能不停地奔跑，一直跑，才能留在原地。”探索是星瀚人的使命和选择，以理想主义的方式奔向星辰大海，是我们不变的原则与目标。

接下来，就请读者们在本书的正文篇幅中详细感受我在律所运营管理方面的思考、视角、经验和方法，并且欢迎大家提出意见与建议。

---

① 星瀚的“造星计划”是指以提成方式进行分配的合伙人律师、独立律师。

第一部分

律所运营管理概览

第一章 | 认识律师行业

要谈律所的运营管理，就一定要对律师行业的发展概况有所了解。为什么有些律所在运营管理方面能够高效推进、做出成绩，而有些律所却一直举步维艰、分歧不断，这和律所的创业基因、分配模式、战略文化都有密切的关系。

我希望通过这个部分的介绍，发挥以下作用：

- 律所创始人、管理者对行业的整体情况加深了解，为制定各自律所的战略目标提供参考；
- 年轻合伙人、年轻律师能够超越原先的业务视角，将业务视角和管理视角相结合，取得更好的个人发展；
- 律所当中的运营管理团队能够通过这篇介绍理解律师行业，在日常工作中不仅知其然，更知其所以然，渐渐地能够探寻到本质问题，更好地发挥作用；
- 帮助对律师行业感兴趣的读者真正认识这个行业，毕竟影视剧中的律师、律所和现实中的情况大相径庭，只有了解，未来才能更好地合作共赢。

一、从律师制度恢复到行业蓬勃发展

1979 年,对中国律师行业而言,这是一个重要的年份。当年 7 月,全国人大通过了七部法律,在《刑事诉讼法》中专门将“辩护”独立成章,并且在第 26 条中明确规定了律师是位列第一的辩护人。当年 9 月,司法部恢复重建;12 月,司法部颁布了《有关律师工作的通知》。因此,1979 年被称为中国律师制度恢复的元年,当时全国律师的总数是 200 多位。

1980 年,《律师暂行条例》出台,规定“律师是国家法律工作者”“律师执行职务的工作机构是法律顾问处”“法律顾问处是事业单位。”可见,当时的律师具有一定的体制内身份属性,而法律顾问处就是律所的前身。我接触过一些在法律顾问处工作过的律师,他们都表达了当时的案件具有比较强的“国家指派”特征。

整个 80 年代,“国办所”即法律顾问处是中国律师行业的主流,1988 年司法部发布的《关于下发〈合作制律师事务所试点方案〉的通知》和 1996 年出台的《律师法》为律师行业的市场化提供了政策与方向上的指引。《律师法》中明确规定可以设立合伙律所,也正因如此,如今行业内的诸多知名律师、品牌律所都诞生于 20 世纪 80 年代末或 90 年代。

当下的年轻法律人都喜欢提“红圈所”(Red Circle),这是《亚洲法律杂志》(ALB)在题为《红圈中的律师事务所》一文中介绍的八家中国律所——金杜、君合、方达、竞天公诚、通商、环球、海问、中伦。“红圈”是借鉴了英国律师界“魔术圈”(Magic Circle)的概念,ALB基于2013年度的律所创收情况选出了这八家律所。而这八家律所无一例外都诞生于中国律师制度恢复、开放的年代里。

其中,环球律师事务所的历史最为悠久,根据环球官方网站的介绍,环球是中国改革开放后成立的第一家律师事务所,由中国国际贸易促进委员会于1979年设立的法律顾问处。正因如此,环球所的Logo边上“since 1979”的字样格外引人瞩目。1984年,贸促会法律顾问处正式改名为环球律师事务所。

1989年,君合律师事务所创立,是中国最早的合伙制律师事务所之一。彼时中国的外商投资企业、中外合资企业都有大量的法律服务需求,君合在该市场中颇具口碑。

1992年和1993年成为大多数“红圈所”的成立之年。海问律师事务所于1992年成立,当时争取到了与北京市司法局试点合作制律师事务所的机会,通商、竞天公诚也在该年成立。1993年成立的“红圈所”包括金杜、中伦、方达,其中,方达成为“红圈所”中唯一一家诞生在上海的律所,其他七家均来自北京。

“红圈所”在大家的心目中往往代表专业、尽责;对于法学生而言,也常常将“红圈所”与高收入、高门槛相挂钩。客观上“红圈所”的发展历程和优势特点值得学习,但“红圈所”也仅是部分律所画像的代表,而并非界定律所品质的标准。行业内评价律所的维度非常多,例如,律所总创收、律所平均创收、律所合伙人创收、律所合伙人利润率、律所人数、分所数量等，这些数据是客观的。但客观的数据亦无法完全代表律所的专业水平、服务能力，很多律所也很重视客户满意度、行业影响力、品牌影响力、社会评价与荣誉、员工幸福感、社会责任感等方面，不过这类主观的评价难以量化，所以到底什么样的律所才是一家好律所？这个问题并没有标准答案。毕竟每家律所都有自己的战略选择和发展路径，百花齐放也是律师行业繁荣的象征。

如今，全国律师人数正在快速增长。从律师制度恢复到 2016 年的 37 年的时间里，全国律师人数达到 32.8 万人；而从 2016 年到 2022 年仅仅 6 年的时间，律师人数就将近翻了一倍[①]。行业内有预言，按此增速，到 2025 年，中国的执业律师人数会达到 75 万人，甚至 80 万人。与之形成鲜明对比的是，律师行业的整体业务增速却远低于从业人员增速，可见竞争的白热化程度。

在我看来，导致激烈竞争、内卷的原因大致包括以下方面：

(1) 强者恒强的趋势明显，中小型律所竞争压力加大。在“牌照红利”时期，律所之间的品牌差异并不显著，无论是客户选择律师，还是新进职场的青年法律人选择律所(其实也是选师父)，有熟人介绍、联络对接方便、价格合理可接受(对客户来说是律师费报价合理、对青年法律人来说是收入待遇合理)，这些因素似乎就足以使大家作出选择。但是，规模化发展的趋势下，品牌的重要性

① 余朋铭：《2024 年，法律行业会进一步极化、分化与泛化》，载微信公众号“新则”2024 年 1 月 1 日。

日益显著。一家律所想要迅速提高品牌影响力，最高效的做法就是规模化；相应地，一家律所如果想要快速规模化，吸引更多的律师加入，吸引更多的客户选择，那么其势必也要进行高规格的品牌建设。规模所的品牌影响力大了，中小所、精品所也要有应对举措，只有通过品牌建设展现自身的差异化，才能在这样的竞争格局中不被淘汰，但是品牌建设是不小的成本投入，这导致中小所的生存空间遭到明显挤压。数据表明，"发展得早的这一批规模律所[①]，这两年发展得反而越快。这其中——

Top1－10 平均增长率是 12.66%。

Top11－20 平均增长率是 19.66%。

Top21－30 平均增长率是 16.31%。

Top31－40 平均增长率是 21.20%。

Top41－50 平均增长率是 25.02%。

Top51－100 平均增长率是 14.4%。

如果继续保持这个趋势，那么一个非常明确的答案就是——规模所的优势，以及头部效应会进一步加强，甚至开始固化……到 2030 年，全国规模所的数量以及对应的布局都会基本完成，反过来，留给新晋律所发展规模的空间，会越来越小"。[②] 这就解释了，为何近年来，律所间合并的趋势日益显著，因为要抢时间、抢律师，要在愈加固化的格局形成之前占得席位。但是，合并不是解决发

① 指截至 2023 年 10 月，律所规模排名即律所律师人数排名前 100 的中国律所。

② 余朋铭：《16% 与 60，这 2 个数字会影响法律行业的未来格局》，载微信公众号"新则"2023 年 11 月 9 日。

展问题的唯一答案，很多时候也不是最优答案，合并之后可能带来制度、文化的碰撞，内部利益冲突的加剧，内部管理决策的分歧等，一旦前期准备不充分，或发生问题之后无法得当处理，合并反而会成为律所走向消亡的催化剂。

(2)法律服务同质化程度严重，“卷价格”成为竞争策略。规模化的律所是否在竞争环境中高枕无忧？结论显然是否定的。无论何种规模、品牌的律所，在红海市场中都不可避免地陷入低价厮杀的泥沼。当某一项法律服务需求大于供给时，律师的服务收费高且客户趋之若鹜，但当这项法律服务变得人人可做时，议价权就不再掌握在律师手里了。过去几年间，我们看到一单资产证券化(ABS)业务的报价从超过百万元一路下滑至十几二十万元；看到常年法律顾问的费用从3000元每小时调整为三五万元不计时；看到法律尽职调查的“起步价”从至少5万元下降至5000元……经济学中的市场规律在律师行业同样适用，律师行业的普遍反馈是：创收压力增大、经营成本上涨、利润水平变低。能够得到高收益的律所，律师一定是创造高价值的，无论其价值体现在专业服务能力、行业资源整合、效率极速提升还是商业模式变革……这世上唯一不变的就是变，“应变”是每一家律所的必修课。

(3)法律服务供给不平衡，律师与客户供需不匹配。前面说，供求关系决定价格策略，但大家也不禁会问，国内的法律服务需求真的都被满足了吗？显然不是。在某些区域、某些客户群体中，律师服务供给旺盛，客户有较大的空间选择律师、议定价格；但不同地域之间的律师服务供给能力差距较大，公共法律服务未被完全满足。

很多律师喜欢把目标客户定位在大城市、大企业，但这一客户群体或许是最不缺乏律师朋友、合作伙伴的，他们选择律师的时候会设置严格的招标流程，在和律师确定服务内容和服务价格的时候掌握主动权（除非律所、律师有核心竞争优势）。在这类目标客户的另一面，是中小微企业、普通老百姓的公共法律服务需求，这个群体的需求却不常得到律师们的关注，律师往往是被动接受他们的需求，而非主动策划有针对性的法律服务产品。换言之，将目光投向公共法律服务市场，积极策划产品、提供解决方案，帮助公共法律服务的需求方通过最优价格获得适配的法律服务的律所，就能在如今的市场环境中大有作为。

（4）客户法务部门专业化程度提升。“牌照红利”“规模红利”时期，很多企业法务部门、法务岗位的设置还不完备，但伴随着经济的发展、合规意识的提高，企业的法务、合规、内控、监察等部门的岗位设计已经越来越健全，得到的培训、赋能也越来越多，还有不少企业通过高薪从律所挖人。这也意味着过去需要由外部律师办理的业务，如今可以由公司法务部门自己承办，又或者法务部门尽管依然聘请外部律师，但识别外部律师的能力更高，他们知道可以通过怎样的预算聘请到怎样的律师。所以律所、律师在专业客户面前的溢价可能性被大幅降低，利润回归合理区间也在情理之中。

（5）执业泛化带来的竞争压力。如果说商事客户的商事业务是多数人眼中的“高端市场”，个人客户的民事、刑事业务是“大众市场”。那么现在的情况是:在高端市场,律师同行竞争者众多,客户可选余地大,且客户法务部自身也具备解决问题的能力;而在大众市场,律师也要应对来自法律咨询公司、互联网公司的强势竞争。比之很多律师的“手工业”模式,法律咨询公司等企业在面对大众市场时的思路是高度商业化的,即尽可能地通过标准化、数字化实现高效率、低收费,再扩大市场规模进行盈利,这让传统律师通常很难招架。

(6)技术变革拉大律所间的差距。2023年,“AI”毫无疑问是年度最热词汇之一,有人惧怕技术变革带来的冲击;有人却拥抱技术,提升效率、解放时间。律师行业中也存在“AI”只是噱头和需要大力拥抱“AI”两种截然不同的声音,在这些观点的背后,我们看到有些律所按兵不动、一切如常,而有些律所却开始了信息化、数字化革新,甚至有些律所在更早的时候就投入上亿规模的资金在“法律+科技”的结合方面。数字化早就不仅仅是律所内部管理系统、律所文档共享系统的概念,而是大大增加律师产能的效率工具,甚至是和客户服务密切关联的数字化结构与产品。这就使得律所间的差距被进一步拉大,有些律所在一轮新的时代浪潮中被拍上了沙滩,有些律所依然勇立潮头,还有些律所实现了弯道超车。

针对以上谈到的这些行业内卷原因,其应对之道是什么呢?我觉得一言以蔽之:提升律所的运营管理能力!组织的运营管理能力强了,就能通过品牌影响力吸引人才、吸引客户;就能通过法律服务产品研发、知识管理等工作创造高价值的法律服务;就能通过整合内部资源、增强协同与合作，从而在红海市场中通过效率优势体现价格优势，在蓝海市场中通过价值优势取得客户信赖；就能创新商业模式和技术方法，推动行业的变革，为更加广泛的群体提供更加优质的法律服务，实现多方的共赢。

二、常见的律所类型

1. 合伙所 vs 个人所

律所的执业许可证由地方司法局印发，包括正本和副本，副本上会清晰地载明律所组织形式，即合伙所、个人所、国资所，合伙所又分为普通合伙、特殊普通合伙。

星瀚在初创的时候是一家个人所，一位执业满 5 年的律师可以开设个人所(3 位执业满 3 年的律师可以开设合伙所)。个人所的管理条线清晰、决策方式简单。卫律师是在 2005 年开始转型成为律师的，2010 年正好是他执业满 5 年。

卫律师选择做个人所的原因是他对律所的发展方向和管理模式有着自己的独到想法，即希望业务条线专业化，形成横向分工；管理条线职能细分，产生纵向分工。而这样的模式意味着律所在经营初期需要有较高的成本投入，能否获得成功尚未得到印证。2010 年，绝大多数律所都是传统合伙所的模式，以提成制分配为主，时至今日这一情形也并未改变，因此，即便有很多同学、好友知道卫律师准备创业后想和他一起合伙，但卫律师还是选择先从个人所起步，在星瀚的战略思路取得一定的成绩后，再吸纳志同道合的合伙人加入。这样的选择既是对同窗、同僚、好友们的负责，也是创业初期勇于尝试、勇于投入、勇于担责的魄力。尽管行业内一般认为个人所的模式比较传统，在某种程度上可能意味着主任的个人英雄主义，但还有另一种可能——为了尝试一种创新的模式，所以先采用个人所来试水。

我们来看一下传统的个人所管理模式，见图 1－1。

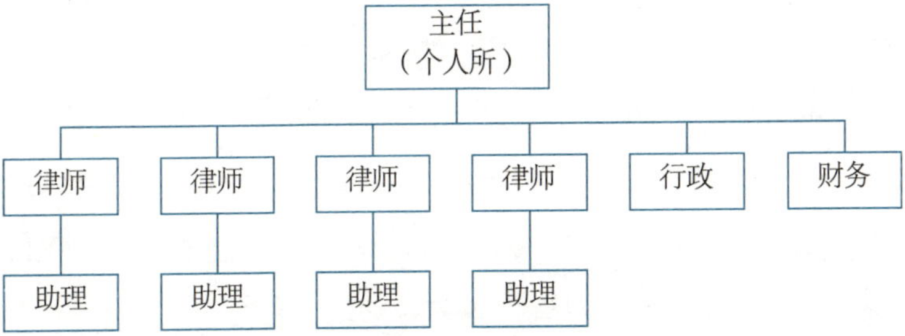

图 1－1　传统个人所管理模式示例

星瀚在个人所阶段的大致情况，见图 1－2。

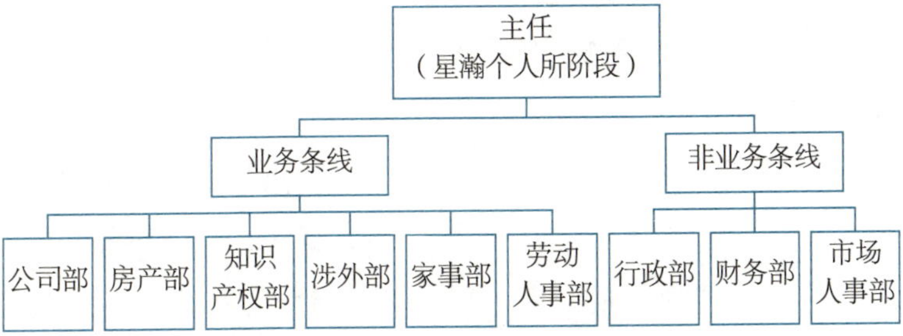

图 1－2　星瀚个人所阶段管理模式示例

星瀚在个人所阶段呈现的气质是典型的“小而美”。星瀚成立的时候，包括卫律师在内，业务同事一共7人，包括律师、助理。为了鼓励大家专业化发展，每人可以选择2个业务部门，所以，别看图示中的部门多，其实各部门的人很少。

当时，我们氛围和谐、内部团结紧密，每周一起开全所学习会，学习新法新规、探讨在办案件。办案过程中遇到疑难问题，随时可以找任何一位同事交流。如果部门内部出现给客户提供方案、报价时意见不一致的情况，可以邀请其他同事去会议室，大家开启“双盲”选择。同事们中午相约一同外出吃饭，聊工作上的事情、生活中的故事、行业内外的热点，可谓无话不谈。那会儿只有卫律师一个人有主任办公室，他听到工位区域里欢声笑语时也会立刻从办公室里跑出来，加入大家的交流。那是一个高度融合、不分彼此的“乌托邦”时期，俨然就是管理一体化、案源一体化、客户一体化、知识一体化。

伴随着律师的晋升和律所业务类型的丰富，合伙所依然是普遍的趋势，因为一群人一起走，才能走得更远。2016年，星瀚变更为合伙所，依旧保持公司制运营。

个人所、合伙所，是律所注册设立时的类型选择，不同的类型选择所要求的硬性条件不同，日常运营管理过程中的决策机制也不同。但无论是个人所还是合伙所，各家律所都可以根据自身的情况以及对律所发展的思考，制定不同的分配方式，并且采取个性化的管理模式。

2. 提成制 vs 公司制

从分配模式的角度看，常见的分配模式包括：提成制、计点制（Lockstep），或将二者进行结合，又或者在一家律所中采取多种不同的分配模式，等等。我们这里说的分配方式，主要是讨论律所与合伙人之间的分配，多数律所当中的律师、律师助理、运营人员还是采取授薪分配的。律所与合伙人之间，以提成模式分配的律所可以被称为“提成制律所”，以计点模式分配的律所可以被称为“计点制律所”。

（1）提成制

提成制分配比较容易理解，跟其字面意思一样，即合伙人按照约定的提成比例，与律所进行收入分配的方式。例如：某律所的提成比例是 70%，合伙人张律师当月的律师费到账 20 万元，我们一般就说，张律师当月的创收是 20 万元，那么次月张律师的提成收益就是 20 万元 × 70% = 14 万元。实践中，张律师也不会净到手 14 万元，因为还涉及座位费、社保、公积金、装卷费等项目支出，在这些细节上，各家律所会有些许差异。

此外，到了年底时，不同的律所也会有不一样的提成分配奖励机制。仍然以 70% 的提成比例为例，此时律所留存的创收比例为 30%。通常，这里的 30% 会覆盖律所整体性的经营管理成本，比如聘请运营团队、进行全所性的品牌宣传等，也会覆盖各类税收，比如增值税、合伙人个人所得税等（也有律所给到合伙人更高的提成比例，由合伙人自行申报缴纳个税）。经营情况理想时，律所的管理层就可以对律所利润剩余部分的分配再制定规则：

- 有的律所规定，全年创收达到一定金额的合伙人，可以按各自的贡献比例来分配利润，以此鼓励大家提高创收水平；

- 有的律所规定，分配时把律所工龄计入进去，从而吸引大家稳定地待在律所组织中；

- 有的律所规定，先留存发展基金，将利润更多地投入到长远发展上；

- 还有的律所规定，分配利润时，对在律所建设方面贡献较多的合伙人，进行奖励或补贴，对只关心自身团队发展不太参与律所建设的合伙人，酌情减少奖励或补贴。

不同的分配制度设计势必产生对应的导向，吸引不同特色和性格的合伙人加入。行业里，一般将第一次提成比例的分配，即70%的这一笔，称为“一次分配”；而将年终利润分配的这一次，称为“二次分配”（如有）。

我们来看常见的提成制律所团队情况，见图1－3。

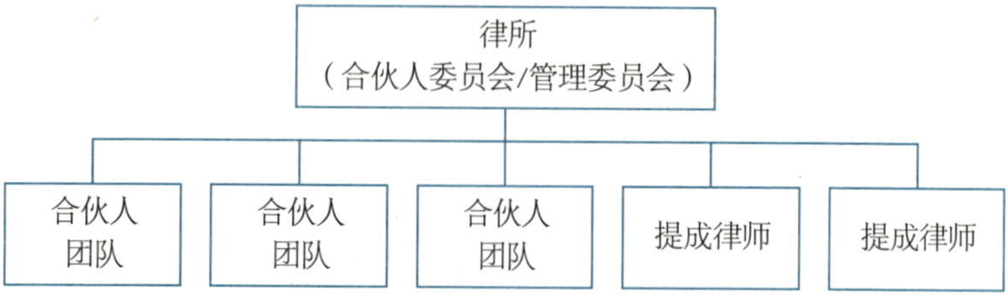

图1－3　提成制律所结构示意图

看到图1－3，大家可能有疑问，合伙人、合伙人团队、提成律师，都是些怎样的概念？

合伙人,严格来说需要在司法局登记,在律所的执业证副本上有所体现。登记的基础条件是执业满 3 年,但受到 6 个月以上停止执业处罚的律师,处罚期满未逾 3 年的,不得担任合伙人。在此基础上,各家律所可以制定自己的合伙人标准,例如,文化是否认同、创收是否达标、专业特色明显与否等。很多律所也会有非登记的"内部合伙人"。比如:新入职的同事此前有着十多年的企业法务从业经历,尽管在律师执业方面是新人,但在法律行业的经验已经非常丰富,那么在其符合合伙人登记条件之前,为了加强他的归属感、参与感,律所就任命其为内部合伙人,参与到管理工作中,享受和登记合伙人一样的待遇。又如:律所中的一些专业人才因为不是法学背景,或者没有通过法考,又或者顾虑中立性没有挂证,几乎不存在成为登记合伙人的可能性,但其专业才能对律所的发展十分重要,也会被邀请成为内部合伙人。不少律所的首席执行官、首席运营官、首席营销官、首席技术官、首席财务官等,可能都是这种情况。虽然不在司法局登记,但在律所内部享受合伙人权益。未来,律师行业的主管部门或许也会对合伙人登记制度进行调整,鼓励非律师的专业人才登记成为合伙人。

至于合伙人团队,可以理解成有团队的合伙人。许多新加入律师行业的同事会简单地将团队人数规模与合伙人头衔相关联,认为有团队的就是合伙人,或者有团队的才是合伙人。但其实,合伙人也可能没有团队。

提成律师是指以提成方式与律所进行分配的律师,常常被称为"独立律师",他们可能因为执业时间、发展阶段等原因尚未成为合伙人。有些律所直接在律所层面聘请提成律师;而有些律所考虑管理成本等因素,在律所层面仅聘请合伙人,再由合伙人招聘自己团队的授薪律师或聘提成律师。

在此基础上,提成制律所的图示就可以有几种变形,比如在律所层面直接聘请合伙人或提成律师的,见图1-4。

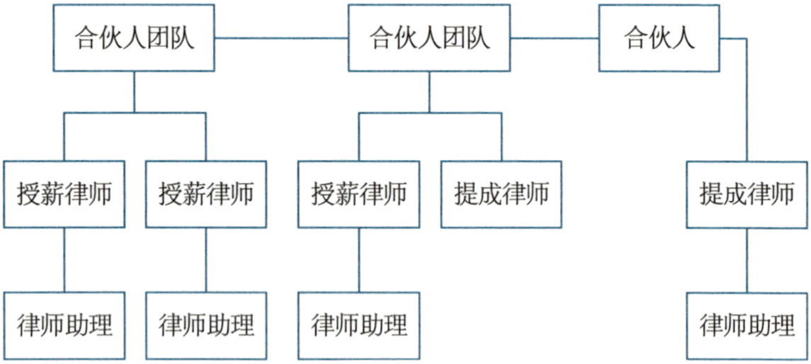

图1-4　直接聘请合伙人或提成律师的提成制律所结构示意图

在合伙人管理项下才有提成律师的,见图1-5。

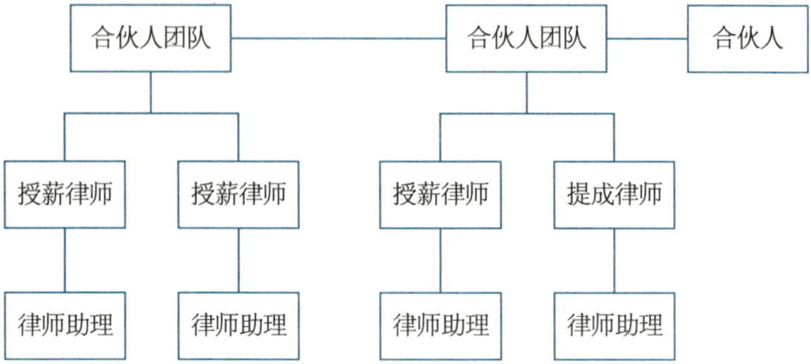

图1-5　由合伙人聘请提成律师的提成制律所结构示意图

由于不同律所的制度细节必然存在差异,图1-4、图1-5无法涵盖提成制分配的全部情形,但底层逻辑相通。

在提成制律所中,合伙人或提成律师的自我拥有感比较强,个人的付出、业绩和最终的经济收益直接关联,合伙人在自己团队内部也有较强的自主性,由此律所可以更好地调动合伙人的创收积极性。

但是,缺乏制度保障和文化建设的提成制律所可能面临一些挑战,或者说,在管理上会遇到一些问题,例如:

①内部竞争。如果合伙人团队各自为政,律所又没有明确的制度可以定分止争,那么就可能频发利益冲突,如客户争夺、多团队抢着投标等内部竞争事件。

②人力浪费。从图1-4、图1-5中就能看到,合伙人都是自己组建团队的,那么就可能存在王律师团队的律师、律师助理最近工作量尚可,比较有余力;李律师团队最近业务很多,需要增加人手的情况。由于王律师团队的人员成本是王律师承担的,所以李律师不能去用王律师的人,此时李律师要么让自己团队的律师加班加点,要么再花费时间精力到市场上招人。

③重复工作。理论上来说,在专业分工的前提下,合伙人团队可以就法律服务产品的研发进行合作,或者在个案中发挥各自的特长。但如果没有律所协调,提成所里面就可能存在多个团队做相同的调研、相同的课题,但信息又不互通。对所有团队来讲,效率都没有达到最高。

④品质失控。当提成所没有统一的专业培训和作业标准时,

就会导致有些合伙人团队、提成律师的出品极其优异，但有些团队、律师的出品不尽如人意，而后者服务的客户就会对律所品牌产生怀疑，甚至扩散负面影响。即使有了全所性的培训、模板和要求，由于提成所对合伙人的管理强度不高，对于品质的实际把控能力很有限，律师最终的出品如何、专业能力如何、服务水平如何，在更大的程度上依赖于合伙人、律师而非律所。

大家需要注意的是，以上这些问题是提成所可能出现的情况，但非必然情况，因为伴随着提成所的发展，律所的管理层也会设法协调、解决相关问题，通过完善制度、增强沟通等方式来降低提成分配模式带来的弊端。

分配问题可能是全行业最为关注的问题，我每次接待律师来访或为各地律协进行培训的时候，同行们问得最多的就是：星瀚是怎么分配的？很多人会讨论到底是提成分配好还是计点分配好？就此，是没有标准答案的。制度设计要匹配律所的现实情况、发展阶段、文化基因，制度要实现的目标应该是一体化，其目的是提升效率、加强协同与合作。

一体化不等于计点制。提成制的律所也许在客户一体化、知识一体化上会有难度，但也不妨碍它们逐步落实品牌一体化、制度一体化等工作。只不过，在过去很长一段时间里，大家习惯于将计点制与一体化画等号，在我看来是因为计点制分配使得律所在内部管理和外部展现上都更类似于公司的运作模式，所以计点制分配的律所也会被称为“公司制律所”，具有明显的、可以被清晰识别的一体化特征。虽然公司制律所一定是一体化的，但是一体化管理的律所未必只能是公司制。

(2)计点制(Lockstep)

Lockstep,意为“锁定等级”,一种源于英国律所的分配方式。应届毕业生进入这类律所后,有着一样的起薪标准(Entry Level),在考核达标的情况下,每年都会晋升一级直至成为合伙人。现在国内有不少律所采取九年级模式,以三年作为一个阶段,比如一至三年级的律师被称为“初级律师”(名片上仅印“律师”);四至六年级的律师称为“中级律师”或“主办律师”;七至九年级的律师被称为“高级律师”或“资深律师”,这就体现了 Step,不出意外的话,新人律师在一家律所工作 9 年后,就能成长为合伙人。通常来说,在成熟的顶尖所成为合伙人,需要的年份会再多一些;在后起的新锐所里发展成为合伙人,需要的年份可能就少一些。不过,人才毕竟是律所的核心竞争力,即便晋升通道拥挤,绝对优秀的人才也能脱颖而出,有概率被破格晋升。

Lockstep 之下,合伙人又分为两种类型,或者说是两个阶段,一个阶段是“授薪合伙人”或者“薪酬合伙人”,年薪、地位进一步提升,但是不参加经营决策,不参与分红,也不需要共担风险。而到了“权益合伙人”这个阶段,就会成为律所真正意义上的“股东”,参与决策、享有分红、共担风险。计点制是计算权益合伙人利润分配的方法。

公司里的股东怎么分红?通常是根据公司章程约定的利润分配方式进行分红,对照到律所,计点制情况下,全体权益合伙人分的就是全所的总利润;只不过,大家分配的标准不是股权比例,而是点数。比如，律所有四个权益合伙人，张律师有20点，王律师有40点，李律师有40点，陈律师有80点，全所权益合伙人的总点数就是180点；若当年全所可分配的利润有1800万元，那么每一个点数的价值就是10万元。张律师的年收入就是200万元，以此类推。

结合国际律所的经验和律所自身的创收情况、利润情况，国内执行计点制的律所大多将最低点数定为20点，最高点数定为100点。律师成为权益合伙人的第一年就拥有20点，到其律师执业生涯的最高峰，假设是50岁到55岁，达到最高峰的那一年，点数可能就有100点。为什么50岁到55岁会被定义为执业生涯最高峰？一方面，结合我国的退休年龄，该年龄阶段群体大多处于临近退休或已退休状态；另一方面，律师的专业、经验、资源对其发展有着重要影响，到了这个年龄阶段，根据多年的积累，这几个维度的能力都到了峰值，这名权益合伙人几乎成了满格的六边形战士。

怎么从20点涨到100点？各律所制定的标准不同，比较主流的方式是：每做一年权益合伙人，自动增加3个点数，以每3年为一个阶段，第四年时额外增加3个点，以此类推。这样做是为了权益合伙人的稳定性，有说法是，在一家单位里持续工作，每三年就会动一次离职的念头。

现在我们可以大致计算一下，大学毕业通常为22岁到25岁，经过9年左右的律师阶段发展以及担任两三年的授薪合伙人，在35岁左右可以成为权益合伙人，随后其点数情况按照最平稳的方式增加，见表1-1。

表 1－1 计点制下律师点数增长模拟

年龄	35	36	37	38	39	40	…	50	…	55
点数	20	23	26	32	35	38	…	77	…	95

可见，到了职业巅峰的时候，其拥有的全部点数差不多就接近100点了，随后，点数会以较快的方式下降，直至降回20点，这20点便作为退休后每年的回报。

在这个基础上，各律所又可以做些细节安排，比如，从20点到50点、从50点到80点、从80点到100点，点数涨幅可以不一样；又如，到了50点、80点，点数是否要继续涨，可以评估或者设置条件；或者，在符合一定条件的情况下，当年度可以增加0.5个点至2个点（如当年度有突出贡献）；又或者，在出现某些情况时，点数暂停不涨，甚至下调等（如违反规章制度、出国留学等）。

通过这样的演示大家不难看出，点数的多少主要是与在律所的年资挂钩，在职期间勤勉尽责、做好自己的工作就能有收入上的保障和涨幅上的预期。计点制和提成制显著的区别就在于，计点制和创收的关系，其无论是与案源创收还是办案创收，都不存在强关联。没有所谓的一次分配、二次分配，只有点数分配，点数与创收的关联性弱，与 Step 的关联性强，所以纯粹计点制也被称为 Pure Lockstep。

有 Pure Lockstep，就有与之对应的修正计点制（Modified Lockstep），因为有些律所经过研究后发现 Pure Lockstep 很难直接照搬，又或者采用 Pure Lockstep 的律所遇到了创收增长上的“瓶颈”，所以综合考虑之后还是决定将创收与点数挂钩，于是产生了对计点制的“改良”、“修正”或者“本土化”，也就有了 Modified Lockstep。

Pure Lockstep 模式为何难以被大多数律所采纳但又总是被提及呢？前面已经说过，在提成制律所里，律师的最终收入和自己的创收能力正相关，但在计点制律所里并非如此。举个例子，张律师带领的部门今年创收了 3000 万元，李律师带领的部门今年只创收了 1000 万元，二位律师担任权益合伙人的时间一样长，部门成员的人数一样多、年龄结构也趋同，这样看来，张律师的业绩表现明显更好，但在计点制下他们的年收入却差不多。

初看这个例子，很多人会觉得不公平、难以接受，但细想之下，计点制的优势正在于此。因为大家的收入与个体的创收没有强关联，收入 = 当年度的点数价值 × 点数数量，点数数量基本是根据工龄稳步提升的。想要提高收入怎么办？就得提升每一年度的点数价值。点数的价值怎么提高？就要使律所的创收提高、律所的利润率水平提高。这个时候，计点制律所就通过分配制度的设计，使得权益合伙人的个人利益与律所的集体利益全面绑定，所有的权益合伙人都被紧密地团结在一起，形成了由内而外的合力。此时客户不是个人的，是律所的，如果张律师今年的争议解决业务做得好，客户对他的信任度高，那他就需要跟客户去推荐律所的其他法律服务，比如知识产权、劳动人事、企业融资……产生交叉销售。总之，要形成集体的优势、分工的优势，把蛋糕持续做大，每一个人的收益才有可能变多。

这样的描述还是基于张律师为了个体利益，在制度的引导下产生的行为，而计点制如果落实得好，权益合伙人的行为高度就会更加无私、高尚。一群极富才华的律师聚集到一起，彼此认可、深度信任，大家都相信比较优势原理，有志于做一家顶尖的律所，为客户提供极致的专业、极致的服务和无可替代的价值，这不是个体能够达成的，势必要仰赖合作的力量。这与提成制律所可能存在的内部竞争、资源浪费等局面截然不同。

客观情况是，提成制律所是绝大多数，计点制的律所在国内屈指可数。过去几年中，由于金杜、虹桥正瀚等几家律所的成功案例被广泛传播，加之多家第三方法律服务机构的宣传、培训、组织境外游学等项目，不少国内律所都对计点制产生了兴趣。但勇于尝试的并不多，尝试之后感到水土不服、无所适从的不在少数。2020年之后，大家对计点制的倡导已经趋于保守。

观察采用计点制的律所，无论是前面提到的几家国内所，还是历史更为悠久的国际所，他们的共同点可能是在 PPP（权益合伙人人均利润）和 PPL（律师人均利润）这两个核心指标上表现得非常出色。所以有观点认为，采取计点制的前提是律所够强、律师足够优秀、客户质量够高（客户需求丰富且付费能力强），但很多施行计点制的律所也会说，能够走到今天，恰恰是因为制度优势。

于是就回到那句话，先有鸡还是先有蛋，这个问题可以先按下不表。我相信，在创始团队实力相当、理念一致的情况下，从头开始走 Lockstep 模式，一定有其制度优势；但综合考虑各家律所的现实情况，分配制度没有标准范例，探索不同的博弈局面之下如何从纳什均衡走向帕累托最优，Lockstep 显然不是唯一的答案。

星瀚在创始阶段是个人所，分配模式非常简单。后来变成公司制运营的合伙所，在很长的一段时间里采取 Modified Lockstep 模式，合伙人部门创收的 50% 先作为一次分配，剩下的 50% 留存在律所平台，到了年底的时候，留好发展基金，剩余的利润按照点数进行分配。这是非常典型的 Modified Lockstep，一次分配跟合伙人创收挂钩，给到一定的个人拥有；但是 50% 的留存比例较之行业内大部分提成所 70% ~80%，甚至更高的比例又低不少，使得大家还是有意愿做一些公共的事情，以此在年底的点数分配中取得比较好的收益。

到了 2019 年，星瀚启动造星计划，有了明确以提成方式进行分配的合伙人团队、合伙人以及提成律师。在这样的情况下，造星计划的板块都按提成模式分配，我们权益合伙人板块仍保持 Modified Lockstep。造星计划诞生的背景一方面是星瀚内部人才的流失，部分高度渴望独立与自由的星瀚五六年级的资深律师，甚至是授薪合伙人选择离职去到提成所，这样的选择似乎符合多数律师的天性。另一方面是外部人才的引入，提成制分配是明显的市场主流，星瀚在没有纯提成模式的情况下，很难与外部人才衔接，仅靠内生发展，律所的成长性不够。

根据星瀚的规划，虽然要通过造星计划的方式进行适度规模化，但律所还是坚持“产品化、强运营”的战略，保持一体化管理的模式不变，让造星计划的成员在星瀚积累三五年之后，有机会可以同权益合伙人的收入分配方式进行数据比对。星瀚的创业基因就是深信比较优势原理和分工协作的价值，所以数据优势终究会显现,这个时候,可以吸纳文化、价值认同度高的,并且各方面均符合标准的造星合伙人转为权益合伙人,于双方都是顺理成章的事。不过,因为造星计划实施的时间尚短,这个设想可否实现还是问号。

律师行业的分配制度之争虽然没有定论,但在此过程中给全行业的品牌战略带来了很大的启发。对律所而言,重视品牌价值,能将客户对律师个人的依赖转变为对律所品牌的整体信赖成为共识;对律师个体而言,塑造个人品牌形象,持续加强客户黏性,也成了他们的目标。律所的规划和律师的想法究竟是统一还是对立,核心就在律所之于律师的赋能和律师之于律所发展的助力是否可以双向奔赴,形成正向循环。一家以人为本的、重视运营管理的律所大概率能够实现律所和律师个人发展目标的协调统一,自然就会形成很强的人合性、凝聚力。

三、律师成长之路

介绍了律所的类型,接下来就要说说律师的成长,也就是如何成为一名律师、如何从律师成长为合伙人。

成为执业律师的前提是通过法律职业资格考试,我念书的时候称为“司考”,后来经过改革称为“法考”。考试通过后进入律所从事助理工作,即可申请实习律师证。以上海律协规定的流程为例,实习期内参加集中培训、通过笔试,实习期满 1 年后各项书面材料都齐整完备,就可以申请面试,面试通过后取得律师证。在星瀚，我们的 HR 会全程提醒、协助我们的律师助理完成前述步骤。至于成为登记合伙人的硬性条件，就如前文所述，取得律师证之后满 3 年。

只不过，在外部规则之外，律师的成长与晋升还存在行业内的普遍规律，以及各家律所自己的制度规则。就以星瀚为例，我们的律师成长可以分为四大阶段。

新一阶段：助理。包括实习阶段和正式入职后担任律师助理的时期。实习生进入星瀚，我们会安排统一的培训课程，包括律师行业的介绍、星瀚文化的介绍，法律调研、合同审核、文书写作、常法实务、诉讼基础、非诉基础一类的专业课程，以及 Word 使用技巧、PPT 制作技巧、Excel 常用技能一类的实用课程。不仅如此，我们还会给助理安排带教和导师，带教负责布置、检核、指导助理的日常工作，导师由星瀚合伙人、资深律师担任且和助理不属于同一部门。这样做的考虑在于，可以为助理了解全所的面貌和其他部门的情况提供不一样的视角。

在助理时期的关键任务就是磨炼基本功，尤其是调研、审合同、写作等方面的能力。我们在评价一位助理的能力时，考虑最多的常常是，请助理核查问题时，能否又快又好地给出答案；安排助理修改合同时，能通过几次训练和反馈后，交出来的成果不再需要带教进行大幅修改。此外，还需要养成优秀的工作习惯。工作习惯既包括通用型的习惯，例如守时、守约、高效、负责等；也包括个性化的习惯，即每家律所或律师团队特有的工作流程，助理需要很好地适应并且执行。在星瀚，律师拿到一个诉讼案件后，必须要填写包括诉讼管理表在内的六张诉讼基本表单，助理就要学习如何填好这些表单，并将其融汇为自己工作惯性的一部分。又如，我们讲究5分钟汇报机制，即需要助理在5分钟里能够跟合伙人、资深律师讲清楚一个案件的基本情况、客户诉求、案件难点、已有材料、沟通情况、后续工作计划等信息。这就需要我们的助理在带教的指导下，结合自己的思考，进行持续性地刻意练习。

助理阶段的技能习得和习惯养成非常重要，甚至在一定程度上直接奠定了未来职业发展的高度。因为越早展现自己的实力并且始终保持较好地呈现，势必使合伙人、资深律师对其能力产生认同，从而在案件分配的时候更容易被安排到重点客户的重点案子当中。他们就能接触更多的疑难、复杂案件，锻炼自身的综合能力，而这些能力又使其可以持续在重要案子中有位置、有任务，形成一个正向的循环。

第二阶段：律师。在星瀚，不是每一个助理在取得律师证之后，职级就自然晋升为律师，其依然需要经过内部的考核评定。区分律师和律师助理的重要标准在于，是否具备独立办案的能力，尽管在刚刚取得律师证的时候，能够独立办理的案件多为事实相对清楚、法律关系较为简单的诉讼案件以及基础型的非诉专项、常法案件。但即便是面对这些简单任务，独立也是需要以能力作为支撑的。

除了在助理阶段打下的基础外，还需要的核心能力包括：(1)沟通能力。可以直接和客户进行沟通，了解客户的需求，解答客户的疑问，协调客户愿望和律师专业意见之间不一致的地方。

(2)应变能力。毕竟处于独立处理事务的状态时,一定会遇到各类突发状况,即使不能在问题发生的当下立刻解决,但也需要通过灵活、合理的应变,为解决问题争取缓冲时间。(3)自驱能力。作为独立负责案件的律师,能够自己做好时间管理和项目管理,有节奏地与客户汇报工作、与所内同步信息是非常重要的。在这个阶段需要独立完成的案件,不再有带教去安排每一个具体的任务和节点,律师要能够自我驱动。

第三阶段:资深律师。从律师到资深律师,其间的动态过程就是越来越多地在案件中担任主办的角色,且主办的案子越来越难。这个动态过程一般需要5年左右的时间,一些天赋很好、积极主动性极高的同事可能通过更短的时间达成。在星翰,到了资深律师的阶段,除了在疑难复杂案件中承担重要任务外,还需要锻炼两方面的能力——产品研发和项目管理。产品研发主要是合伙人、资深律师与市场部共同合作创新法律产品,鉴于产品化是星瀚战略,所以资深律师们需要高度关注、投入精力。而项目管理,是指在办案过程中的统筹能力,把握案件的进度、合理化分工、关注与客户沟通汇报的节奏、及时跟合伙人进行交互与信息同步等。

第四阶段:合伙人。目前,星瀚有三种合伙人类型,分别是:权益合伙人,按照 Modified Lockstep 分配,有决策权、管理权,也负责承担风险;造星合伙人,按照提成模式分配、符合律所造星合伙人标准的合伙人;授薪合伙人,既可以来自权益合伙人团队,也可以来自造星合伙人团队,符合律所的合伙人基本标准,薪酬待遇以授薪模式为主,但年终奖金和所在部门、团队的年度发展密切挂钩的合伙人。

行业里一般将合伙人视为全才,即办案、营销、管理能力都很强,但在星瀚看来,合伙人的能力可以是综合的,也可以是有专长的。比如,有的合伙人在市场拓展方面相当厉害,那么他就可以不办案或者很少办案。有的合伙人擅长律所管理和运营,那么就可以专职做这项工作。有的合伙人尤其喜欢办案,但不喜欢营销展业,那么就将这位合伙人的办案能力发挥到极致也很好。又或者,合伙人觉得办案压力大、与客户打交道心累,但很喜欢钻研问题、法律功底深厚,那就成为律所中的"老法师",做一个科研型的合伙人也未尝不可。进行这样的设想时,我们觉得理论上完全行得通,但在现实情况下,星瀚目前多数的合伙人构成是综合的,极个别的是管理型合伙人、市场型合伙人,多为办案型合伙人但也在朝更为综合的方向努力。

上述四大阶段在律师行业内是比较普遍的,此前论述Lockstep模式时提到的九年三阶段,其设计思路也大抵如此,法律人从青涩到成熟、从单项技能到复合技能、从管好自己到合作共赢,需要迈过一个个台阶。不过,也会存在一些特殊情况。

例如,律师或者资深律师不想继续在合伙人团队里按部就班地工作了,自己有一定的案源基础,或者有开拓案源的意愿、想要尝试的勇气,希望自己可以独立出来作为提成律师,这种情况并不少见。有的律师成为独立的提成律师后发展得非常好;但也会有律师发现,做独立提成律师并不如预想中的那么顺利,在案源拓展上举步维艰,或者有些疑难、复杂的业务承接不下来。无论如何,都是律师个人的自由选择。

又如,已经有过其他律所工作经验的律师想要转所,或者企业法务、公检法机关从业人员、公务员等转型进入律所,又该如何定级或定位呢?在律师转所的情况下,我们会安排严格、细致的笔试、面试流程,还会根据情况需要律师提交一些办案材料,以便我们更好地确认律师转入之后的职级,相较于该律师在原律所的职级,降级、平级、升级都有可能。而如果是相对年轻、资历尚浅的法务、公检法人员、公务员等转型,同样需要走常规的笔试面试考核流程。但若是外部工作经验非常丰富,且经过沟通交流后星瀚认为,对方的确是星瀚需要的人才,那么就会授予“顾问”的职级,甚至可能同时享受合伙人待遇,待其正式入职星瀚、开始挂证,并最终符合法定的合伙人登记条件后,就可以正式登记并对外宣传。

到这里,相信读者对律师行业及行业里最重要的两个要素——律所和律师,已经有了相对清晰的认识和了解。接下来,我们就要详细介绍律所的战略、品牌、文化,以及具体到运营体系的岗位职能及素养要求。

第二章 | 理解律所战略、品牌与文化

雷军曾经说过："不要用战术上的勤奋，掩盖战略上的懒惰。"这句话对律师行业同样适用。律所的战略选择也是律所发展方向、品牌定位、文化特征的选择，我们在做律所运营管理工作的时候既要有具体的"术"，也要有宏观的"道"。通过这一章节，我希望：

- 帮助律所创始人、管理团队确立或迭代律所发展战略、明确律所品牌定位、打造律所文化内核；
- 启发年轻合伙人、年轻律师对自己的团队或者自身的长远发展有所思考，并且付出行动；
- 让律所中从事运营管理职能的同事能够理解自己所做的每一件具体的事情是为了什么、服务于什么；
- 战略、品牌、文化的确立与建设之于任何一家企业都是普遍适用的，也期望律师行业的经验和方法可以对大家有所启发。

一、律所战略

“竞争战略”由被誉为“竞争战略之父”的美国学者迈克尔·波特(Michael E. Porter)于1980年在其出版的《竞争战略》(Competitive Strategy)一书中提出，属于企业战略的一种。波特为商界人士提供了三种卓有成效的竞争战略:(1)总成本领先战略;(2)差别化战略;(3)专一化战略。

总成本领先战略(Overall Cost Leadership)。顾名思义，总成本领先要求企业全力以赴降低成本，紧抓成本与管理费用的控制，以及最大限度地减小研究开发、服务、推销、广告等方面的成本费用。近期很多企业都谈及的“降本增效”，就是一种典型的总成本领先战略。

差别化战略(Differentiation)。同样可以按照字面意思理解，是指将产品或公司提供的服务差别化，树立起一些全产业范围内具有独特性的东西。实现差别化战略的经典方式包括设计与众不同的品牌形象、形成技术上的独特性、顾客服务方面有特色、具有广泛的商业网络等。

专一化战略(Focus)。即主攻某个特殊的顾客群、某产品线的一个细分区段或某一地区市场。在律师行业中，不乏以专一化战略脱颖而出的律所。比如，有些律所的专一化是着眼于业务领域的:专门做建筑工程的律所、专门做知识产权的律所、专门做海事海商的律所、专门做婚姻家事的律所等，在目标客户群体心目中留下很强的专业性印象。又如，有些律所的专一化是基于行业领域的：专门服务金融机构的律所、专门服务文娱行业的律所等。也可以是专一的作业方式或者经营管理理念，例如，互联网律所、数字律所、云端律所等。

每一家律所在制定自己的律所战略时，都可以从理论出发，再结合自身实际，从而产生一套属于自己的战略理念。

星瀚的战略是六个字"产品化、强运营"，这属于差别化战略，是在经营管理方面寻求差别。因为创始人卫新律师有过企业工作经历，从企业来到律师行业，深感律师行业的管理缺少纵向分工与横向分工。在律所专业化分工的视角下，很多律师往往什么业务都做，但什么业务都不精，缺少差异化的优势，从而无法被客户充分识别、信任。所以星瀚希望结合律师的专业特长为其打造法律服务产品，实现法律专业"产品化"，通过产品化战略体现法律服务行业的横向分工。而法律服务行业的纵向分工是指律所管理职能、运营条线的分工。传统律师从个人品牌的塑造、营销到谈案、接案、办案，再到律师团队的招聘、人才的培养等都是自己亲力亲为，并没有实现让专业的人做专业的事。但是星瀚设立专门的运营体系，下设市场部、人事部、业务支持部、财务部、行政部、IT 部等，承担非业务的职能，助力律所战略的落地，"产品化"与"强运营"结合使得星瀚具备了有一定特殊价值的竞争力。

制定律所战略是任何一家有长远发展规划的律所都不可能绕开的事情，因为只有战略明晰了，具体的目标、任务、里程碑、品牌形象等才有可能被设定出来。

律师行业内，无论一家律所的战略如何表述，都会被问到一个战略方向上的问题——是“规模化”还是“精品化”？在律新社策划的“卓越品牌之道”系列专访中，律新社创始人、CEO 王凤梅（凤梅姐）与卫律师进行过一次高质量的深度交流。其间卫律师就谈到，规模化也好，精品化也罢，都是律所在战略制定过程中的一个阶段性选择，规模所的主任并非不重视专业质量，精品所的主任也深知规模效应的重要性，但是在那个当下，有些律所选择了先规模，有些律所选择了先精品，规模与精品并非二元对立的，甚至会有变迁与融合。[①] 如果将规模优先于精品，那么快速招人，甚至降低准入门槛就是这个阶段要去做的事情；经常出差，结交各地律师同行，推进分所的设立就是重要的任务。如果将精品优先于规模，那么专业能力的升级、知识管理体系的建设、创造极致的客户体验等就是不可回避的任务。战略不一样，做的事情就势必不一样。

考虑律所的人合性、专业性等特征，律所战略的制定过程要尽量做到：广泛征集意见、相对集中讨论、归纳整理诉求、达成所内共识。也可以邀请战略领域的外部专家，结合专家意见与想法，最终形成定论。形成定论的过程中，难免会有不同的声音，此时需要律所的创始团队或核心管理团队具备决策、决断的能力。大家也当意识到，律所战略的制定并非一劳永逸，需要结合律所的发展情

---

① 《王凤梅对话卫新：拥抱“演化”星瀚 12 年“不亦悦乎”之路丨卓越品牌之道》，载微信公众号“律新社”2023 年 1 月 31 日。

况、发展阶段以及外部环境的变化等定期检讨、持续迭代。

在制定律所战略方面，律所可以围绕如下问题进行讨论、记录，并形成最终结果，具体内容见表2－1。

表2－1 律师事务所的战略制定（示例）

（一）宏观层面
创建这家律所的背景与目标（愿景）？
当别人提到这家律所，希望别人如何形容？
（二）战略与定位
这家律所将面向谁、提供哪些服务内容（综合/规模/精品、公司商事/传统民刑、企业客户/个人客户、成熟企业/初创企业……）？
定位这家律所的核心竞争力（专业维度/服务维度/管理维度等）。
这家律所的人数规模预计如何？在行业内处于怎样的水平？
这家律所的人均创收目标预计如何？希望在行业内处于怎样的水平？
这家律所的案件收费标准预计如何？希望在行业内处于怎样的水平？

续表

这家律所的薪酬待遇在行业内处于怎样的水平？
对于律所运营、管理投入的思考，预算规划？在行业内处于怎样的水平？
(三)定义差异化
根据律所的战略与定位，整体上有相似战略、定位的其他律所有哪些？如何评价这些同行，与之相比，我们律所的差异性在哪里(优劣势)？
根据律所的战略与定位，在某一方面，与我们律所有着相似长处的同行有哪些？与之相比，我们律所的差异性在哪里(优劣势)？
(四)律所战略凝练
提炼律所战略、定位的表述。

二、律所品牌

在研究律所品牌建设之前，我们先对“品牌”概念加以认识。品牌的英文单词 Brand，源于古挪威文 Brandr，大意是“烧灼”，当时的人用“烧灼”的方式来标记猪、牛、羊等需要与他人相区分的私有财产；随着商业竞争格局以及零售业形态不断地发展变化，品牌所承载的含义也越来越丰富，对品牌的研究也愈加深入，甚至形成了专门的研究学科——品牌学①。

尽管学术界、实践者对品牌本质的认识存在不同看法，但较为主流的观点依然可以被概括如下，具体见表2－2②。

表2－2 关于“品牌”的不同解释

视角	观点	观点的内容	代表组织或人物
输入	标识	强调品牌的标识和图形符号的重要性，是达到区分目标的基础	AMA；Aaker
	法律工具	品牌是确保公司有法律效力的所有权声明	Blackett；Kapferer
	公司	品牌建立是以公司为基础或以独立领域的主导地位的两极位置之间，品牌在寻求认可方面各有侧重	Ketter & Heskett
	速记法	品牌是消费者在记忆中迅速获得丰富信息的工具	Bettman
	风险减弱器	品牌是消费者在竞争性品牌中选择的依据，察觉到的风险最小	Bauer
	定位	品牌是定位，保证顾客能迅速将品牌与某种(些)功能性收益联系起来	Ries & Trout
	个性	品牌是受用户欢迎的个性的象征工具	Kettle；Armstrong

① 《品牌建设的三个阶段》，载网易财经网2012年10月16日，https://3g.163.com/money/article/8DUUB69U00254P77.html。

② 蔡清毅：《品牌建设理论模型研究》，载《武汉理工大学学报》2009年第23期。

续表

视角	观点	观点的内容	代表组织或人物
	价值链	品牌被视为与目标市场沟通的一系列价值观,这些核心和外围的价值观是某品牌不同于其他品牌的基础	Branson
	展望	品牌是企业为了使世界更美好而拥有的展望,依据展望的结果,可以为品牌定义一个角色	Kapferer
	附加价值	品牌是一系列为买方所重视的功能性与情感性价值	Gilmore & Dumont
	本体	品牌是关于精神风貌、目标和价值观的独特性的感觉	Vanriel；Balme
输出	印象	品牌是顾客长期以来的直接或间接的认知印象	Reynolds；Gutman
	关系	品牌是企业应用品牌的价值观与相关利益团体建立和强化某种特定关系的工具	Schultz
时间	演进实体	品牌是动态的提供品	Kunde
注:视角和观点主要依据来自 de Chematonym L. and McDonald M., Creating Powerful Brands in Consumer, Service and Industrial Markets, 2th., Oxford: Butterworth-Heinemann, 1998。			

人们关于品牌的最初理解具有以下共同特点[①]:

- 品牌是产品或服务内在品质的体现;

① 顾金兰:《品牌意识与品牌建设》,载《大庆师范学院学报》2007 年第 6 期。

- 品牌是产品的名称、标记、设计等的集合；
- 品牌具有某种象征性；
- 品牌使企业间的竞争品加以区别开来。

随着以消费者为中心的营销理念兴起，社会对品牌概念的认知有了新的进展。科特勒从顾客的视角思考品牌，他认为，品牌包括一系列复合特质，是产品功能、文化、服务承诺以及情感的象征性价值等构成的复合组织。一个品牌能够表达出六层含义：属性、利益、价值、文化、个性、使用者。一个品牌最持久的含义应是它的价值、文化和个性。

发展到品牌关系阶段，品牌的定义更加宽泛了，我国学者王新新认为，品牌是一种关系性契约。品牌不仅包含物品之间的交换关系，而且还包括其他社会关系，如企业与顾客之间的情感关系，企业之所以要建立品牌，是为了维持一种长期、稳定的交易关系，着眼于顾客在未来的合作，企业也不能固守对顾客的承诺，而应随着环境的变化灵活地为顾客服务，以此赢得顾客忠诚。

渐渐地，人们对品牌的理解已经大大超出了传统的品牌概念，当代意义的品牌概念延伸和承载了更多的品牌信息，使品牌概念内涵更加丰富：

- 品牌是产品性能属性、功效利益和个体情感体验的集合；
- 品牌是品牌关系主体所蕴含的文化的、心理的和个体主观联想的融合；
- 品牌所延伸的各种社会关系是品牌建设的核心与关键。

随着品牌专家们对品牌研究的深入，还延伸出了一些与品牌相关的概念[①]：

- 品牌个性：指品牌呈现出的人性化特征，它是品牌识别的重要组成部分，可以使没有生命的产品或服务具有人格品质，并丰富品牌的内涵；
- 品牌定位：着眼于目标消费群的心理感受，对品牌形象进行系统设计，依据目标消费群的心理特征，设计产品属性并传播品牌价值，从而在目标消费群心中树立该品牌的独特位置；
- 品牌文化：将企业品牌理念有效地传递给消费者，进而占领消费者的心智，品牌文化是凝结在品牌上的企业精华；
- 品牌延伸：指在已有相当知名度与市场影响力的品牌基础上，将品牌运用到新产品或服务上，以减少新产品进入市场风险的一种策略。

知名度、美誉度、认知度、联想度、忠诚度一般被大家看作品牌的五项资产，但也有学者认为应该把它们看作品牌发展的五个阶段，因为它们代表了品牌从无到有、从小到大、从弱到强的一个质变过程。

不难看出，品牌之于律所发展的重要性，其不仅仅是一种识别功能，也蕴藏着很多深意、影响，甚至占领着客户的心智。律师行业里经常举的一个例子就很能说明问题：一家年轻律所新设立的时候，即便他们的专业很好、律师很负责、服务很到位、给出的价格

① 《品牌建设的三个阶段》，载网易财经网 2012 年 10 月 16 日，https://3g.163.com/money/article/8DUUB69U00254P77.html。

也相当合理甚至极具性价比，但是企业法务可能依然选择价格高但是品牌知名度更加响亮的律所。因为对于企业法务来说，如果选择了不知名的新律所，万一项目没有做成或者诉讼结果不如预期，其自身压力就会很大，领导一定会问："为什么选不知名的律所，不选品牌律所？"反之，假设选择了品牌律所也没有得到期望中的结果，法务就可以说："我已经请了行业内最知名的律所来处理这件事情，看来这个事情的结果就只能是这样了。"或者可以说："目前的情况已经是最优的结果了。"

在博弈论的视角下，我们还能读到另一种叙述维度。如果市场上的车子50%是好车，但是还有50%是坏车，消费者无从去判断哪些车子是好车，哪些车子是坏车的时候，他会怎样作决定？消费者会选择价格便宜的汽车，也就是作出"逆向选择"。常见的克服逆向选择的方式包括：

(1)客户自己收集信息。例如看供应商的办公场地、办公环境、官方网站等，这也就不难解释为什么很多新品牌要花大价钱在核心商圈的核心位置开店，就是为了让那些自己收集信息的客户感受到品牌的实力与决心。这在律师界也是同样的道理，大部分律所都会选择将办公室租住在核心CBD，并且精心打造装修。

(2)通过专业机构收集信息。我们看到，很多人在买车之前都会去逛论坛、看小红书，结合其他消费者的经验作出自己的判断；或者在选择餐厅之前，要去看点评、查榜单，也是同样的道理。有专业的第三方机构背书是可以传递信任的，律师界大家就很重视奖项的评选、榜单的申报，为的就是当客户通过专业机构收集信息的时候能够看到自己的名字。

(3)客户自己设计选择机制。最典型的做法就是客户有自己的招标流程、入库流程,即客户制定一套标准,律所在这个标准上填写信息、准备材料,客户“择优录用”。

(4)自己传递信息。对于一个优秀的品牌来说,也会尽可能地向市场表达“我很好”“我很优秀”的信号,以争取更多的消费者。所以品牌是要做推广、做展示、做营销的。

(5)建立声誉机制。这是最为重要的、核心的、长期主义的解决逆向选择的方式。为什么大家追求“百年老店”“老字号”“大品牌”,就是声誉机制的效用。

因此,无论律所是否设立独立的品牌部门,打造品牌这件事情一定会做。退一万步讲,即便是再传统不过的律所,其中的每一位律师也都有个人品牌意识,因为有了品牌才会吸引到客户,才可能赢得客户的信赖。

卫律师在星瀚创立初期对品牌建设投入了很高的关注度,就如我在前文中所说的,大三寒假的实习对于当时的我而言,大概率是此生中唯一的一次律所实习经验。为什么没有选择其他律所,而是来到星瀚,这和星瀚的品牌建设有着密不可分的关系。

首先,卫律师通过自己华政校友的身份,联络学校的老师们帮忙推荐,这就有了专业第三方的背书,在很大程度上解决了信任问题。其次,卫律师在律所成立的时候就进行了网站建设和品牌视觉识别系统(VI)建设,当我得到老师的推荐信息,前去搜索“星瀚”的时候,就看到了一个与其他律所网站截然不同风格的官网。

尽管当年的那一版官网已经几经迭代，但是在我看来，那一版的设计很是经典，即使放到今天也并不会太过时，而彼时其他律所的网站大多还停留于老气横秋、缺乏设计与美感的阶段。此外，网站上的一句话格外夺人眼球——有两种东西，我对它们的思考越是深沉和持久，它们在我心灵中唤起的惊奇和敬畏就会日新月异，不断增长，这就是我头上的星空和心中的道德定律。这句康德的名言所传递出的精神内涵是如此动人，这家律所的形象跃然于我眼前。专业层面上，官网上有翔实的经典案例分析、专业文章展示，俨然新锐律所的创新做派，干货内容乐于分享、从不藏着掖着；人文层面上，也有对诗和远方、星辰大海的追求。加之 HR 联络安排笔试面试时候的专业、细致，星瀚办公环境的宽敞、整洁，都使得我在成为实习生之前就对星瀚品牌的好感度倍增。而在进入星瀚之后我发现，星瀚对于品牌与文化的重视一以贯之，渐渐地，我也成为传播星瀚品牌、传承星瀚文化的重要一员。

大家不难发现，品牌无处不在，一切行为皆是品牌。于星瀚来说，每一个星瀚人都是星瀚品牌的代言人、星瀚文化的展示人。律新社曾提出过律所/律师创建品牌资产的“三维九步法”，其中谈到，品牌资产要从三个维度来看，包括：(1)社会影响力；(2)专业影响力；(3)行业影响力。而这三个维度又由九个方面来具体呈现，包括：(1)人物海报；(2)专访报道；(3)专业动态；(4)著作出版；(5)经典案例；(6)讲座课程；(7)随笔感悟；(8)视频数据；(9)社会公益。“三维九步法”从宏观到微观，简明扼要地指出了律所品牌建设工作开展的方向。

具体的品牌建设实操我将在“品牌市场工作实务指南”详细展开，而此时大家要认识到的是——品牌的价值或许无法完全有形化，但这种无形的力量恰恰是最有价值的。有价值的品牌能带领我们抵御风险、应对困难、穿越周期，最后深入人心成为律所长期健康、稳定发展的最佳利器。

三、律所文化

星瀚应该是国内较早进行文化建设的律所，正因如此，卫律师在一段时间内经常被邀请去讲课，主题就是《律师事务所的绩效考核和文化建设》。他用很经典的一句话概括了文化建设的意义——文化建设是一套将实现共同愿景的外驱力转化为内驱力的动态体系。通俗地说，就是因为认同文化，所以做事的时候，“心态从我不得不做”转变成了“我自己要做”。

我曾经听卫律师和兄弟律协的主任代表们分享过这堂课，后来我自己也讲过好多次，每次开讲之前，我们都会跟听众询问：“大家所在的律所有文化建设吗？有定义律所文化吗？”当时（七八年前），很少有律所进行文化定义与建设。当大家纷纷摇头的时候我们就会问：“在你们的律所当中，什么要素最为重要？作出选择和判断的时候，看什么？”通常会是在一阵沉默后突然有人响应，“钱！”那个字响亮而生动。此时卫律师就会说：“可以，那么一切向钱看就是你们的律所文化。”但欢声笑语之后大家都会感受到律所文化建设的必要性，文化引领内驱发展，文化代表价值取向，文化的传播和发展应该有高度、有生命力。

星瀚初创时的官网上有很多“文化标语”，除了前文提到的康德的名言，也包括“星空浩瀚、德法双馨”“极致服务、超越期待”“高效、专业、负责、温暖、不断创新”等语句，可见创始人将自己的情怀和对律所发展的期许融入这些话语当中，这就是星瀚文化的雏形。是的，一家律所的文化一定会和创始人的气质有着很强的相似性，但伴随着时间的推移，会变成更多人的共识。

星瀚成立3年后，我们的人员规模超过30人，既有跟随卫律师一起开所的“元老团队”，也有像我这样通过校招进入星瀚的“星辰计划”成员，还有通过社会招聘转入星瀚的同事，他们有的曾经在别家律所执业、有的曾经在司法行政系统工作、有的具备法务经验……多元化的人员背景在一定程度上丰富了星瀚，而这些不同背景履历的人是否有着共同的期待和追求就变成一件很重要的事情，因为星瀚一直相信，要用文化来凝聚人才、引领人才，人合性始终是合伙的核心。

当年我们找了一个周末时间，聘请了组织建设领域的外部专家教练，共同凝练星瀚的企业文化——使命、愿景、价值观。我们分别讲述了自己为什么选择星瀚、认为星瀚与众不同的地方、对星瀚未来发展的憧憬等，也在分组讨论中写下了各组认为的星瀚文化并派代表登台展示，最后结合大家的共识，卫律师带着我进行了文字内容的斟酌，自此有了星瀚文化的官方表达：

星瀚的使命：高效、负责的伙伴；

星瀚的愿景：员工幸福、部门健全的精品律师事务所；

星瀚的价值观:热爱法律的技术派。

使命,是指我们这个组织要为他人做些什么?大家对此给出的最多的关键词就是“专业”“高效”“责任心”“解决问题”“赢”……当时我和卫律师讨论说,我们要反过来想,客户心目中期待的律师应当是什么样子的?在什么样的情况下,即使案件结果不如预期,客户也不会责怪律师,甚至理解律师呢?有很多调研显示,当我们去问律师“客户为什么选择你”的时候,律师往往都会说:“因为我专业。”但当我们去问客户如何选择律师的时候,客户最常说的是:“我想要一个响应速度快、效率高的律师。”的确,如果律师服务的是个人客户,那么这个案子对个人来说往往有重大的意义,律师与之保持密切沟通能够给客户莫大的安全感;如果律师服务的是企业客户,那么法务的定位通常决定了其需要得到律师的快速支持,使他可以继续跟业务部门推进后续工作。纵然律师直接对接企业负责人、实控人,也同样要意识到专业的法律服务是决策过程中的一环,因为律师的效率而卡壳,于个人客户或企业客户来说,都是难以接受的。所以,我们在确定使命的时候,选择了“高效”二字。那同事们写下的其他关键词就不重要了吗?显然也是重要的,在我们看来“负责”所能囊括的含义是最为丰富的,能将专业、解决问题、赢等含义都表达到。而在“高效”“负责”之外,我们还想说,我们是客户的伙伴,伙伴意味着更强的同理心、更多的换位思考,代表着星瀚一直要求同事们的,不能做只会说“不”的律师、要理解客户的商业目标,我们要给予“伙伴”更多陪伴、助力、共同成长。

愿景,是指我们自己要成为什么样子,怎样的律所?怎样的个人?同事们在讨论这个问题的时候,最多谈及的就是自己选择律师工作的初心,以及描绘未来三年、五年、十年,甚至二十年后的理想中的自己,“幸福”“自洽”“平衡”“成就感”“价值感”毫无疑问成为高频词汇。我们将“幸福”选入愿景的表达,同样是因为这个词语包罗万象,而如果要对何谓“幸福”作解释,我们所理解的幸福是:个体独立、他者信赖、他者贡献。也就是每个人在星瀚都能保持自我独立人格,尊重他人、也受人尊重;能够得到同事的信任、客户的信任,创造价值,获得职业的成就感、光荣感;此外,也要彼此有互助、有合作,在律所内部,因为协同产生更高的效能,在律所外部,践行责任担当、服务奉献社会。作为一家战略目标清晰的律所,我们也将星瀚战略与定位融入愿景的表达中,“部门健全”就是我们“产品化、强运营”战略的写照,“精品律师事务所”就是彼时星瀚所作的路径选择。我们一直说,“规模”与“精品”不是对立的关系,只是一家律所基于自己的目标、定位、特质作出的阶段性选择。在星瀚的思考中,即便在长远上我们会走上一条适度规模化的道路,也会始终坚持精品的专业呈现、精品的律师团队以及精品的客户。精品的客户并不是说客户的名气要有多大、律师费要付得多高,而是指客户尊重法律、尊重专业。

“热爱法律的技术派”已经是星瀚被广泛识别的标签,很多客户或同行提到星瀚的时候都会说,就是那个“技术派”律所。为了让这句话与星瀚形成强关联,每个星瀚人的名片上都印着这句话;星瀚的公众号文章一点开,先映入眼帘的也是这句话;星瀚在很多场合的发言、分享中都会强化这句话，在星瀚成立十周年的时候我编辑了一本内部的纪念文集，名字就叫《做热爱法律的技术派》……“热爱法律的技术派”，这句表达最跳脱于同事们的讨论，是卫律师、张烜律师和我苦思冥想之后的原创表达。

价值观的核心就是判断是非对错、进行选择时的标准，我们要晋升怎样的同事、招募怎样的合伙人？我们要接洽承办哪些案子、对哪些案子或客户说不？我们不可被突破的底线和原则是什么？对这些问题的思考就决定了我们对律所价值观的表达。

卫律师在30岁的时候创立星瀚，这就决定了星瀚人是偏年轻化的，时至今日，星瀚的全所平均年龄也不过32岁。对于一个年轻的、朝气蓬勃的律所来说，创新是不可忽视的竞争力和精神面貌，我们勇于接受，甚至主动拥抱新鲜事物，我们能够研究新领域、新行业、新商业，提供创新性解决问题的方案，这样的定位和追求能够使我们在竞争激烈的律师行业中脱颖而出。此外，我们既没有先发的红利优势、资源优势，也没有历史包袱，用法律专业技术去解决问题是新一代法律人的信念，我们也深信，法治精神会越来越深入人心。于是，我们尝试用一种带着创新、年轻、活力气质的表达来诠释我们的想法，曾经服务的很多初创企业的语言风格也给我们带来了启发——“技术派”，我们觉得用这个词来定位星瀚再合适不过了，如果要加上一个定语，那就是“热爱法律”。

后来，我们对“热爱法律的技术派”进行过专门的内涵诠释，包括：（1）以技术作为星瀚拥抱市场经济，拥抱市场变化最重要的能力；（2）为什么是“技术派”，而不是“专业派”“实力派”？因为我们觉得律师应当既有专业能力，也要有对行业的理解能力、对生态的整合能力，以及服务、协同、知识管理等综合性的能力；(3)法律是文科，学文科(社会科学)的人经常把事说得很玄乎，但是星瀚认为，法律人做事要有一个清晰的定义和逻辑；(4)星瀚重视创新，能够随着时代的变化解决客户的痛点问题。此外，中南财经政法大学的郭倍倍老师与我们分享说，"热爱法律"在他看来是一种法感情的表达，意味着对法律的信仰，"热爱法律的技术派"是感性与理性的结合。我们觉得，郭老师精妙的解释不只与我们的初衷不谋而合，更在深度上超越了我们本身的想法，这也是文化传播的魅力所在。

律所的文化建设并不是停留在纸面上的工作，文化从形成到明确，再到传播，既要实现内部的认同也要寻求外界的共鸣，最后还要落到实处，并且在发展的过程中修正、优化。星瀚文化形成至今已有十余年，每年我们都会进行一次评估；短期内，我们还没有调整表述的想法，这也说明了星瀚文化确立时精益求精所产生的价值和生命力。在文化传播的过程中，我们强调的核心就是要将无形的文化有形化，把文化融入律所建设的方方面面。我来举一些典型例子：

2016 年，星瀚迁址搬入长宁来福士，在进行律所装修的时候我们就充分考虑，要将星瀚文化体现到律所装修设计的理念中。因为"星瀚"二字取自康德的名言，寓意"星空浩瀚"，所以我们的前台区域、动线设计都是流线型的，应和宇宙穹苍、仰望星空。我们要做热爱法律的技术派，就是在为客户提供服务的时候既要有专业的、逻辑的思考，又要有人文关怀、理解客户的需求，由于人的左脑负责理性，右脑负责感性，对应的我们在律所后门的左手边设计了“理性金句墙”，右手边设计了“感性金句墙”。在星瀚，所有带门的空间都会有自己的名字，我们的茶水间叫“解忧杂货店”，通道中有一片区域叫作“和喜欢的一切在一起”，中式风格的茶室叫“诗和远方”，这些都是星瀚愿景中“员工幸福”的体现。而“第三选择”“从0到1”这些会议室的名字都是对“高效、负责的伙伴”的演绎。因为前者是说人生除了我赢你输、你赢我输之外，我们还有寻找共赢的第三选择，这是我们处理争议解决案件的基本思路；“从0到1”是说要陪伴客户将项目从无到有地做成，所以我们在接洽非诉讼客户、专项客户时通常会预约“从0到1”这间会议室。在星瀚的装修中还有不少有意思的打卡点，例如有一个地方叫“知识的海洋”，是在一个浴缸中铺满了海洋球，而每一个海洋球里其实都是同事们写下的推荐书目和推荐理由。一方面，我们鼓励大家平衡好工作与生活，在繁忙之余希望同事们依然可以关注自己的兴趣爱好；另一方面，我们也鼓励星瀚人丰富视野，因为技术派的律师要有很强的创新能力、综合素养，这些能力的养成不仅需要从工作中习得，更要从知识的海洋中被滋养。软装设计是律所文化的最好展现，也是大家了解星瀚文化最直观、最生动的窗口。

此外，我们“星瀚微法苑”公众号保持着工作日日更，其中周一至周四都是专业类文章，周五是人文类文章。“星瀚人文”栏目从2016年起持续至今，一直是公众号粉丝们关注度最高、完读率最高、转发量最高的栏目。因为大家不仅需要了解专业的法律知识,更想了解提供这些专业知识背后的一个个生动的人,人总会被故事打动,所以“星瀚微法苑”公众号也是展现星瀚文化的最佳平台之一。

在星瀚内部,我们也会组织大大小小的活动来帮助同事们认识星瀚文化、理解星瀚文化、感受星瀚文化。新员工入职、实习生培训时,我们都会有《星瀚战略与文化》专题培训。此外,我们每年会有几次大型的文化建设活动,包括律所旅游(出国游)、律所团建(国内游)、星瀚家庭日(星瀚人带着自己的至亲好友前来了解星瀚、了解其他星瀚人的契机)、星辰计划(星瀚应届生招募、实习、选拔专项,是星瀚“重用年轻人”、培养技术派的理念呈现)、星瀚年会、星瀚周年庆等。

除了人数众多、规模较大、预算颇高的大型文化活动,所里还有大量常态化的小型文化活动,比如每月一次的“奇思妙想汇”,“奇思妙想汇”除了承载生日会、新人介绍的功能外,还是同事们展现自我另一面的平台。我们会设置不同的月度主题,在春暖花开的时候我们的主题类似于“奔赴山海”,邀请一些很会玩的同事来讲讲旅游攻略;在寒暑假的时候我们的主题大多是“美好时光”,让大家聊聊带娃心得等;每年 10 月的“奇思妙想汇”主题是固定的“智慧生活家”,会买、会省的同事们会来分享今年“双 11”有什么值得买,在哪个平台买、什么价位段是划算的,同事们的 Excel 表格、省钱公式、App 切换窍门等让人目不暇接、啧啧称奇。

与“奇思妙想汇”对应的活动是“星瀚学习会”,学习会自然是与专业相关。每周一次的“星瀚学习会”从星瀚成立之日起就几乎雷打不动,或是学习新法新规,或是研习典型案例,或是就某一个前沿法律问题进行探究等,每次学习会都令大家收获满满。终身学习不仅仅是技术派们的使命,更是一种自驱力。

而在“奇思妙想汇”“星瀚学习会”这类偏静态的文化活动之余,我们还有偏动态的“星瀚社团”“解忧快闪店”等。目前,根据星瀚同事们的兴趣爱好,所里已经形成了徒步社、运动社(篮球社、羽毛球社)、美食研习社、桌游剧本杀社、读书观影社等多个社团。大家日常在社长的带领下群策群力、规划活动,通过兴趣的连接打破了不同部门、不同专业之间的壁垒,认识了更多相似的灵魂,也加深了对星瀚的感情与认同。

“解忧快闪店”是一个不定期开启的所内福利兑换社。很多人知道,星瀚内有一个娃娃机,兑换机制是大家撰写专业文章、分享优质的知识管理内容被采纳,或者在内部主讲学习会等,都会获得积分,由积分兑换游戏币,由此启动娃娃机。从星瀚的娃娃机里抓到的可能不仅仅是娃娃,我们还会准备一些额外福利,诸如明星的签名T恤、高端私立医院的体检、知名作者的签名图书、餐厅的消费抵用券等。这些额外福利将做成小纸条放到娃娃身上,如果有幸抓到一个带小纸条的娃娃,那么就将收获加倍的快乐。而积分不仅能兑换游戏币,星瀚的市场部、人事部还会有些不定期的特别策划,曾经我们在“解忧杂货店”设立临时“小卖部”,大家可以用积分来采买零食、饮料、玩具、盲盒等,当时销量最好的是可乐,每次一进货就秒空。我们也曾设置积分兑换合伙人请吃饭券,汪银平律师成为所里最受欢迎的合伙人,不仅因为他出众的颜值,还因为他出手大气,于是大家有了共识,汪律师请吃饭必定是大餐。当然,汪律师的企业内控与反舞弊产品也是有着很强的合作吸引力,在吃饱吃好的同时还能聊聊合作,何乐不为呢。所以多重因素的加持下,汪律师的请客吃饭券就变成大家的争抢对象,据说还有同事转手当"黄牛",不得不佩服大家的商业头脑。

无论是主管部门领导走访星瀚,还是客户参观星瀚,抑或同行、法学生前来交流等,大家都会觉得星瀚展现出来的气质就是年轻、充满活力的。在星瀚实习过的同学也大多会说星瀚的氛围很好,可以学到东西,带教们也很愿意分享,可以参与的活动项目很多等。于是我们自己总结星瀚给大家形成的氛围印象可谓是"专业、亲切、温暖、欢乐",这背后离不开星瀚文化的支撑。

让文化能够持续深入人心的最核心因素是:一定要让文化成为判断、选择的标尺,晋升、奖惩的依据,引进合伙人、安排利益分配的标准。如此一来,再结合多维度的文化建设,就能让每一个星瀚人都在浸染星瀚文化的过程中发自心底地认同、欢喜,并成为星瀚文化的传播者、代言人。

最后,还是要说那句我们最常说的话:让我们一起坚持做热爱法律的技术派!

第三章 | 律所运营体系的岗位与职能概述

通过前两章内容的介绍，相信大家已经对行业宏观层面的战略、品牌、文化有所认识，这一章的重点是通过中观的视角与大家分享，律所中的运营体系可以发挥哪些作用，从而帮助律所实现战略落地、深化品牌、传播律所文化等。本章希望起到的作用是：

- 帮助律所创始人、管理团队了解运营体系的作用与价值，为律所规划、布局、建设专职的运营管理团队提供参考；
- 为律所合伙人打造自己的高品质团队提供思路；
- 帮助想要进入律师行业的运营管理类人才了解律所对相关岗位的设计与规划，由此大家可以评估是否进入律师行业、进入之后可以如何作为；
- 为律师和外部第三方机构丰富视野，帮助大家探索如何与律所运营管理体系更好地合作，创造更大的价值。

近年来,很多律所都会提“大中台”“中后台”概念,本质上,进行这些职能划分是为了加强组织建设、提高运营管理能力,为律所的创收增长作出贡献。但对于何为“前台”“中台”“后台”,大家的定义不尽相同。此处我依据自己的习惯,向大家介绍一下我心中的“前中后台”,见表3-1。

表3-1 前中后台划分情况

	业务体系	运营体系
前台:营销获客	合伙人、中高年级律师	商务团队
中台:获客支持	低年级律师、律师助理	品牌市场、客户服务、知识管理
后台:运营保障	律师助理、实习生	行政、人事、财务、 IT业管风控、法务秘书

我的划分逻辑是基于相关职能、与客户之间的距离和对客户达成签约付费所产生的影响程度。也正因如此,根据各家律所的战略差异、文化差异,每个职能所需承担的具体工作目标、工作内容也都不尽相同,可能会出现有些职能在某些律所属于后台,但在另一些律所属于中台的情况;同样地,也会有某些职能在部分律所属于中台,但在其他律所就可能属于前台。比起定义,更加重要的是实质,接下来我会展开分享。

一、律所运营体系中的前台

律所中,有两种商务团队很常见,一种是直接销售型的,也被称为销售团队。比如有些律所的产品很标准化——公司注册、商标代理、债务催收、企业常法等，此时销售团队可以采取以下方式获客：(1)根据企查查、天眼查等企业工商信息查询系统中获得的企业联系方式，直接致电企业是否需要相关服务；(2)通过陌生拜访、地推、扫楼等方式销售相关产品；(3)联系园区、协会等渠道进行销售合作；(4)通过搜索引擎关键词推广、新媒体投流推广、社群推广等方式完成销售。简言之，在律师不需要出场的情况下，销售团队就可以跟客户达成合作意向，客户可以向销售说出那句："这个事情我就委托你们律所了，你安排律师具体来做就好。"客户关注的是流程、标准、价格，而不在意具体服务的律师是谁。这样的商业打法和法律咨询公司很像。

另一种是联合销售型的，即商务人员和律师共同完成销售。比如律师告知商务自己擅长的业务领域、代表案例、服务流程、服务报价等信息，并且将自己意向的客户群体画像也与商务进行分享。商务主动找到目标客户群体，约好律师和潜在客户面谈的时间。初次洽谈的时候，商务带着律师前去拜访客户，商务负责介绍律所情况、律师情况、优势特色等，律师负责就客户关切的专业问题展开分析、提供经验分享和方案。洽谈结束之后，商务将面谈纪要、法律服务方案、报价材料的初稿拟定好，经过律师的复核确认发送至客户。随后，商务和客户就服务内容、服务价格、付款时间、付款方式等信息沟通确认完毕，达成签约，再由律师进行具体的案件办理。前述过程中，商务人员和律师是相辅相成、合作共赢的关系。

综上我们看到，商务团队在营销获客中扮演着重要角色，就好比足球队中的前锋阵容，要实现进球的任务。

二、律所运营体系中的中台

1. 品牌市场

大家经常听到“品牌”“市场”“销售”这些名词，也常常听到“品牌市场”“市场销售”“品牌销售”等各种排列组合后的讲法，这些名词定义究竟有何区别，律所中的“品牌”“市场”究竟要做些什么？我们先来厘清概念。

(1) 品牌

前文介绍过品牌及品牌战略，品牌的基本含义是一种标识、一种识别，比如我们叫“上海星瀚律师事务所”，“星瀚”就是我们律所的品牌。除此之外，品牌也有其内涵和外延，有各个层面、维度、视角下对该品牌的感知和评价。例如我们常常说：

- 希望客户想到“星瀚”的时候，会觉得这是一家创新能力很强的律所、拥有一群商业思维很强的技术派律师、能够提供高效负责的法律服务。

- 希望律师同行想到“星瀚”的时候，会想到星瀚的氛围活跃、温暖；认可这是一家人员、业务、客户都很精品的律所；能将星瀚品牌和打造明星律师、明星法律服务产品关联到一起。

- 希望法学生提及“星瀚”，会觉得这是一个值得向往的职场，认知到星瀚有不错的人才培养体系、有清晰的晋升标准，相信星瀚重用年轻人、为年轻人提供机会和舞台。

- 希望主管部门谈到“星瀚”，能够评价星瀚的运营管理很规范，成立以来保持零投诉的纪录；在法治化营商环境的营造、区域经济的共创发展、公益事业的投入度以及为行业的贡献付出方面有强烈的意愿，也作出了一定的成绩等。

所以，在律所从事“品牌”工作，具体要做什么？我想至少包括以下几点：

- 打造律所品牌：提炼总结品牌内涵、外延，将品牌希望表达的信息具象化。打造品牌的视觉识别系统。设计制作各类物料：宣传册、法律服务方案、大数据报告、案例汇编、内外部刊物、海报、易拉宝、H5 页面、律所周边、宣传片等。
- 传播律所品牌：打造品牌只是品牌工作的起点，关键还要将品牌传播出去。例如制作更新律所官方网站；律所新媒体矩阵的运维（微信公众号、微博、小红书、抖音、B 站、领英等）；律所邀请函、新闻稿、EDM 的制作和发送；奖项、榜单等的申报；媒体合作等。

(2) 市场

市场工作可以视为对品牌工作的延续，承接品牌打造、传播产生的效果，让更多的人可以接触到律所、律师、法务服务产品。因此，市场部可以做的事情包括：

- 组织活动。这是最为典型的市场工作之一。不特定群体通过品牌传播了解律所，进而报名参加律所组织的活动，面对面接触，对律所、律师形成更为立体的印象。
- 渠道合作。除了律所自身主办活动外，为了接触更加广泛的客户群体，市场同事可以联系各类合作渠道，大家共同合作活动，或者将律所的品牌、律师推到外部组织的活动中，增加获客的机会。

- 投标入库。前面说的都是通过市场行为让不特定对象接触到品牌，而投标入库就是让特定的对象接触律所品牌、了解律所律师。

- 其他一切让潜在客户接触律所、律师的行为。比如社群运维、公益合作等，大家对市场工作可以做什么应当充分发挥想象力。

(3)商务(销售)

商务的目标就是直接获客，促成交易、达成付费选择。我在介绍运营体系中的“前台”，即“商务团队”的时候已经作了介绍。

概括来说：

品牌做的事情——打造品牌，并且让人认知品牌、产生印象、产生好感；

市场做的事情——让更多的人能够接触品牌、接触品牌背后的律师或产品；

商务做的事情——促成交易、促成付费。

当“品牌”“市场”岗位不需要对直接获客负责、不承担创收指标时，他们就是律所的“中台”，相当于战场上的粮仓、弹药库，为冲锋陷阵的“前台”商务团队、合伙人、律师提供支持。商务在接洽客户时需要的律所宣传册等物料，可以找品牌提供；商务为了跟客户加深联系，想请客户到律所参加活动时，可以与市场对接；商务给客户做服务报价方案时，需要代表案例、需要格式美化支持，可以找品牌。换言之，如果律所管理层想要招聘直接的销售或者招聘对促成交易发挥重要作用的商务，那我建议不要以“品牌”或“市场”的名义招聘。“品牌”或“市场”的工作在于扩大影响力、辐射力，不断提高品牌价值。相对而言，“品牌”工作侧重长远，营造客户的感性认识，效果最不容易被衡量；“市场”工作偏中期，让客户、渠道先接触我们；“商务”或“销售”工作是短期的，也是最容易被直接衡量工作成效的。各职能流程见图3－1。

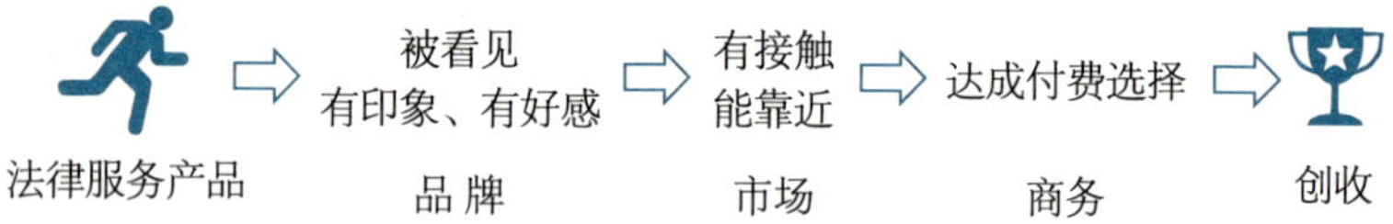

图3－1　各职能流程

当然，“品牌—市场—商务”是闭环链条上的共生体，最终的目的都是提高律所创收和利润率水平，彼此之间是紧密融合的，不需要清晰界定的时候就会有“品牌市场”“市场销售”这类讲法。比如有些律所是以抖音作为获客主阵地的，拍摄视频、开展直播既是品牌工作，也是获客行为，视频上传时要添加购物车，直播时不仅要宣传律所、律师，也要“带货”自己的法律服务产品。这种情况下，品牌工作、市场工作、销售工作就几乎是一件事情。又如有些律所是以会议销售作为新客户的主要转化场景。客户前来参加市场活动，不仅收获法律知识，也收获解决方案，让更多的客户通过参加培训对获得解决方案产生付费意向，就是市场、商务和主讲律师要一起完成的事情。

此外，律所在建立品牌市场团队、招聘相关人员的时候，早期大概“一肩挑”,一个人,品牌、市场、商务都要做,我本人的经历就是如此。待律所规模发展了、法律服务产品多了,就会补充人员进来,此时有些同事偏品牌市场,有些同事更偏商务,彼此深度合作。当律所规模很大,或者以市场化方式开拓的案源占比很高时,品牌、市场、商务们的工作就会很多,可以再根据实际情况细分岗位职能。具体安排见表3-2。

表3-2 各细分岗位职能

广义阶段	细分阶段	精细化阶段
(中台)品牌	新媒体	微信:公众号编辑、视频号编辑等
		小红书:品牌号编辑、矩阵号编辑、引导号编辑等
		抖音/快手:策划、编剧、导演、剪辑、投流、摄影摄像等
		B站:策划、编剧、导演、剪辑、投流、摄影摄像等
	设计师	设计师
	媒体专员	媒体合作:商业媒体、行业媒体、官方媒体、自媒体合作
		评奖专员:钱伯斯、ALB、The Legal 500等榜单申报
	公共关系	公共关系:党团工作、主管部门对接等
		ESG:公益服务、法律援助、环保节能等
(中台)市场	活动专员	客户活动:开放日、定制化培训、VIP活动等
		校园活动:讲座、模拟法庭、辩论赛、职场体验、参访等
		同行活动:交流活动、参访共建等
	投标专员	投标专员

续表

广义阶段	细分阶段	精细化阶段
（前台）商务	商务	商务：客群定位、渠道合作、约访、服务方案与报价等
	销售	电话销售：人工电话、智能电话等
		网络销售：搜索引擎流量承接、新媒体流量承接等
		地推销售：扫楼、陌拜、特定场景下的面对面销售等

大家需要注意，岗位是岗位、职能是职能，完全可以根据实际情况，让一个岗位肩负多种职能。至于前述这些工作具体怎么做，效果如何评价，我们在本书第二部分的内容中再作详细介绍。

2. 客户服务

在律所规模较小、客户数量不多的情况下，客户服务工作可以并入品牌市场工作中，但如果律所规模大、客户数量多，客户服务就可能成为一个单设的岗位，承担的工作内容可以包括：

- 客户信息录入；
- 客户信息分类、分级、分层；
- 客户满意度调查和投诉处理；
- 客户定制化礼物设计与制作；
- 客户约访交流；
- 定推专业文章、书籍，活动定邀，VIP 活动定制等；
- 了解客户的个性化需求，进行资源匹配；
- 跟进客户的续约、复购、转介绍等需求。

本书的第二部分也会有专章介绍客户管理与服务工作。

3. 知识管理

我们在看英剧、美剧时，对知识管理专员一定不陌生，他们总能在最短的时间内将律师所需的判例整理出来。我国内地和英美法系环境下知识管理专员的工作内容自然不同，但是岗位的重要性和专业度却丝毫不逊色。知识管理专员需要：

- 鼓励业务同事上传各类知识管理成果，例如，法律调研、合同模板、常见 Q&A、业务文本、业务流程、实用表单、裁判文书、大数据报告、专业文章、业务指引等；
- 主动收集各类知识管理成果，不仅是所内的，也可以是所外的；
- 联合业务同事整理、提炼相关知识成果，制作高品质的模板、指南等；
- 联合 IT、外部供应商打造数字化的律所知识管理体系、工具；
- 记录对知识管理工作具有贡献的同事，策划贡献奖励；
- 收集、考察、选定律所合作的各类外部知识库。

因为星瀚“产品化”的策略，我们也会将法律服务产品的管理工作和律所的知识管理工作结合起来。

三、律所运营体系中的后台

1. 行政

行政工作既是律所的“面子”，也是律所的“里子”，看似基础，但要能常年如一日地落实好也并不容易，通常包括几个模块：

● 前台接待：访客接待、会议室引导、咖啡茶水等，会议室维护与设备管理，会务支持（座椅摆放、桌签、写字板、书写纸等）；

● 办公支持：办公环境维护与优化（保洁、绿植、软装），公车管理，差旅集采（机票、酒店），办公用品采购与管理，快递管理；

● 资产管理：办公场地选址与装修，办公场地维护与维修，办公设施维护与维修，办公家具维护与维修，固定资产管理，物业对接。

2. 人事

都知道人才是律所最宝贵的财富，所以人事工作的重要性自是无须多言。

人事工作的基础是做好日常招聘、员工入离职、薪资社保公积金等事宜，此外，优秀的人事还需要做好：

● 策划、执行校园文化建设事宜，实习生招聘和管理，秋招、春招等项目；

● 协助做好同行影响力相关的工作，协助引进核心人才、优秀人才；

- 员工福利的设计、策划、采购、执行工作；
- 律所文化活动的设计、策划，供应商合作与执行工作；
- 律所培训活动的组织，律所培训课程的采购与执行工作；
- 协助员工考核、晋升、定薪定级事宜；
- 协助评估各部门、团队的人员结构合理性和成本收入的科学性；
- 关注员工的呼声和反映，积极提议应对方案；
- 离职员工的维护与文化建设；
- 其他能够帮助律所吸引人才、赋能人才、发展人才的工作。

3. 财务

财务岗位除传统的会计、出纳、财务管理视角外，律师行业的财务还可以考虑发挥如下价值和作用：

- 协助律所设计、评估分配方案，提供数据支持、进行模型测算；
- 协助律所或律所各团队测算利润率、劳动生产率、杠杆率等，为所内各团队的发展提供数据参考与财务视角下的建议；
- 协助测算各案件、项目律师费的合理区间；对低利润案件、亏损案件进行预警，尤其警惕创收高、但服务时间更高的“名赚实亏”类案件；
- 协助测算律所各团队、各人员的实际贡献度；
- 为所内同事提供财税顾问服务；

- 服务客户的过程中,如遇财务、税务方面的问题,由财务部门提供支持或服务。

也是因为财务在服务客户时能够发挥越来越直接的作用,星瀚财务部的定位已经从后台延伸至中台。

4. IT

越来越多的信息显示,数字化建设的程度对律所的长远发展发挥着至关重要的作用。

过去,律所只是购买一个管理系统、外包一些 IT 服务或者招聘一名所内的 IT 维护(help desk)。但如今,数字化与日常管理、律师作业的关联度越来越紧密,效率工具能发挥的作用也日新月异,AI 带来的技术影响愈加深刻,数据安全、数据保护方面的需求日益增高。这就意味着,组建一个强大的 IT 部门是很多律所的大势所趋。因为星瀚的 IT 部门不仅服务律所,同样也服务客户,所以我们的 IT 部门也从保障支持部门变成重要的中台力量。

当然,小规模的律所可能无法负担 IT 部门的建设与投入成本,或者很多律所、律师也无从对 IT 的工作内容、效果进行评估与判断,那么根据需要采购成熟的法律科技产品,或者找到合适的外部第三方供应商进行合作也是相当有必要的。

5. 业管风控

一个优秀的业管风控既可以降低律所的经营风险、律师的执业风险,又可以为律所找到业务增长点。

就其基础职能而言，业管风控要负责案子利益冲突的检索，确保所内的每一个诉讼、非诉、常法项目均能合规立案，并且通过各类方式确保案件平稳推进，直至结案材料齐整、经复核之后结案归档。除此之外，进阶的业管风控还可以对案件类型、客户行业等各种维度的信息进行归类和分析，为产生新增客户和挖掘既有客户的新需求提供支持。

如果律所从事资本市场业务，那么业管风控还必须配合好律所风控管理与内核委员会的各项事务。

6. 法务秘书

相信对于很多合伙人、律师而言，烦恼之一一定包括“时间不够用”，或者觉得事务性的工作太过烦琐，那么法务秘书这一岗位就能较好地解决这个问题。其常规工作包括准确地在管理系统中录入客户信息、提交利冲检索申请；完成利冲检索之后，继续在系统中录入咨询案件信息；完成咨询转立案工作，对接落实聘用合同的签署盖章、律师费的收取和发票开具事宜。案件办结后根据律所的结案要求，协助律师整理结案材料，在系统中提交结案申请等。日常协助律师进行会议室预约，资料的快递寄送，复印、打印、扫描工作，整理并发送月度账单等。

有些律所主任、管理合伙人、部门或团队规模比较大的合伙人通常还会再多配置一名秘书，其职责主要是对接、整理合伙人的行程与工作安排，做好提醒；为合伙人社会职务的履职工作提供支持和协助；为合伙人维护重点客户提供支持与协助。有的合伙人也会要求资深的秘书负责团队内的低年级员工、新入职员工的制度宣贯、工作习惯管理，在团队会议当中负责会议记录，并就后续待办事宜做好内部跟进提醒。

细致周到、积极主动、擅长沟通、具有合作精神的秘书能够成为律所各部门、各团队之间合作的重要桥梁，促进律所内部的协同与发展。

以上就是我对律所运营体系中岗位、职能进行的概括性介绍，希望能对大家整体性地了解运营体系提供帮助。在本书的后续篇章里，我将具体分析各个岗位职能的工作内容、工作方法、评价机制。

第四章 | 律所运营体系的招聘与发展

当我们了解运营管理体系可以在律所中发挥哪些作用之后,大家不禁会问:

- 这样一群运营管理人才如何招聘?
- 律所中的运营管理人才如何培养、考核、晋升、发展?

本章就会详细介绍相关内容。

一、如何找到合适的运营管理人才

前文中介绍过，我和星瀚的相遇主要是缘分使然，于我而言，恰好不想从事律师工作，而想在市场领域有所发展；于星瀚而言，因为有着“产品化、强运营”的发展战略，所以为运营管理人才设立了专门的岗位，提供薪资、晋升等多方面的保障。但巧合就意味着偶然性，对绝大部分律所而言，如果确定了发展运营管理体系、建设中后台战略，就不能仅寄希望于在偶然性中碰到合适的人才，而需要积极规划、主动出击，那么找到相关人才的方式无外乎以下几种情况。

(1) 运营体系的管理者：内部培养、内部挖掘或猎头合作。以我为例，我作为星瀚内部培养起来的运营体系管理者，从负责律所市场工作、到兼管行政与人事，再到增加分管法务秘书、协助分管部分财务工作等，我是在星瀚的体系之下一步步成长起来的。所以，在运营岗位中，找到有潜力的年轻人，持续为他赋能，并根据他资历增长、能力提升不断扩大其分管的板块和下属人员，那么就能发展出律所自己的运营管理者。此外，也可以考虑在律所现有的合伙人中挖掘一位管理合伙人。又或者与猎头合作，请猎头在同行业或相似行业当中找到一位有经验的管理者。

(2) 运营岗位职员：校园招聘、社会招聘。在前一章节中，我通过前中后台的视角介绍了运营体系中的主要岗位，这些岗位可以通过最常见的校园招聘、社会招聘等方式找到合适的人。星瀚市场、商务岗位的人员构成就是半数校招、半数社招。校招的时候，我们既考虑招聘法学院的毕业生，即和我类似——虽然学法律，但不想以法律本专业作为自己核心竞争力的同学，那么他们到律所中从事品牌、市场、商务工作就是很好的选择。同时我们又把新闻专业、中文专业、市场营销专业的在校同学当作招聘考虑的对象。由于从事商务工作需要有一定的成熟性，而校招同学的培养周期比较长，这个时候就可以通过社招进行人才补充。律所作为专业服务业，如果商务人员原先曾有咨询公司、会计师事务所、软件公司、人力资源公司、教培行业、互联网行业、房地产行业或者金融行业的从业经验，那么将有可能成为不错的候选人。星瀚财务部的人才构成情况也是类似的，半数社招、半数校招。而行政、法务秘书等岗位通常以社招为主。相关同事大多拥有一定的职场经验，个人生活也迈入了有家庭的阶段，更加期待工作与生活相平衡。这个时候，他们对于自己的职业定位是明确的，和行政、法务秘书类岗位的画像要求也是匹配的，如此一来稳定性就会很好。

那么，律所需要的运营管理团队应该具备怎样的素养呢？在我们星瀚内部，除了日常的培训、会议之外，每年都会组织一次运营体系的集中培训。在最近的一次集中培训上，卫新律师分享的话题是《我所期待的律所运营体系》，其要求的运营体系必须具备的素质便是——积极主动。当然，“积极主动”不仅对运营同事适用，对业务同事也是一样。

史蒂芬·柯维在其撰写的《高效能人士的七个习惯》中，介绍的七个习惯依次是：积极主动、以终为始、要事第一、双赢思维、知彼解己、统合综效、不断更新，“积极主动”是起点，是书中的第一个习惯。柯维说，积极主动不仅指行事的态度，还意味着人一定要对自己的人生负责。个人行为取决于自身的选择，而不是外在的环境，人类应有营造有利的外在环境的积极性和责任感。在柯维看来，人性的本质是主动的，人类不仅能针对特定环境选择回应方式，更能主动创造有利环境。

看过书中对比的“消极被动的语言”和“积极主动的语言”，大家就会生动感受到积极主动所带来的力量，见表4－1。

表4－1 积极语言与消极语言的对比

消极被动的语言	积极主动的语言
我已无能为力。 我就是这样。 他把我气疯了！ 他们不会答应的。 我只能这样做。 我不能…… 我不得不…… 要是……就好了。	试试看有没有其他可能性。 我可以选择不同的作风。 我可以控制自己的情绪。 我可以想出有效的表达方式。 我能选择恰当的回应。 我选择…… 我更愿意…… 我打算……

此外，书中还告诉我们，“看一个人的时间和精力集中于哪些事物，也能大致判断他是否积极主动。每个人都有格外关注的问题，比如子女、事业、工作、国债或核战争等，这些都可以被归入‘关注圈’，以区别于自己没有兴趣或不愿理会的事物。关注圈内的事物，有些可以被掌控，有些则超出个人能力范围，前者可以被圈成一个较小的‘影响圈’。观察一个人的时间和精力集中于哪个圈，就可以判断他是否积极主动。”柯维的结论是，积极主动的人专注

于“影响圈”，他们专心做自己力所能及的事，他们的能量是积极的，能够使影响圈不断扩大。反之，消极被动的人则全神贯注于“关注圈”，紧盯他人弱点、环境问题以及超出个人能力范围的事不放，结果越来越怨天尤人，一味把自己当作受害者，并不断为自己的消极行为寻找借口。

所以，我们在招聘、培养运营体系同事的时候，无论是承担职能型的岗位（中后台）还是创造型的岗位（前中台），是否具有积极主动的性格品质是我们格外关注的。除了积极主动这一先决条件外，我想律所运营体系同事还应该具有如下的一些素养。

（1）好奇心。律师行业有其特殊性，和很多运营同事的日常生活、过往的工作经历并不贴近。但是要能在律所里表现好、发展好，适度的好奇心是少不了的，由好奇心引申出来的其实是思考力。就比如新媒体编辑要去好奇，为什么有些公众号粉丝数量很多、阅读量和转发量都很高、读者也很乐于留言互动，而有些文章、公众号虽然质量很好，却默默无闻。又如业管风控在工作中一定会遇到律师提出例外情形，例外情形背后的理由是什么、有没有合理性，其实质性的原因和问题出在了哪里，都需要业管风控进行识别、分析。客观上，运营体系中的不同岗位所要求的技能难度不尽相同，行政前台工作，看似不需要很高超的特殊技能，好像每个人都能做，那为什么有些人能做好，但有些人就总让人感到不尽如人意呢，就是因为其关注度、好奇心、思考力的程度不同。

（2）自驱力。其实任何一份工作要做出彩，自驱力都是不可或缺的。运营是颗粒化程度很高的工作，处处都是细节，一环扣着一环,最终呈现的效果可能又很隐性,既很难把奖励明确地给到某一个运营同事身上,又很难把惩罚具体地落下去。举例来说,一个客户来律所签约的背后是多重因素的叠加。可能是客户看了“星瀚微法苑”公众号,觉得文章内容不错,于是致电咨询、预约上门,客服同事进行了跟进;客户前来的当天,前台的接待面貌很好,客户心生愉悦;律师的接待很专业,后续协同市场部一起提供的服务方案品质很高、报价也令客户满意,于是客户提出让律所出合同,推进签约,业务支持部门的伙伴都做得非常细致到位,最终,客户签约付款了。假设律师费 10 万元,怎么把这 10 万元公平地分给大家呢,这是很难的问题;不过同样的,如果客户没有签约付款,究竟是哪个环节出了问题,这也很难找到具体的责任人,无法将过错分摊下去。所以,这也说明了运营很多时候是一种“黑箱”工作,其贡献度、价值感难以被完全量化,不像流水线上的工人,可以统计今天做了多少个零件,因此运营就更需要具有自驱力。我自己的感受是,接洽客户时,背调做得详细、清晰和只是做了表面功夫,结果完全不同;报价的时候思考设计过和只是按照常规套路进行报价,结果也会完全不同。所以,“逼”自己一下,或者天然对自己有更高的要求、追求卓越是相当重要的。当然,律所也要设计出合理的、尽可能公平的分配机制、奖惩机制、晋升机制。

(3)抗压能力。目前,我们星瀚的法务秘书每人服务 15 ~ 20 名律师,我听说有的法务秘书最多辐射人数是 30 名律师。这就意味着,秘书经常同时接到来自多人的多个需求,而且每个人都说自己的事情非常重要。对于市场、人事、行政、业管、财务等工作的同事们来说,也是一样的。我们的HR遇到过一天当中有十几个团队都说有招聘计划,而且都要尽快面试;我们的市场部在一天里会被约四五场会议,都是聊产品思路、推广方向、合作渠道。常人在遇到这样的局面时都会感到焦虑、烦躁,所以如何安排好主次、先后顺序,如何做到忙中不乱、不错,就很要紧。

(4)沟通能力。运营体系的工作都免不了与人沟通,既要了解需求,又要传递信息,沟通表达能力就非常重要。有时候,好心好意被误解,很有可能就是表达不当;辛苦做的心血最终白白浪费,往往就是沟通时没能对齐信息。运营和律师之间如果沟通不畅,误会、矛盾可能还会上升到律师与律所层面,所以我们偏向于招聘聆听能力强的、表达能力好的高情商运营。

(5)公平公正。某种程度上,所里的资深运营或重要运营岗位的同事,多少是会有资源、有权利的。所内案源,让哪位律师去对接;对外活动,匹配哪个律师去露脸;校招的时候收到优秀人才的简历,优先推荐给哪个团队面试……其中有很多选择、判断、匹配的机会,而这些机会给谁、为什么给他,不给谁、为什么不给他,需要运营的同事有公心。公心就是要为了律所整体好、为了事情本身的结果最好,而不能光看私交,甚至徇私舞弊。

除此之外,做事细致严谨、责任心强等优点自然是越多越好的。而许多有意向搭建运营体系的律所,或者对律师行业感兴趣想要加入的运营,也常常困惑一个问题,运营尤其是市场运营相关的岗位,是否需要法律背景、是否需要通过法考?对此我的建议是,如果有法律背景,那自然是好的,对语境、行业的了解能够使其在相同的情况下更快、更好地发挥作用。若没有法律专业背景也没关系，关键还是看底层能力和综合素养，要相信基础优秀的、潜质好的人才是能够很快适应行业特点的，甚至还可以迁移其他行业的宝贵经验和优秀做法。

二、运营管理人才的培养与发展

商业的本质是通过分工协作带来价值交换，律所中的运营体系如果能持续给组织带来价值、为业务体系提供赋能，那么运营体系的地位、待遇就会持续提升，拥有广阔的空间。反之，如果律所、业务体系觉得运营的工作平平无奇、可有可无，那么运营体系就会被弱化，甚至取消。相应地，如果律所的运营体系特别优秀，但律所缺少优秀的律师去承接消化运营带来的品牌价值、渠道价值，甚至是客户，律所始终缺乏有竞争力的法律服务产品，或者律所给予运营的激励不充分、待遇不公平，那么运营也会离开，去更优秀的律所，和更优秀的律师合作。

所以，设计一套律所运营管理团队的培养、考核、晋升、发展机制，让运营管理团队的成员充分发挥价值，形成业务体系与运营体系之间的互信与合作，并且让优秀的运营同事有归属感是非常重要的，下面以星翰为例展开谈谈，运营团队具体配置见图4－1。

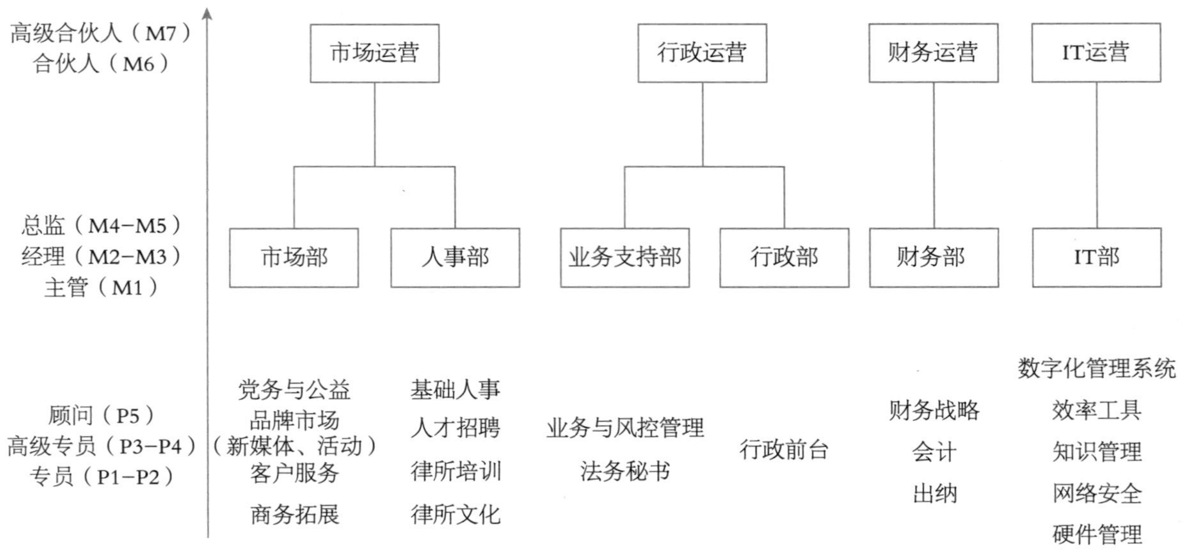

图4–1　星翰运营管理团队结构

图 4－1 展示了我们目前的运营管理团队结构，同时也清晰地标注了各运营岗位的晋升路径。从中不难看到，我们把运营职级分成了两个大类，一类是 P 序列，也就是技能类序列，在 P 序列上的晋升主要是看职业技能本身的提高和年资的增长；另一类是 M 序列，即管理类序列，在 M 序列上的晋升主要是看能否实现律所的战略发展目标、能否带好团队。从长远来看，优秀的运营人才可以成为律所的合伙人、权益合伙人，享受律所的整体利润分配。

每次介绍星瀚运营体系的晋升路径时，大家都会提出不少问题，归纳起来，最常见的问题包括：星瀚运营体系目前有多少人？具体从事哪些工作内容？建设运营体系要投入多少钱？运营体系的人员薪酬怎么给？如何考核、晋升？

关于运营体系的人数问题，我可以给大家一些参考信息：

- 某头部知名律所，全国 300 多位合伙人、1000 多位律师。整体运营人员 260 人左右，其中半数以上的运营人员都从事法务秘书工作，平均每 15 位律师就会配备一位法务秘书，创收高、团队规模大或者负有管理职能、社会职务的合伙人还会有专属秘书。此外，律所的品牌市场部、IT 部、行政部、财务部、知识管理部等常年维持在 15～20 人，其中品牌市场部不承担创收指标，主要负责做品牌、办活动。整体而言，律所业务同事与运营同事的人数比例维持在 5∶1 左右，这是很典型的专业服务机构人员配置方式。

- 很多主攻单一业务领域的律所（如婚姻家事、债务催收、土地征收、人身侵权损害、知识产权打假等），全所创收 90% 以上来自市场化方式拓展（如搜索推广、新媒体推广、电话销售、定向地推等），运营团队的人数（主要是销售团队）和所内业务团队的比例通常达到1∶1。

- 某规模所，全国律师千余名，运营团队的人数有400多名，业务与运营人数比例约为3∶1。运营人员以商务团队、销售团队为主，市场化方式开拓的案源占全所创收的近50%。
- 说回星瀚，星瀚业务同事与运营同事的比例约为6∶1，其中也是法务秘书岗位占比最高（每15～20名业务同事配备1名法务秘书），其次是财务部。星瀚市场部3人，其中品牌、市场、商务同事各1人，通过市场化方式开拓的案源占到全所创收的20%～30%。

从上述例子中可以显而易见地看到，根据律所发展战略和展业模式的不同，运营团队的人数配置、岗位设计大相径庭。常规情况下，业务与运营的人数比例以5∶1左右为宜。若所内市场化案源占比程度高的话，商务、销售人员的配置自然也重。

随后来说说运营人员的薪酬如何给。事实上，品牌、市场、商务、人事、IT、行政、财务、秘书等岗位并不是律所专有的，而是各行各业、不同企业中的常设岗位。所以设定相关岗位的基本薪资时，最好的方法就是进行市场参照，看看咨询公司、会计师事务所、广告传媒公司等招聘相关人员需要支付怎样的工资，招到的人是怎样的学历、背景。此外，如果希望有法学背景的人才愿意进入运营赛道而不从事业务，那么也要衡量该人才若是从事律师业务的收入水平如何，从事律所的品牌市场、商务、人事等工作的收入水平又会如何。理论上，这种情况下的运营岗位薪酬设计要跟业务岗位持平甚至更高,才会对有法学背景的运营管理人才有吸引力。因此在星瀚,品牌市场部的薪酬等级和业务律师条线的薪酬等级是完全一致的。

再说考核。律所对不同运营岗位工作内容的要求不同,能力要求自然就不同,对应的考核与奖励方式也会有差异。通常,中后台的运营岗位主要职责是将交办的工作落地完成,细致、认真、合规、尽责,此时给予符合市场水平的工资、年底考核多发放 1~3 个月工资作为年终奖即可。而对中前台的运营岗位而言,律所如果想要强调律所市场化案源拓展、创收与相关岗位人员收入的关系,那么最直接的做法就是给予具有竞争力的签约激励比例。

整体上,对于工作表现优异、工作成果显著、忠诚度高、事业发展意愿强烈的同事,律所层面应当多为其创造发展的机会并给予薪酬、晋升方面的奖励。当然,在运营团队中一定不乏偏好稳定、事业发展意愿较弱的同事,通常集中在中后台尤其是后台岗位中,她们往往追求能够很好地平衡工作生活,甚至是会把更多的精力投入在家庭,对于这类同事,律所层面主要是给予其安定感、归属感。

第二部分

律所品牌市场工作实务指南

第五章 | 打造视觉形象识别系统

视觉识别系统(VI)是企业视觉化传递企业品牌、展现企业文化的重要方式,对律所而言也是如此。没有VI,品牌、市场、销售工作都无从开展,可以说,开始品牌建设工作的第一步,就是要先拥有VI。本章节旨在与大家分享律所的VI系统如何建设并应用。

视觉识别系统包括基本要素系统和应用要素系统两个方面，其中，常见的基本要素系统是指：企业名称、标志（Logo）、标准字、标准色、宣传语（Slogan）等；而应用要素系统包含基本要素在办公用品、办公环境、宣传材料等场景或物品上的实际应用、展现效果，具体要素清单见表5－1。

表5－1　视觉识别系统清单（示例）

<table>
<tr><td colspan="2">基础要素系统</td><td>1. 标志规范：标准彩色标志、标志释义（创意说明）、标志制图与视觉修正、标志墨稿反白稿、标志的最小使用范围、标志的安全空间、标志的禁止使用情形；
2. 标准字规范：标准字彩色稿、标准字反白稿、标准字墨稿、中文名称横式规范、英文名称横式规范、中文名称竖式规范（如有）、英文名称竖式规范（如有）、英文名称断行规范；
3. 色彩规范：标准色规范（含色阶）、辅助色彩规范（含色阶）、特殊工艺（如有）、色彩配比及品牌色彩占位、品牌专用色彩搭配表；
4. 标志组合规范：常用标志组合列表彩色稿、常用标志组合列表反白稿、常用标志组合列表墨稿、标志与中英文名称的组合规范（横式、竖式、上下组合等）、与二级机构/衍生应用/宣传语（Slogan）的组合、标志组合的最小使用规范、标志组合的安全空间、标志组合的错误示例；
5. 辅助图形规范：辅助图形释义、辅助图形基本使用形式、辅助图形使用规范、辅助图形的应用延展、辅助底纹制作、辅助底纹应用延展；
6. 常见错误应用</td></tr>
<tr><td rowspan="3">应用要素系统</td><td>事务用品类</td><td>名片、信纸、信封、文件袋、文件封套、便条纸、席卡、工作证、笔记本、饮具、手提袋、PPT模板、WORD模板等</td></tr>
<tr><td>企业形象（CI）风格类</td><td>徽章、吉祥物（如需）、公文包（如需）、袖口（如需）、领带（如需）等</td></tr>
<tr><td>环境风格类</td><td>装修设计、软装设计等</td></tr>
</table>

使用视觉形象识别系统的意义在于，一方面，该系统经过专业设计，是对律所品牌战略和差异化特征的可视化呈现，能够帮助品牌在传播的过程中更加具备感染力、识别度，加深客户对律所品牌形象的认知；另一方面，使用统一、规范的视觉形象识别系统也能使律所具备更强的整体性、协同性，也是从侧面体现了律所的规范程度与管理水平。不少律所都有自己独立的品牌 VI 说明书，每一位员工加入律所时，运营同事会结合说明书告诉新同事，如果要使用律所的官方 Logo，可以在哪里下载；律所 Logo 的尺寸等不能被随意压缩或放大变形；在 PPT 上，Logo 有指定的位置；对外进行宣传的时候，标准色和辅助色怎么搭配等。可以说，优秀的律所对于自己品牌的呈现是有高标准、严要求的，处处体现细节。我们来说说 VI 在律所当中的常见应用：

一、律所宣传册

宣传册（画册）是律所宣传、展业过程中不可或缺的工具。我们初次拜访客户的时候总要给客户递上一本律所宣传册，外部人员来参加我们的律所活动，或者我们赞助支持某场外部活动时，也会将宣传册放入资料袋中。结合 VI 设计一本令人印象深刻的、可以在广泛的场景下被充分适用的宣传册相当重要。在此，先提供一份宣传册策划清单，见表 5－2。

表 5 – 2　律师事务所宣传册策划（示例）

◆ 整体性确认	
风格	同视觉形象识别系统
尺寸	A4/A5/B5/正方形等
语言	各语言版本分开/中英文合并/中英日等各语言版本合并等
◆ 内容确认（需要进行讨论和筛选，以下内容并非全部必要）	
律所介绍	
律所优势	
业务领域	
代表案例	
代表客户	
律师团队	
联系方式	
其他	
◆ 工艺与纸张确认（以选样、打样为准）	

就设计制作宣传册过程中，常常讨论的一些问题，以下是我的一些观察与建议。

1. 宣传册的语言版本问题

对于仅服务中文客户的律所而言，宣传册通常就一个语言版本，即中文。但是对于有涉外客户的律所来说，宣传册的语言需求可能就非常多样，除了常见的英文外，日文、韩文、法文、德文等语言呈现的宣传册都或有需要。那么，是将这些语言版本放在一本册子当中，还是将不同的语言版本各自做成独立的册子呢？这个要视情况讨论。

对于一家内资的律所来说,如果其涉外客户的占比非常高,如有30%甚至50%以上的客户是外资客户,或者是习惯于用英文进行工作沟通的客户,那么我觉得,一本中英双语的宣传册就是必要的。因为对于这类律所服务的客户而言,他们的内部治理结构通常是有全球总部,也有中国办公室,中国办公室中尽管大多为中国人,但也会有一定比例的外籍员工。他们在日常工作中,涉及较多的双语场景,选择合作律所、合作律师的时候,不仅仅是中国籍的管理团队在进行决策,也要征询全球总部或者外籍同事的意见与建议。那么在这样的情况下,双语宣传册就非常有助于客户内部的沟通与衔接。在某些情况下,如果一家内资所的涉外客户比重超过50%,或者有些律所就定位为专注于服务在华的日本企业、在华的韩国企业等,那么其宣传册的设计甚至可能是将英中、日中或韩中语言等汇集于一本宣传册,并将外国语言置于前列,以此突出律所的语言优势以及对相关客户群体的重视程度。

反之,如果一家内资的律所并不以服务外资客户或涉外客户作为核心,相关客户的比重不高,那么就可以考虑各个语言版本都出一份独立的宣传册。具体印制时,中文版本通常都是印制数量最大的,而其他语言版本视具体情况少量印制以备偶发的需求即可。否则将各个语言版本合并在一起制作的宣传册,客户既不会去看外语的介绍部分,又可能会觉得太厚、太重,对律所来说也是白白花费了印制的费用。也会有律所或律师有顾虑,表示自己就是想让客户知道我是很国际化的(即便有相关需求的客户并不多),想让有走出去需要,或者有和外方合作需求的中国客户,也可以找自己提供支持，怎么办？对此我的建议是，当律师得知客户或有国际化的想法时，在宣传时就可以带上多语言版本的宣传册；或是在律所的介绍中，写上国际化的程度和实力、能够提供语言服务工作的相关语种等，也就能起到展示说明的作用了。其实对于律所的运营团队而言，尤其是对从事品牌市场相关工作的专业人士而言，很多时候就是理解律所、律师的意图和目的，综合考虑效果和成本，给出最适合的建议与选择。

2. 律所介绍怎么写

有关律所介绍，我的建议是要用尽可能精简、凝练的表述，突出一家律所最具差异化和竞争优势的地方。我们来看一下星瀚用了多年的自我介绍：

上海星瀚律师事务所定位为面向未来的创新型律师事务所，业务领域涵盖公司、金融、争议解决、刑事、知识产权、劳动人事、房产建工、涉外、财税、行政、财富管理、海事海商等，能够为客户提供一站式、综合性的法律解决方案。

自2010年成立以来，上海星瀚律师事务所连续八年蝉联“上海市优秀律师事务所”，并被授予“上海市十佳律师事务所”称号；星瀚也得到《钱伯斯》《The Legal 500》《ALB》《CBLJ 商法》等国际知名榜单的认可。

星瀚价值观：热爱法律的技术派

星瀚使命：成为客户心目中高效、负责的伙伴

星瀚愿景：员工幸福、部门健全的精品律师事务所

这是一段非常短小,但是很核心的内容。其实我们都会有一个共识,当别人介绍某家律所的时候,如果说得太长太多,听者是很难抓住重点的。我们自己做选择的时候,通常也是基于各家供应商的一两个亮点来作出的判断,虽然每家律所都可以对律所介绍进行扩容和充分解释,但总要有那么一段 150 ~ 300 字可以作为概括性介绍的内容。在我们星瀚的介绍中,核心想让大家把握的就是:面向未来、创新、一站式、综合性、受认可、高效负责、技术派这些关键词,对其中的几个印象深刻就好,就能将我们和其他的一些律所适当区别开来。

在精准的律所介绍之后,可以提炼 2 ~ 4 个律所优势,通过关键词加文字内容阐释的方式将其突出。比如我们星瀚在律所介绍时提炼的优势是:“以专业为核心”,“一体化运营”,“跨地域、国际化发展”。其中,“以专业为核心”旨在表达我们的技术派理念、解决问题的能力;“一体化运营”是在突出我们的服务保障、品质保障;而“跨地域、国际化发展”则想强调,虽然我们目前的分所数量还不多,但我们有合作网络、有丰富的经验,服务能并不受空间限制。

整体上,对律所的介绍和律所优势的阐释在宣传册中应该不超过 2 页,且是在有配图的情况下。毫无疑问,视觉的冲击对人的识别判断是非常重要的,这就意味着,我们的宣传册中不能仅有密密麻麻的文字,不能仅是 Word 文稿的 PDF 化,而是结合律所 VI 和内容传播的美学呈现,所以切记不可为了更多的文字表达而牺牲视觉呈现。

3. 业务领域怎么排序

这是一个会令很多律所头痛的问题，各个专业领域的负责人都希望自己的板块能够占据更多的版面、能够被放在更加靠前的位置。这个问题怎么解决？我觉得很重要的考虑要素是：律所想要呈现什么、突出什么？客户关注什么、需要什么？

比如说：如果一家律所的定位就是商事争议解决领域的专家型律所，那么，有关争议解决法律服务的介绍内容就应该尽可能地靠前放；同理，如果是一家以资本市场业务为特长的律师事务所，那么，资本市场的板块就往前放。也可以从律所的内部管理系统和业务数据统计情况中看看，是哪个领域的业绩创收对律所贡献最大，也就是客户愿意为我们的服务付费，是因为我们的哪一项服务能力。

大家还会发现一个趋势，越是规模所或者品牌所、头部所，他们在写业务领域介绍的时候往往越克制，通常每一个业务领域都只占有宣传册的 1 页，也不会去根据律师们的需求无限制地细化业务领域以使得业务领域看起来非常多、非常细。大家最终呈现的业务领域数量大多为十几个、再多一些也就是二十多个，这些业务领域的表述有较强的概括性，而就每项业务领域的具体介绍也多侧重为一段表述性文字，讲讲我们这项业务领域的优势在哪里、得到过哪些荣誉肯定、头部客户有谁，随后就是罗列在该业务领域项下，我们所能提供的服务内容。克制的背后既是平衡的智慧，也是为了在最大限度上让这本宣传册有应用场景，让客户能够更好地吸收宣传册上的内容。

如果就业务领域介绍的排序实在争执不下，怎么办？那就还是要参考业务本身的创收和签约情况，以相对客观的标准进行安排。更为重要的是，优秀的市场运营同事应该有主动性，去和各主要业务领域的负责人沟通各业务领域的独立宣传册，为主要业务领域或优势法律服务产品设立独立宣传册是非常必要的，其本身可以承载的内容远多于律所宣传册。比如在星瀚企业内控与反舞弊法律中心的宣传册中，我们就会介绍该中心的三大核心能力、五大办案方式、完整的调查路径和办案流程图、详解部分有代表性的经典案例等，能够帮助有相关需求的客户更为深入、全面地了解信息。与其在全所性的宣传册上久争不下，不如花更多的精力去打造凸显业务领域、法律产品本身的特色册子。

4. 是否展现律师团队

这取决于律所的规模和发展阶段。律所成立初期，客户对律所品牌本身还缺乏知晓度、信任度，需要先基于对律所核心创始团队、管理团队人员的信任，再移转信任到律所时，可以考虑将人员信息放到律所宣传册上。又或者，某家律所的创始人、主任有着特别深远的市场影响力或行业知名度，那么将其信息或寄语放入宣传册也未尝不可。

但伴随着律所的发展壮大、步入正轨，具体的人员信息通常就不会在律所整体的宣传册上出现了。此外，将人员的简历信息置于宣传册还会遇到的现实问题就是人员变动，宣传册上的人如果调整工作了,那么已经印制的、尚未分发出去的宣传册就都浪费了。

二、律所官网

浏览官方网站往往是客户、同行、合作伙伴、求职者对律所进行了解的第一步,我自己也有习惯,在尚未见到某个合作伙伴、某个客户之前,会去看看人家公司的官方网站、官方公众号等,以此多获取一些信息。一个页面经过精心设计、内容经过多重筛选的官方网站,无疑可以帮助律所全面展现品牌及影响力,具体设计模板见表5-3。

表5-3 律师事务所网站设计规划表单(示例)

网站整体风格(视觉与功能定位)	1. 平铺展示型:重视品牌及专业内容的综合性展现 2. "瀑布流"展示型:重视图片视觉和高效阅读体验 3. 创意概念型:突出创意元素,与其他律所的官网有明显不同
首页设计	◆ 风格与功能定位要点: 1. 平铺展示型:一目了然 后续要重视滚动图和菜单栏 2. "瀑布流"展示型:视觉冲击 后续要重视首页视频或图片的选择与设计 3. 创意概念型:与众不同 后续要重视网站首页给人留下的第一印象及与各浏览器的适配度 ◆ 设计与开发需求: 1. 首页框架制作,模块布局; 2. 导航栏设计与导航栏切换效果; 3. 首页长度规划与确认; 4. 首页特效规划与确认(关注特效展示的时长,对页面打开速度的影响等)

续表

内页设计	1. 律所的介绍展示页：律所介绍、发展历程（大事记）、律所文化、主要荣誉、代表客户、外部评价等（要考虑展示方式、动画效果等）； 2. 律所的专业人员介绍：姓名、职位、业务领域、联系方式、教育背景、工作经历、社会职务、代表案例、代表客户、代表著作、个人荣誉、商务照片等（要考虑展示方式、排序逻辑、检索方式等）； 3. 律所的专业领域介绍（要考虑展示方式、排序逻辑、点击各个专业领域之后的详情页内容等）； 4. 律所的专业研究成果展示以及发展动态展示； 5. 律所的招聘信息展示； 6. 律所的联系方式展示（办公地址和自媒体渠道）； 7. 其他内容：网站备案信息、语言版本切换（切换后的网站内容与中文网站内容的关系）、免责声明、隐私保护等

结合上述规划表单，律所可以初步确认自己的官方网站需求，进而将相关需求提供给网站制作公司，双方共同开会讨论需求的合理性、可操作性等因素，明确风格和功能意向，双方在制作报价和制作进度达成一致之后，便可以开始正式的设计与制作工作，通常相关的进度和分工安排见表5－4：

表5－4　律师事务所网站设计进度示例与分工安排（示例）

首页设计	10个工作日	网站制作公司设计，律所讨论检核。 由于首页是官网留给外界的第一印象，一般对于首页的设计讨论会耗费较长时间，广泛征求意见和建议，力争将首页设计稿调整到最佳状态

续表

内页设计	10 个工作日	首页设计风格确认之后,网站制作公司开始内页设计。内页设计和首页风格整体保持一致,增强功能性展现。 律所在讨论检核内页设计稿时,需要在考虑美观度之外,同时考虑到实用性、用户浏览时的体验友好度等要素
网站搭建	15 个工作日	在首页、内页的平面设计图确认之后,网站制作公司就会开启网站搭建工作,一般,多语言版本的网站会先搭建中文版。 与此同时,律所方面可以筹备未来网站上要填充的具体内容
网站测试	5 个工作日	网站制作公司初步完成搭建之后,会将测试后台交付给律所,并开展后台数据添加方面的培训。 律所方面即可开始添加网站数据信息,检核测试功能是否完备。测试时不仅要测试单个浏览器网页端的情况,还要测试不同的常见浏览器情况,以及兼顾移动端效果。发现有问题的地方,及时反馈给网站制作公司调整
其他语言版本网站的搭建	10 个工作日	在中文版网站测试完毕、确认验收之后,网站公司即可开始搭建其他语言版本的网站。同样地,搭建结束之后,也有测试验收的过程
数据添加	—	律所在网站后台上传必要的数据内容
网站上线	1 个工作日	在网站数据具备储存空间(需要由律所提供,可以选择放在内部服务器、也可以选择放在第三方的云空间)并完成 ICP 备案(由律所落实)之后,网站制作公司即可安排网站的正式上线

律所官网的设计是一方面,内容的更新与维护也是很重要的一方面。律所应当安排专员负责律所网站的内容更新和维护,在维护之余也需要关注,如果在常用的搜索引擎上搜索律所的名字,

或者律所的律师、优势法律服务产品等,在搜索结果中的排位顺序是怎样的,并基于此,对网站进行必要的优化和调整。

三、律所周边

律所周边既包括常用的所内办公用品,比如印有律所 Logo 的名片、信纸、信封、文件袋等,也包括赠送客户或合作伙伴、听众的伴手礼。设计一份好看、有趣、有用,又和律所 VI 关联的伴手礼是能在感性层面上打动客户的。

受益于星瀚品牌的名称、定位、文化等,星瀚周边向来有着较大的发挥空间。通常,星瀚周边都会以星瀚蓝为主色调,结合宇航员、星辰、大海等元素进行创作和安排,而就选品本身,我们也尽可能追求文艺感、实用性和技术派相结合。

我们做过的有代表性的律所周边包括:"登月行李箱"。这是一个中秋节周边,"登月"和中秋节恰好契合,与"星瀚"二字背后蕴含的星空浩瀚之感也完美匹配。行李箱内放有眼罩、U 型枕、香氛片、随身杯等,都是大家旅行途中的最佳伴侣。我们将祝福的内容和定制的行李牌结合到一起,构成了主题文化和实用性、创意度方面的相得益彰。

此外,星瀚的"知行合一"茶叶礼盒及茶具也广受欢迎。我们在福建定制了四款茶叶,对包装袋、包装盒、茶叶包都进行了全面自主的设计,将传统美学和时下潮流审美进行了融合,而点睛之笔是请卫新律师写的卡片内容。

文人爱茶,因为茶似乎是一种修身养性的道具。但星瀚人爱茶,是因为一种态度:当面对复杂的冲突、艰涩的历程、未知的结局时,律师更需要宁静的心、透彻的理和温润的手。

我喜欢喝茶,最初是因为一个人。每年假期,我去到她的故乡,到高山的农家寻些好茶来。我喜欢那种真真切切、素素淡淡、与天地接引而外在于人情物欲的事物。这一次,我把寻到的最爱的四款茶做成礼物,与星瀚的朋友们分享。

因为我相信:这世上有三样东西不能辜负,来时的路、远方的光、朋友的茶……

换言之,周边一年年做下来,可能各家律所的周边品类本身已经大同小异,充电宝、笔记本、钢笔、茶杯、茶叶、书签等,都已经颇为常见。但关键还是送出去的礼物有心,即体现了律所的诚意;有意,即为这份礼物赋予了独特的文化解读和美好寓意;当然,也少不了有用,星瀚在意周边礼品的实用性,甚至在意到我们从不在物品身上印制 Logo。我们的文化体现在内核上,在外包装上,拆了外包装,无论收到礼物的人是自用还是转赠,都可以毫无负担。

此外,星瀚还有一些创意型的无形周边,典型代表就是星瀚表情包“学法律的小星”,在微信上可以免费下载,日常聊天时也可以高频使用。我们设计表情包的初衷是由于律师工作的特殊性,日常有些文字内容想要以表情包的形式发送给客户,但是苦于没有合适的现成表情包。既然如此,我们就自己做了一套。于是“学法律的小星”会说“开庭啦”“赢啦”“我来研究一下”“有证据吗”“不要轻易下结论”等,该套表情包也在律师圈、法务圈得到了广泛的应用。

总之，建立 VI 系统，并在过程中持续完善、迭代是律所品牌工作中不可或缺的职责。更为重要的是，品牌人员应当不断思考，如何通过 VI 展现品牌内核、扩大品牌外延，如何将 VI 应用到更多的场景当中，对品牌传播产生更大的助力。

第六章 | 运维新媒体扩大品牌影响力

如今,通过新媒体传播、营销的方式扩大律所品牌影响力,甚至以此获客已经成为很多律所、律师的共识与选择。

但是,相关工作如何做好、做出成效?业务同事和运营同事之间应当如何配合?一系列问题长久以来困扰着大家。本章就将提供一些实务技巧与方法,以此告诉大家:

- 如果你是分管品牌传播、新媒体营销的人,可以从哪些方面去管理,去评估效果;
- 如果你是具体做事的人,可以从哪些方面入手,从而将相关工作做得更好。

星瀚作为一家并不追求高速规模化的律所,却在很长一段时间内享受到了超出我们实力的关注度与影响力,与我们的"星瀚微法苑"微信公众号密不可分。

自 2016 年之后,很多同行了解星瀚、加入星瀚都是因为看了我们的"星瀚微法苑"。同事们也常常跟我反馈说,开庭的时候不止一次有法官问:"你是不是那个'星瀚微法苑'的星瀚律师事务所,我们办公室都看你们的公众号,你们的内容写得不错"。法学生应聘星瀚的时候,我们也会问,为什么投递星瀚的岗位,是怎么了解到星瀚的?"因为是'星瀚微法苑'背后的粉丝"是非常高频的回答。甚至于有不少客户就是看着"星瀚微法苑"的文章找到我们的,其中不乏知名的行业头部客户、年付律师费在千万级以上的客户。

有同行评价说,星瀚以公众号宣传为载体开创了律所运营发展中的新流派。很多律师讲,他们的公众号、宣传模式就是在研究星瀚、学习星瀚。我想这当中难免有客气的成分,但反映出来的实质是,通过新媒体进行品牌建设和营销拓展已经得到了越来越多的重视和关注,大家都希望掌握一些方法论和经验之谈。

一、如何做好微信公众号

微信公众号的 Slogan 叫"再小的个体,也有自己的品牌",从这句话中不难看出,无论是对律所、律师团队还是律师个人而言,公众号都是非常重要的品牌宣传工具。接下来我想围绕公众号的打造、运维时的常见问题来展开讲讲。

1. 为什么要做微信公众号

首先能想到的理由自然是品牌宣传。对律所而言,除了通过法律服务本身与客户产生联系之外,如何强化自身在客户心目中的品牌形象,如果做到只要客户产生法律服务需求,就能第一时间想到自己、而非别家律所呢?增加品牌露出、树立专业化的形象就是很重要的方式,由此引申出了要经常更新公众号、通过公众号发表专业文章和动态信息。公众号这一平台的优势相当突出,包括:

(1)场景好。大家现在的通讯交流都是以微信作为主要工具,文章发表在微信公众号上可以集合较多的受众,而且也便于公众号的运营者将文章主动推送给目标受众,这是一个非常顺其自然的操作。

(2)零成本。申请公众号、常态化的运维是不需要任何成本的。虽然有些运维者为了使公众号文章的阅读效果更美观、公众号的品牌展现更为专业,由此聘请设计策划公司做一套公众号的VI设计、Logo设计等,但相关成本也比较可控。如果要说运维公众号有什么成本的话,那主要还是创作者的人力成本。

(3)可操作。那么创作者的人力成本高不高?这个问题见仁见智,于我而言,我并不觉得公众号文章的创作、编辑、运维很吃力,整体上是可操作性很强的。除了公众号本身的界面设计就很友好之外,更加重要的是律师工作自身的特点,即肩负长期学习的使命,且工作成果绝大多数都以书面形式呈现,转化为公众号的创作内容是比较丝滑的。这些年,无论大家学习《民法典》还是新

《公司法》，总是会画重点、做笔记，相关内容一整理，就是很好的公众号文章素材。日常做的法律调研、给客户写的分析报告、又或是回复的邮件内容等，也可以通过在知识管理的过程中转化为专业宣传素材。换个角度看，开始公众号运维之后，公众号又会成为很好的知识管理工具，能够以“输出倒逼输入”的方式推动律师的业务学习和专业积累。

（4）有效果。前面说的这些主要是在鼓励大家做公众号，大家就不禁要问，做公众号到底有用吗？能带来案子吗？以我本人的经验、以星瀚的经验，结论是肯定的：能，而且大多还是高客单价的高质量商事案件。当然，不同的专业领域、不同的律师定位、不同的公众号质量所能带来的效果势必大相径庭。大家不妨跳出来看运维公众号的效果，除了对案源的追求之外，如前所说，公众号的运维是对律所、律师专业形象的强化（朋友问我知不知道某家律所、某个律师时，若非我确实认识的，我的尽调动作一定包括在微信上搜索一下，看看专业输出和报道情况）；是业务积累和知识管理的闭环；通过律所、团队的分工运维公众号，还是很好的凝聚力建设。大家坚持做，就会发现不一样的感受，看到不一样的风景。

律师们可以不写公众号，但都无法摆脱专业营销，公众号是一种形式，视频号、抖音、微博、小红书等也是不同的形式，不同的律所、律师会有不同的战场，不变的是：法律服务行业的第一性原理一定是解决问题的能力，是专业性，在这个维度上能够被识别、被信任是很重要的。

2. 在公众号上发布哪些内容

发布哪些内容取决于我们希望我们的公众号读者是谁，大致可能包含以下几种情况：

(1)定位某一个行业群体。比如律所或律师团队主要做建筑工程领域案件的，其读者受众定位为建工人，那么其文章内容势必和该专业领域相关。此外，也可以考虑将行业重大新闻、行业动态、行业发展趋势等信息融入进来，主打一个“我懂你”，全面塑造行业专家的形象。

(2)定位某一类客户画像，比如商事企业的法总、法务等，公众号的内容就要与他们日常工作范围相挂钩。这类客户日常处理最多的就是各类合同，以及劳动人事、知识产权、供应商管理、债务追偿、投融资并购等事务，那么公众号的文章就可以有序地涵盖相关方向。而且需要注意的是，这个受众群体的专业度比较高，文章就不宜写太多空话、套话，要体现专业度、务实性。

又如，希望公众号内容吸引更多的企业负责人，这个群体的视角会更宽，眼界会更高，有别于法务群体，企业负责人们不是要学习法律知识、不需要懂得如何实操，他们要知道的是对企业的影响、在策略上如何调整。所以这类公众号的内容要有高度，也可以适当引用全球范围内的商业案例、经济发展趋势，借鉴咨询公司及四大在分析问题时的角度和方法，进行文章的创作。

还有的时候，公众号定位可能是女性受众，比如帮助女性解决职场中遇到的困难、不公(劳动人事、股权激励等相关事项)，帮助女性应对生活中遭遇的痛点、难点(婚姻关系、财富管理、财产继承等相关事项),那么这类公众号的选题就要偏女性向,文风相对亲切、柔和。

总之,当公众号希望服务于某一类客户时,主打的是“我帮你”,要能够寻求到和目标受众之间的共鸣。

(3)定位为同行。有些律所、律师就是专门做同行市场的,比如我们星瀚不承接人身侵权相关的争议解决案件,对于此类案件我们有合作的律所,凡遇到客户或亲朋好友有相关需求,我们就引荐给合作所。最初我们是怎么识别到这家律所的呢?因为他们的公众号内容的专业度很高,不仅有法律专业方向的内容,还有医学相关、司法鉴定相关的内容,有些时候就是放一张 X 光片,告诉读者片子呈现出哪些信息,伤残将如何认定等,这就是很强的、特殊的、差异化的专业属性体现。所以,如果希望公众号被同行关注到(这里指有效的关注),关键就在于传递“我要与你合作”的意图。合作的基础是各自的竞争优势,要让同行觉得我要与你合作的案子,的确是我不会、你才会的;而且与你合作之后,我也不用担心我的客户会流失,因为我们做的事情是不一样的。

(4)定位为政府。如果希望公众号的主要受众是政府,那么语言风格就又不一样了。公众号的运维者要有较高的政治思想觉悟和站位,理解工作重点、难点,具有提供解决方案和咨询意见的能力。公众号的内容中,可以多关注政策解读、法治建设相关的问题,根据业务类型、服务内容的不同,还可以在法律专业文章之外引入其他有关联性的话题,比如法治化营商环境的建设、各地招商引资情况的分析、各地经济发展水平的分析等，从而为目标读者提供更为全面的服务。要表达的核心信息就是："我能全方位地服务好你"。

(5)综合性的定位。对于一家业务综合的律所来说，其官方公众号内容要辐射的范围是很广泛的，这就使其不得不承载非常多元化的内容，每天发布不同的文章，文章的受众各不相同。对于公众号的运维者来说，就要结合受众定位的不同做好归类和索引工作，让任何一个群体看到公众号时都觉得，这里有我要的内容，而非只有今天的内容与我相关，此前的内容都与我无关，进而预判未来要发布的内容也与我无关，从而丧失了对公众号长期关注的兴趣。

有了清晰的定位之后也就有了文章的创作方向。至于在创作类型方面，"专业文章"是非常宽泛的概念，其可以包括就某一个法律问题进行具体分析，也可以包括对新法新规的解读、对经典案例的分析等。大家可以视情况设计一些公众号栏目，比如"星瀚微法苑"作为一个综合性的公众号，我们的栏目就会包括：

(1)专业研究，即具体分析法律的问题。

(2)新规解读，即解读、评析新法新规等。概览性的分析就归入"新规解读"栏目，但如果是就新规中的某一个特定问题进行深入探讨，则归入"专业研究"以体现深度。

(3)案例评析，即介绍我们的代表案例，且侧重于法律和技术分析；当然也可以去分析一些公报案例、指导案例、公开判决等。

(4)热点透视，即专门分析热点事件。此类文章的撰写、发布速度一定要快,和“热点”能够匹配上。但是出文的时候也要谨慎,尤其是面对敏感事件或者反转概率比较大的事件时,行文要讲究专业,切勿轻易站队、更不能随意拉踩,文章中要写提示性的内容。

(5)轻知识。轻知识是当我们觉得文章的深度不是特别够,但胜在受众广、可读性强,且有一定的现实意义时,我们就会用“轻知识”这一栏目。

每一个栏目对应了一种题材类型,专业类的文章除这些栏目外,如果文章围绕某一个法律服务产品,那么其也会有独立的栏目。例如,星瀚反舞弊、星瀚电子数据分析、金玉良言(金融主题文章)、星瀚文娱、星瀚体育、破产星说(破产清算主题文章)、坏账追偿等,这些特色产品都会有独立的专属栏目名称,以强化大家对产品的印象。

我们运维的公众号不仅可以发布专业性很强的文章内容,也可以发布专业性较弱的信息或者适度的和专业无强关联的内容。星瀚的一大特色是每到周五的时候发布“星瀚人文”,内容有可能是星瀚人的专访,可能是聊聊最近的热点影视剧,可能是介绍星瀚社团等律所文化活动,也可以是好书推荐等。我们服务客户的时候,既要有专业能力,也要有人文关怀,客户信赖、选择律师也不单单是基于其专业能力,也看是否投缘、是否能产生共鸣,所以“星瀚人文”就承担着感性的、讲故事般的角色,以加强星瀚、星瀚人与外界的情感连接。从我们的公众号后台数据中也不难看出,星瀚人文的平均阅读量是超过专业类文章的,有着更强的传播性,但鉴于我们公众号是律所号而非传媒号，所以我们还是以保持专业度为基础。

此外，很多公众号还会发布新闻动态、荣誉信息、重大签约等，这类内容也是星瀚发布的内容之一。但一个能使读者相信、关注的律所号不会大多数时候让人看到的都是宣传信息，而是要有真的让人有收获的文章。所以我当时定了一个规则，除非特别重大的荣誉或事件，“星瀚微法苑”要确保周一至周四的头条内容都是专业型的文章，周五是人文类的文章；而宣传报道类的题材都只能作为二条内容。这样的做法使得“星瀚微法苑”吸引了大量的客户群体关注，星瀚品牌也得到了广泛的认可，公众号成为星瀚体现技术派价值观的重要载体。

3. 公众号文章谁来写

现在，公众号的定位有了、文章发布的类型也有了，接下来就是谁来写的问题了，这可能也是大家最为头疼的问题之一。如果是律师个人运维公众号，那自然是自己写；如果是律师团队做公众号，则可以分工写；如果是律所的公众号，那么既可以接受同事们的投稿，也可以给大家分工，当然，还可以市场运营同事自己创作。为了确保公众号的平稳运维，关键是责任到人、做好排期，我们来逐一详解。

个人运维的公众号主要看运维者自身的自律程度，但为了避免运维者觉得工作强度太大、现实的客户需求已经忙到令人疲乏无暇顾及，又或是存在拖延症、怠惰等情况，还是应当给自己设定排期。个人运维者最大的苦恼是作为唯一的内容生产者,其创作压力非常大,怎么解决这个问题呢?我的建议是每周保持2~3次更新,也就是比团队运维、律所运维的更新频次低一些,内容结合原创、知识整理、转载、快评、图片消息等形式。因为是律师的个人公众号,所以自己的原创专业产出自然是不能少的,但个人的创作力量有限,再会写,可能也就1~2周出一篇文章,还需要其他的内容形式一起加成。比如,将日常工作中汇集的法规汇编、典型案例合集等进行整理发布就是很好的方式;或者看到新法新规、热点事件了,做一下快评也是可以考虑的;读到特别优质的、匹配个人公众号调性的文章也可以去申请转载以丰富自己的公众号内容。此外,公众号如今也推出了图片消息的形式,类似于小红书,一些图片、一段笔记,只要内容好,也很适合碎片化时间阅读。很重要的一点是,大家为什么关注个人运维的公众号,大多是大家喜欢这个运维的人,觉得其真诚、有意思,或者乐于分享,也就是说,个人运维公众号时候的人情味、真挚度是更加重要的。个人运维时,内容的丰富程度、更新频次都无法和团队运维的号、律所运维的号去直接比较,但后者也缺乏个人运维公众号时那种纯粹的表达和更加个性化的人设,团队号、律所号的背后终究无法是某一个具体的人格,所以个人运维要取长补短,展现出差异化。

团队运维的公众号和律所运维的公众号都讲究分工合作,一定要明确好谁在什么时间点,交付什么类型、什么内容的文章,换言之,要将公众号的运维工作机制化。以我们的“星瀚微法苑”为例,我们的机制包括:

(1)每年12月中旬开始,就新一年度的公众号写作任务予以明确,责任到人,也就是在律所内部进行分配。当星瀚是公司制管理的时候,每个部门都要认领任务;在如今混合制的情况下,权益合伙人部门依然保持任务认领的做法,造星团队可以自愿加入[见表6－1《公众号创作任务分配(示例)》]。

(2)每年1月梳理全年度的法律服务产品,各法律服务产品团队与市场部确认全年度的产品设计、推广、营销、迭代等计划,如果需要辅以专栏文章或者“主题月”概念的,确认专栏文章的规划[见表6－2《法律服务产品专栏文章排期(示例)》]。

(3)市场部每月至少召开一次选题会和月度复盘会,结合修订中的或即将推出的新法新规,又或是受众关注度较高的事件、话题等,进行选题策划。也会结合复盘会的数据情况推出受欢迎的话题文章,对高质量但关注度不如预期的文章进行调整后重发等[详见表6－3《市场部选题策划会会议纪要模板(示例)》和表6－4《公众号复盘模板(示例)》]。

(4)每月评选最受欢迎作者和技术派文章,每年颁发年度优秀作者奖。

(5)在律所制度方面,将公众号文章写作与个人晋升、所内发展、所内制度扶持等相关联。比如在权益部门内部,日常考核、年终奖金考核、晋升考核时,知识贡献和市场贡献都是不可或缺的评价要素;而对于造星团队来说,公众号文章写作既可能是法律服务产品打造的关键一环,也能得到律所发展贡献积分,积分可以用作抵扣座位费或扶持招录实习生等。

如此一来,在微观层面,有具体的举措来确保“星瀚微法苑”公众号不开天窗;在律所宏观层面,也有各类制度来激励大家支持知识营销、支持公众号的发展。并且,我和市场部的新媒体主管也会在责任层面确保公众号的常态化运作。

表6-1 20××年度公众号创作任务分配(示例)

部门名称	负责人	话题方向	交稿日期
公司金融部	A律师	股权类争议解决	单月5日
公司金融部	B律师	债务追偿类争议解决	双月5日
公司金融部	C律师	文娱法律	单月10日
公司金融部	D律师	体育法律	双月10日
公司金融部	E律师	股权投融资	单月20日
公司金融部	F律师	破产清算	双月20日
刑事部	X律师	反舞弊	单月15日
刑事部	Y律师	电子数据分析	双月15日
……	……	……	……

需要注意的是,这里的负责人并不必然一定是作者本人,通常是部门合伙人或者资深律师,由他们负责在本部门内安排作者,如果作者没有按时交稿,或者交稿质量不符合要求,负责人要对此负责。交稿日期和发布日期也不存在必然的联系,交稿后经市场部审稿只是意味着市场部多了一篇备稿,具体的发布时间还是要结合具体情况进行统筹安排。

表 6－2　法律服务产品专栏文章排期(示例)

产品名称:	产品团队成员:	
专栏名称:	专栏负责人:	
	作者	交稿时间
第一篇题目/话题:		
第二篇题目/话题:		
第三篇题目/话题:		
第四篇题目/话题:		
第五篇题目/话题:		
第六篇题目/话题:		
第七篇题目/话题:		
……	……	……
备注:(分发、定推、活动联动等)		

安排法律服务产品的专栏排期时要留意:

(1)建议一季专栏在一个季度内更新完毕,文章篇数7篇左右为宜,因为传播学上说,一样东西在较短的周期内于你眼前反复出现7次,你就不会忘记它了。所以,专栏的目的就是要让受众认知到律所在相关领域有钻研、有专长、有解决方案,这样的印象一定要进行强化。

(2)建议每一季的专栏选题能围绕一个大的方向,比如我们企业内控与反舞弊话题,做的第一季专栏是侧重讲舞弊犯罪罪名分析的,第二季则侧重讲企业调查舞弊行为时的典型案例,第三季侧重于关联关系的排查,第四季侧重于舞弊犯罪新趋势和应对之道等。

(3)因为专栏是为法律服务产品服务的,所以一定要考虑法律服务产品的全局性策划、推广。包括文章除了在“星瀚微法苑”及星瀚新媒体矩阵发布外,还应当推荐到哪些垂直类、细分类的公众号上;依托文章,可以与哪些渠道构建合作关系,并且开展线上线下的活动等;文章发布之后,可以如何进行相应的社群维护,如何给潜在受众、潜在客户定邀等,只有综合规划才能使公众号文章的效果事半功倍。

表 6-3 市场部选题策划会会议纪要模板(示例)

时间	
地点	
主持人	
参与人	
记录人	
1. 交流近期热点新闻、事件	
【记录】	
【经讨论筛选、分工】	

续表

2. 交流近期业务重点(可以形成专业文章的)
【记录】
【经讨论筛选、分工】
3. 交流近期代表案例(可以是律所代理的,也可以是其他渠道了解的)
【记录】
【经讨论筛选】
4. 交流新法新规(含征求意见稿、正式通知、即将施行等)
【记录】

续表

【经讨论筛选】
5. 交流行业热点
【记录】
【经讨论筛选】
6. 文化类选题
【记录】
【经讨论筛选】

续表

后续安排：				
1. 约稿安排				
经讨论筛选后的选题	约稿负责人	约稿对象	交稿时间	拟发布时间
2. 市场部具体工作(例如人文稿件的分工、撰写,为专业稿件提供辅助、调研等)				

表6-4　公众号复盘模板(示例)

一、本月文章信息汇总									
日期	题目	作者	阅读量	转发量	收藏量	完读率	粉丝增长	转载情况	作者反馈

二、受欢迎的文章分析			
名次	题目	作者	原因分析(作者+市场部)

续表

三、关注度不理想的文章分析			
情况	题目	作者	原因分析(市场部)
四、月度遗珠			
情况	题目	作者	后续改进方案
五、本月公众号整体情况分析 (粉丝数、取关数、常读用户等核心指标均值,公众号影响力,新增潜在客户情况,新媒体矩阵整体联动情况等)			
六、优秀公众号学习 (市场部成员推荐自己本月内看到过的优质公众号、优质文章,说明原因,介绍星瀚可以借鉴学习的地方)			
七、后续举措			

在以上机制的背景下,“星瀚微法苑”是否从来不缺文章?事实并非如此。律师终究还是可能受困于业务强度和时间精力有限,无法在约定的时间内交付文章,这样的情形在所难免,此时就需要市场部门的同事及时顶上。我们的市场部门自己还有一个备

稿库,这个备稿库就是我一个人在独立运维"星瀚微法苑"公众号时启动的。

2016年的星瀚只有三四十人的规模,但为了增加读者对公众号的关注意愿,保持公众号和粉丝之间的黏性,"星瀚微法苑"还是要确保工作日的日更,这几乎是一个很难实现的任务,怎么办?我当时对"星瀚微法苑"一周五天的内容规划便是:

周一发布"星瀚专业研究",专业研究的内容由业务律师根据排期撰写交稿。为了防止业务律师未能如期交稿而产生的空窗,我会将每一次客户接洽时的面谈纪要和后续工作中的法律调研梳理好,选择值得讨论的一个切入点,转化为一篇专业文章。这么做的好处在于,文章的话题是客户真实关切的,而非我们的凭空想象,而创作的内容又基于我们的部分工作成果,不会产生太大的写作压力。当时作为市场部的唯一成员,我本身就大量参与到客户咨询面谈中,帮助进行律所介绍、撰写服务方案、拟定报价、持续跟进等。只不过我再多做了一步,就是将过程中产生的知识性内容迁移为公众号的文章写作素材。

周二发表"经典案例评析"或"星瀚公开课"。前者或是介绍星瀚自己办理的重要案例,或者分析公开的案例,后者是将星瀚律师内外部讲课时的内容整理成文字稿。案例评析原则上也应当由业务律师创作为主,我会在律所的内部管理系统上看大家的结案申请情况,初步判断该结案案例是否值得一写。随后和办案律师进行沟通,如果律师也认为该案例是可以拿来说说的,那么我会先根据结案申请材料写一个框架出来,再由办案律师负责细节的深化。而内外部讲课的文字稿整理则是因为我会参与到律师们的备课过程中，协助设计课程结构、起承转合，制作课件等。在律师讲课的过程中我也会做好录音和记录，通常情况下，一次 90 分钟的分享，根据话题情况的不同，可以通过不同的角度切入，转化出 2 ~4 篇文章。讲课素材的整理同样有很多好处，可以形成“一鱼多吃”的效果，通过讲课倒逼备课，完成了自我的知识更新和知识管理；对外讲课的过程也是很好的品牌建设、专业传播，能够加深和客户之间的联系与信任感；讲完课之后，讲课的内容还变成了专业文章，使得律师的时间精力投入产生最大化的效果。而这些专业文章还可以用于维护听课的潜在听众。相比在外部讲课之后发一个新闻宣传稿，讲课之后的专业内容转化既起到了宣传效果，又令读者觉得更为受益，由此转化出的培训邀请、面谈咨询是比较高频的。

周三发布“新规解读”，自然就是指对新法新规新政策等进行解读分析，这类文章也是我和业务律师共同完成。我负责将新旧法规的对比整理出来，画重点、写初稿，业务律师结合实务经验再进行深化。

周四发布“轻知识”，有两类内容适合成为轻知识，一类是确为大家所关注的，但是讲明白其中的原委是比较简单的，如节假日加班工资如何计算等；另一类是有些读者可能觉得读专业研究类的文章太累了，更喜欢看 Q&A 的形式，那么轻知识就是将专业研究里的深度内容剔除，做成简明的问答内容，让非法学业的读者可以一目了然地理解。

周五的内容是“星瀚人文”。人文类的文章一直都是以市场部的创作为主，在我们的人文主题中，最受欢迎的，引发反响最为热烈的就是两季"卫新的办公室"系列。这个系列的开始是因为当时有一位创业者，想让卫律师听听他的商业模式，为他把把脉，卫律师就从这一商业模式是否解决了社会痛点、解决方案是否最优最合理等角度切入，为创业者抽丝剥茧、逐层分析，令人受益匪浅。这个过程也即评估商业模式合理性、合规性、可持续性的方法论被我记录了下来，有了第一篇"卫新的办公室"的文章。其本意是把卫律师的办公室当作一个诊室，讲讲卫律师是怎么"搭脉"的。最初该板块期望的内容是不同于法律专业维度的分析，更多的是体现商业视角、战略视角，将星瀚既懂法律也懂商业，并且善于用法律技术帮助客户实现商业目标的优势传递出来。但后来，这个系列的定位发生了变化，越来越多地变成将卫律师与核心骨干们在开会交流时，有关律所发展问题的讨论与思考记录下来，得到粉丝们的热情反馈之后更是变成了我专门预设好主题，比如有聊青年律师发展的，有聊女律师的职场环境的，有讲律所的分配体系的，有对未来律所畅想的，等等，都是列好问题请卫律师回答，再整理成文。

如今，我们星瀚市场部的新媒体主管也是这样积极地进行备稿，某种程度上，一个团队运维的公众号、律所运维的公众号要做好，是要有人以非常积极主动的心态去管理的。

我所知道的，有的团队的负责人要求很高，不允许团队成员以业务繁忙为借口而不备稿，无论每天的工作强度如何，都至少要写一段心得感受或当日经验总结，从而成为文章的基础素材。通常情况下，这些团队负责人的自我要求也很高，他们白天办案、见客户,晚上做案头工作,即便忙到凌晨一两点,也逼着自己写文章,又或是利用高铁上的时间、飞机上的时间写稿。有些在团队创收可以做到千万级别的情况下,负责人自己还能年产200多篇原创文章,毅力相当惊人。有时候律所号之所以比团队号难做,就是因为律所号的背后缺乏这样的领导者,这就对品牌市场部门的同事提出了更高的要求。有些律所是人数规模庞大,市场部门不缺稿件,但市场部只负责做美工、发文,不对文章进行审核编辑,不对发布时段进行思考,也不对发布后的引流情况及转化效果负责,于是大家会看到有些大所的官号,其阅读量并不高、文章的质量也参差不齐。有些律所尽管不过几十人的规模,但是文章质量很高,公众号的运维得当,阅读量常年过千且转化精准,这就发挥了公众号运维的应有之义。

4. 公众号文章应该怎么写

探讨了为什么写公众号、可以写什么内容、谁来写之后,我们下面交流一下公众号文章写作本身的一些注意事项。

大家要知道,公众号通常是读者利用碎片化的时间在手机移动端进行阅读的,这就意味着其写作方式不同于法律意见书、调研报告,也不同于专业论文,公众号文章写作是有其独有的特色和讲究的。因为这不是一本关于写作的书,所以我这里选择最关键的一些要领进行分享(需要说明的是,我们在讨论的是和法律专业传播相关的公众号写作)。

(1)标题:标题决定了读者的点击意愿。尽管不鼓励大家成为"标题党",但不得不承认,一篇质量普通的文章或因为标题写得不错,就能取得很好的阅读量;而一篇质量很好的文章其传播效果达不到预期,最大的问题可能就出现在标题上。法律专业相关的文章写标题时,可以考虑把收获感体现出来,如《详解投融资协议条款中最常踩坑的10种情况》;可以考虑把全面感展现出来,如《最全!百页PPT展现最全跨境资金通道及合规性要求》;还可以考虑和热门词、流量词相关联,尤其是在讨论热点事件或者借由热点事件展开某个话题的讨论时,要能做到瞬时吸引大家的眼球,如《80.26亿引以为戒的个人信息合规要点》。我们市场部在给律师们定发文标题时,会做到的是:

- 先直观感受,目前的标题,大家想不想点击进去看,为什么?
- 再尝试写3~5个标题,总体比较一下,哪个标题更吸引人(同时也应当是贴切的),为什么?
- 理性判断有没有符合并且传递出"最新"(指理念新、想法新),"最快"(指发文速度快,紧跟热点),"最全"(指内容全面、信息量大,值得收藏),或者"最干"(指干货实用)的要求。

综上,定出最后的标题,并且还要根据实际的阅读量、影响力,来复盘标题取得好不好。

(2)开头,公众号文章的开头要有吸引力,但是不要长。大家想一下,手机的屏幕是竖屏的,开头内容一长,读者就会手指滑动好几下都没看到正文关键信息,很有可能就不想往下读了。如果文章的阅读量不错,但是完读率较差,尤其是完读率在10%~20%的,就很有可能是开头出了问题。开头快速阐明为什么要讨论该专业问题,本文会给大家带来怎样的帮助就可以迅速进入正文了。

(3)正文。我在形式上给大家提三点意见。

第一点意见是:一定要有小标题,这还是和公众号文章的阅读场景有关:手机、碎片化时间。小标题可以帮助读者在短时间之内掌握整篇文章的结构,定位到自己想要重点了解的内容,阅读体验感会更好。

第二点意见是:行文尽量干脆凝练,能写短句的就不要写长句,比之常规的写文章,另起一段可以更频繁一些,序列符号可以作为辅助,这也是出于读者的阅读感受考虑。

第三点意见是:一定要画重点,也就是大家常常看到的加粗、变颜色,帮助时间最稀缺的读者群体通过看重点就能了解文章大意。

(4)结尾。结尾一定要写,而且建议可以是"实用贴士"或"律师支招",也可以是有高度、深度的金句。换个角度来看,结尾也是给大家一个转发的理由和文案。公众号文章的影响力和有多少读者愿意将文章转到朋友圈、微信群或者转给特定的朋友有着很密切的关系。转发的时候是否附带文字引荐内容也会令效果大相径庭,这些文字引荐的内容是让读者自己写吗?还是埋在文章里面,让读者可以直接复制粘贴转发比较好呢?显然是后者。通常,这些会令人转发的金句、重点都是放在结尾的,这也是应和了"峰终效应",一个好的结尾可以让读者对文章进一步产生好感度。

整体上,除了特别"全"、特别"干"的内容,公众号文章不宜太长，千万不要写成万字论文，要充分考虑可读性，比较好的尺度是比读者多知道10%就好。如果文章写着写着发现刹不住车了，可以考虑是不是以不同的侧重点拆成几篇来说，这样既能满足用户体验，也能形成系列感、体系感。

5. 业务团队与运营团队如何分工

前文已经提到，对文章的创作任务进行分配、约稿，进而形成排期是非常重要的。此后，文章的撰写负责人跟进作者的创作与交稿，市场部门的公众号编辑在交稿截止日之前对负责人进行提醒。公众号编辑拿到稿件之后需要进行的工作是：

（1）通读。判断文章的切入点是否合适，是否契合律所价值观，内容能否符合甚至略微超过大部分读者的期待值，有没有体现价值感。与此同时，感受可读性，看看有没有踩红线的表达。如果整体上没有问题，进入下一步；如果认为作者需要调整文章结构的或文章重心的，则联系作者进行改稿。

（2）查重与改稿。通读之后确认稿件可用的，公众号编辑进行查重，查重后预判没有知识产权侵权后进行精读并改稿，改稿的范围包括：语言的通顺度，如长句改短句、通过连接词的使用和分段分序列表达等增加逻辑性和可读性等；修改错别字；如有案例引用，确认案号信息等是否正确，无论其引用哪个阶段的判决书，都需要去看一下该案件其他阶段的判决书情况，当文中出现“由于二审尚在过程中”等类似表达时，需要复核事实是否如此，我们确实有碰到过，作者如此表达但是编辑找到了二审判决的情况；如有引用法条，确认法条是否现行有效……改稿的细节化程度和要求还是颇高的。

(3)定标题、画重点、提炼金句。精读结束后，我自己作为编辑时通常会先改文章当中的小标题，然后是画出重点即美工时需要高亮的内容，再提炼金句，也就是将文章当中的一些表达进一步凝练、深化。最后就是改标题、定标题。考究的标题是需要思考的，具体的要领、方法已经在前文中谈道。

改稿的时候都要采用修订模式，改稿完成后发还作者确认，作者确认之后这篇文章就成了市场部门的备稿。根据拟定发布的时间，公众号编辑将文章在公众号后台进行美工、编辑，完成之后发送分管合伙人、作者本人预览。在公众号编辑成长得较为成熟之后，也可以考虑取消分管合伙人预览的环节。

6. 如何扩大公众号的影响力和效用

公众号文章发布之后，大家期待收获哪些成果？是高阅读、高转发、增加粉丝还是转化案源？我想这些都是大家所期待的。那么，怎么使一篇公众号文章可以产生这些效果呢？我有以下几点建议给到大家。

(1)巧用公众号自带的功能。公众号的后台除了可以让大家编辑文章之外，还有很多本身就有的功能。比较好用的包括：

● 自动回复。“自动回复”功能又细分为“关键词回复”“收到消息回复”“被关注回复”。以“关键词回复”为例，比如我发布了一篇和新《公司法》有关的文章，随后我在文末写了一段内容说："大家如果想看我们出品的新《公司法》常见问题 Q&A，可以在公众号后台发送关键词'公司法'，即可获取。"这么做有什么好处呢？在公众号后台发送关键词的前提是必须先关注公众号，这样的话，就有助于公众号粉丝的增加；而且，也因为这样的互动，加深了与潜在客户之间的联系。又如"被关注回复"，就是读者关注了我们的公众号内容之后，我们可以有一段自动回复的内容，星瀚的自动回复内容如下：

这里是上海星瀚律师事务所的官方公众号，很高兴遇见你！

星瀚是上海市十佳律师事务所，提供一站式的综合法律服务。欢迎您点击菜单栏，进一步了解我们。也欢迎您添加星瀚客服"小星"为好友，微信号：ricc-xing，发现更多惊喜。

法律咨询/商务合作/原创授权，可发送邮件至：bd@ricc.com.cn。

如需免费订阅星瀚刊物，可发送您的名片至公众号后台或联络小星（ricc-xing）。

如有意向加入星瀚，可发送邮件至：hr@ricc.com.cn。

不难看出，我们在通过自动回复功能尽可能地引导读者在公众号多作停留，从而可以增强对星瀚专业度的认同感，发现更多的合作点，与此同时，我们也在尝试将公众号粉丝向私域进行转化。

- 自定义菜单。自定义菜单就是我们进入一个公众号之后看到的位于屏幕尾部的界面按钮。每一个公众号最多可以有 3 个一级菜单，每一个一级菜单又可以有 5 个子菜单，所以单个公众号可以通过自定义菜单功能跳转 15 个不同的内容，这些内容可以是

“消息”、“网页”或“小程序”。比如在星瀚的设计中，我们就将“关于星瀚”“优势产品”“业务领域”作为3个一级菜单，“关于星瀚”中“星瀚简介”“专业人员”“加入星瀚”等子菜单跳转都是去到星瀚官网，而“星瀚文化”“星瀚动态”都是跳转为经过整理的公众号内容页面，公众号会为这类页面提供模板。同样地，对自定义菜单的利用也是为了增加粉丝的黏性与交流的深度。

- 合集标签。这是公众号的一个文章归集功能，比如，我们就相关话题发表过多篇文章，就可以将这些文章都归入统一的合集中，合集标签会在公众号的文章中体现，这样一来，读者看到合集标签就知道，相关文章不是孤立的而是成系列的。

(2)嵌入引流思维。既然是要扩大影响力，让公众号产生更大的效用，那么引流思维自然是不可或缺的。典型的引流思维就是公域转私域。公众号文章面向的是不特定对象，这些读者虽然阅读了我们的文章，但是我们与读者之间却是无法直接联络的，此时我们就设计了“星瀚小星”——一个星瀚官方的私域微信号，为的就是告诉读者：如果你对这篇文章感兴趣想要联系作者；如果你有相关的法律问题想要咨询；如果你想得到此类文章的定向推送；如果你有意愿加入相关主题的社群；如果你希望后续有相关话题的活动可以第一时间通知你……那么，你就可以添加“星瀚小星”为好友。如此一来，我们和读者之间就有了直接联络的桥梁，也就有了增强联系、转化案源的契机。如果大家觉得前述这些添加小星为好友的理由还不具备那么强的吸引力，公众号文章的作者和编辑就可以一起策划更好的“钩子”。比如，告诉读者我们出了一本大数据报告、一份白皮书，怎么获取呢？联系小星获取。我们要办一场高品质的开放日活动或者企业内控与反舞弊行业峰会，怎么报名呢？联系小星报名。

所以，用好公众号自带的功能所能实现的效果主要是给公众号增加粉丝，而用好引流思维的目标是更加直接地联系客户，二者相辅相成，共同帮助我们发挥公众号的作用。

(3)培养读者的阅读习惯。读者越是喜欢我们的公众号，就越有可能被我们的品牌占领心智，因此培养读者的阅读习惯是非常重要的。公众号后台现在也可以统计常读用户数量，怎么能使得常读用户数量越来越多呢？可以采取的方式包括：为公众号本身进行 VI 设计，让读者在视觉上产生亲切感；固定文章的发布时间，让读者自然觉得到了这个时间点，就有新文章可以看；又或者，安排粉丝互动活动，比如留言点赞，可以获得福利周边等；当然还有很重要的是，可以将通过做好社群运维加强公众号和读者之间的联系。

(4)识别有效的分发合作方。除了在律所自己的公众号上面进行发文外，我们也可以将文章进行投稿，使其发布到更多的媒体或新媒体平台。不同的文章都有其不同的目标受众，不同的目标受众也自然会关注不一样的公众号内容。比如，律师写了一篇金融法律领域的文章，那么自然就可以推送给很多的金融领域垂类的公众号；同理，律师写了一篇文娱行业的法律问题分析文章，就可以考虑将文章投稿给文娱行业的影响力媒体。所以，优秀的公众号运维者手上一定少不了合作媒体的名单，不同的合作媒体有多少粉丝，这些粉丝都是怎样的画像，各个媒体有着怎样的发文习惯与要求等,运维者心里都应该相当清楚,并且对这张名单进行动态更新。

综合以上这些方法,相信一篇文章的传播力、影响力、生命力就会变得更为强大。

7. 看不到效果怎么办,是否要长期坚持

运营公众号是一件困难且长期的事情,必然不是今天开了公众号,发了两三篇公众号文章就可以取得立竿见影的效果。前期至少坚持半年的时间,在此过程中要时刻去思考,是否已经在运维方法上做到尽可能好,在文章内容上也写得尽可能好。根据数据情况每篇复盘,分析阅读量高、涨粉或者转私域程度高是因为做对了什么,阅读量低、没有涨粉、没有私域转化又是因为做错了什么,逐渐在勇于试错的精神中试对,把对的经验延续下去、持续迭代。此外不能仅仅分析自己的公众号,也要去看同行业的、跨行业的优秀公众号的运维,在博采众长的过程中完善自己的公众号运维机制和具体内容。

二、如何做好新媒体矩阵和视频化传播

如今,各类新媒体平台层出不穷,原本的公众号读者用于公众号本身的时间、精力在极大程度上被分散,而且,不一样的受众画像本身就有着各自不同的新媒体偏好,微博、小红书、领英、知乎、B 站、抖音、快手等平台都越来越多地被律所、律师关注。

1. 新媒体矩阵平台的选择

不同的新媒体平台有其特有的内容偏好与用户画像，下面进行简要介绍。

(1)微博。微博的诞生时间很早，在公众号之前，快速了解信息的主要渠道就是微博。如今，一个事件火不火、爆不爆，我们的评判标准往往也是有没有“上热搜”。所以，如果要通过微博实现影响力，关键是跟进热点事件、作出专业评价，成为有表达能力、分析能力、评论能力的意见领袖，对于从事刑事业务、行政业务的律师来说是不错的平台。但也正因为微博的影响力大，又鼓励对公众事件、热点事件发声，这就要求律师的政治素养高、思想觉悟正，不会为了博流量、博眼球而触及红线。此外，相关律师也要注重职业操守和规范，利用舆论谋取不当利益一定是不可取的。此外，需要关注的要点是，热点事件曝出之后想要获得第一波流量，一定是求快的，但是快带来的风险就是容易说错，可能是律师本身所说的内容有错漏，也可能是事件信息会不断反转，所以律师发言的严谨性、周延性要格外注意。这些提示也同样适用于其他新媒体平台的运维。

(2)小红书。一个精致的社交平台，女性用户、一二线城市用户、年轻用户的比重相对更高。小红书的用户不仅喜欢在小红书上进行分享，他们在很大程度上还愿意将小红书视为搜索平台。即过去我们有问题想了解，通常都是到百度、谷歌一类的搜索引擎上去获取信息；但现在的年轻人，他们习惯于搜索小红书。大家发现,小红书上不仅有旅游攻略、美食攻略、穿搭心得、打卡推荐,也会有职场技能、职业心得、学习方法等各类综合的、多元的信息。婚姻家事、劳动人事、创业法律服务等领域的律师,很适合通过小红书进行品牌塑造和营销拓展。目前,小红书在新媒体平台中对新手相对友好,新用户有机会获得免费或者成本较低的流量,而且小红书的粉丝精准性也比较高。此外,对律所来说,如果每年需要招募大量的实习生、应届生,那么小红书舆情也不得不关注。很多法学生会将实习心得、工作感受以及对律所或同事、带教的评价等发布于小红书,律所层面需要关注并有则改之、无则加勉,必要的时候还应该积极回应。

小红书和微博的共性之处在于,二者都是既可以发文字内容也可以发视频内容的,但并不是说,只有发布了视频内容在微博、小红书上才会得到更好的流量。微博很鼓励用户发图文,小红书也同样鼓励用户发笔记,也就是这两个平台至少不会因为视频化的趋势对用户进行明显的区别对待。也经常有律师问,在小红书上进行直播会不会对粉丝增长和案源转化带来显著帮助?我的感受是未必,或者说,律师如果不愿意做直播、不愿意做视频,而只想发发图文笔记,那在小红书上也还是可能收获关注和流量的,这和在抖音上要既要发视频,也要做直播是不同的逻辑。

(3)领英。涉外业务或涉外客户比例较高的律所、律师可以考虑做领英。领英的呈现形式和微博、人人网等比较相似,是一个基于职场背景进行社交的平台。律所可以通过领英发布最新的专业研究、动态报道、荣誉信息、活动信息、招聘信息等,能够辐射更多的涉外业务或者外资客户。

(4)知乎。对于从事商事业务的律所、律师来说,知乎是不错的展现平台。知乎用户群体的专业化程度相对更高,也更有兴趣接受系统的、深度的知识。我们在知乎上发表的和投融资、并购、财税、知识产权、公司治理有关的内容都得到了不错的反馈。但知乎的语言习惯和公众号、微博、小红书等还是很不一样的,知乎的语言风格偏极客化,微博的语言风格要掷地有声或者风趣幽默,小红书的语言风格要轻风细雨,这很值得大家在选定平台之后进行深度研究与打磨。

(5)B 站。B 站、视频号、抖音、快手等都是很具有代表性的视频平台。B 站的用户以 Z 世代①为主,年轻、高学历、有主见、有想法。非 B 站用户对 B 站的理解往往就是二次元社区,但除了动漫、游戏相关的内容之外,B 站其实是很好的学习型平台。大家稍作研究就会发现,B 站粉丝数量最多的 UP 主②是罗翔老师,B 站的百大 UP 主当中,高学历的、内容含金量高的、技术性成分强的比比皆是。所以如果有人和你说:“我平日里上 B 站主要是为了学习。”可千万别直接把这表达当玩笑话,B 站上面的老师、专家甚至是院士非常多,B 站也确实是年轻人的学习社区。跟其他视频平台不同的是,B 站能够承载的视频体量更大,中长视频很难得到

---

① Z 世代,也称为“网生代”“互联网世代”“二次元世代”“数媒土著”,通常是指 1995 年至 2009 年出生的一代人,他们一出生就与网络信息时代无缝对接,受数字信息技术、即时通信设备、智能手机产品等影响比较大。

② 即 uploader,是网络流行词,指在视频网站、论坛、ftp 站点上传视频音频文件的人。

抖音、快手的支持，但在 B 站却不见得因为视频长度就必然受到影响，关键还是要看内容本身。此外，根据我的经验，小红书、知乎更容易实现法律业务的变现；微博、B 站更容易形成品牌影响力。

(6)视频号。视频号是基于微信生态的视频平台，也是腾讯重点投入的地方。理论上，刚开始运营视频号的时候，相关内容一经发布要先得到微信好友们的关注、转发、点赞，随后才会逐步破圈，这也是基于微信生态这一特征所导致的情况。所以，微信好友们不可能点赞的内容就不适合放在视频号平台，反之，你的主要客户群体是谁、也就意味着你目前的微信好友们有谁，发布他们关心的内容就好。很多时候，律所、律师在抖音上的视频内容和在视频号上发布的视频内容是截然不同的风格，这就是顺应平台的特点和用户画像进行的差异化定制。

(7)抖音。知名的短视频平台，我们已经看到很多律师通过抖音视频 + 直播 + 直播画面 CUT 剪辑的方式在抖音上获得流量和客户，也不乏律所就是以抖音获客作为主要营销渠道的。从抖音的短视频内容传播角度看，因为要在较短的时间内获得用户的关注即产生吸引力，所以冲击力、悬念感、戏剧性、感染力是必定要考虑的因素。从直播的角度而言，大家已经普遍认为抖音案源转化需要拍视频、做直播双轨并行，在做直播的时候，大多采用的是连麦进行法律咨询的形式。受众好奇的其实是别人的故事、情绪，律师在直播过程中给到的是情绪价值、金句频出以及解决方案，解决方案就类似于故事的结尾。形成了完整的输出之后，有共性问题的粉丝就会联络过来，律所、律师可以通过做粉丝团、挂购物车、转私域等方式逐步进行客户转化。直播过程中的精彩内容也需要剪辑出来,再作为短视频内容传播,进一步为直播导流宣传。当然,也有不少律师并不凭借抖音视频转化法律业务,网红化的发展也是一种思路。主要从事民事业务,如侵权损害、债务、合同、婚姻家事、继承、劳动人事等领域,或者从事刑事、拆迁、征收等业务的律所、律师可以考虑抖音平台。也有朋友分享说,北方地区的土地征收类案件,很适合通过快手进行营销,其背后的逻辑也依然是不同新媒体平台之间的用户差异。

此外,音频类平台(得到、喜马拉雅、帆书、小宇宙等)在经历了一波风口期的狂热后如今已趋于稳定,各知识付费平台、播客平台的用户习惯也已逐渐养成。相较于高成本、高投入的视频化传播,还是有不少律所、律师是偏好音频化传播的,音频能够更加走心、更有深度,所以音频模式也成为律师分享工作心得、法律专业知识的优质窗口。大家也可以视情况和一些音频平台共创合作。

2. 如何启动一个全新的新媒体平台账号

和做公众号一样,新媒体平台账号的定位也一定是首要思考的。定位与选择哪个平台、具体做什么内容、如何运维、如何变现等都有密切的关系。

就律所市场部门的视角而言,要知道任何新媒体平台,尤其是带有强社交属性的新媒体平台都是更容易打造个人 IP 的,因为活生生的个体比之企业品牌一定更具有真切的感觉,更容易与关注者产生连接感与互动感,所以我们首先就要规划好:是做律所品牌、产品品牌、律师品牌,还是都做,做成矩阵?做各个账号的目的是赢得关注度和好感度,还是赢得潜在客户?我们要辐射的核心群体,在哪些平台上?……如果一系列问题思考下来发现答案都是否定的或不确定的,那也不需要跟风去做新媒体矩阵;但反之,如果都想清楚了,那就可以开始启动工作了。

我们以小红书为例来说一下如何启动一个全新的账号,我给到大家的关键方法是:找到对标账号——进行分析拆解——根据自身情况调整——关注数据反馈。

先说找到对标账号。小红书上与法律有关的账号多为两类情况:(1)律师业务宣传(以法律业务变现为目标)。通过分享自己的工作日常,如出差、开庭、讲课、团队带教等展现自己的专业形象;同时通过分享法律知识、工作技能进行引流、获取关注度;通过少量分享生活、心得感悟增强感性连接、提高信任感,但其最终的目标是宣传律师业务、获得潜在客户。(2)个人 IP 打造。与第一类相同,会有一定程度上与工作、职业身份相关的内容,以强化其精英、白领、专业人士的标签。同时,更加不乏有关生活、时尚穿搭、旅游、美食等信息的传递,其目的是以律师身份的差异性推动自己的 IP 受到更多关注。这类博主并不追求直接的获利、变现,只是进行真诚的分享。又或者变现方式不在于律师业务,可以通过接商务、做直播、做广告等更加“网红化”的路径变现。

我们主要讨论的还是以树立品牌、获得法律业务为主的小红书号。按照这个目标找到有影响力的,自己想要成为的现有账号,随后我们要做的就是详细拆解对标账号在小红书上是如何呈现的，即：头像、名称、自我介绍、标签、联系方式等都是如何设计的；发布哪些内容，内容比重如何；更重要的是，不同内容的流量怎样，找到爆款笔记，探求爆款笔记的特点，从而进行模仿学习。大家都知道，爆款笔记是经过验证的成功结果，模仿学习之后未必同样会爆，但是不模仿、不学习，通常就不会爆。

对于爆款笔记的学习至少要细分到几个维度：

- 爆款笔记的话题方向是什么；
- 爆款笔记的封面是怎样的、标题是怎样的；
- 爆款笔记的行文结构和字数安排如何；
- 评论区留言主要有哪些内容。

除了通过自己对标的账号找爆款笔记外，还要从目标受众的角度出发，分析潜在客户按需求检索时的关键词，到小红书进行全域搜索，再看笔记总量和爆文情况。

大家要不断验证、重复成功经验，并且尝试将粉丝转化到私域。因为小红书对于将流量转移到小红书以外的平台上是格外敏感的，所以大家一定要熟悉平台规则，并且将转化过程标准化，与此同时，也要做好微信朋友圈的高质量私域运营。

其实这样的思路、方法之于大部分新媒体账号的运营都是适用的，包括微博、知乎、头条等。不同平台之间的核心差异是平台机制与算法的差异、辐射受众的差异，而我们的实践路径基本都是先找准定位，然后找到对标，摸索到成功的规律与方法，并且应用到实践当中，将在新媒体平台上获得的公域流量转化到私域进行运维，从而实现客户案源转化。

对律师、律师团队来说，如果希望通过新媒体树立品牌、营销业务，关键就是找到对的平台、用好对的方法并持之以恒地去实践。对律所来说，这也是一样的。一方面，可以根据律所的客户画像特点在不同的平台上进行差异化布局；另一方面，也可以和律师的账号建立关联，形成矩阵效应。

电商思维总是讲究“人货场”，法律业务中，律师就是提供服务的“人”；交付的法律服务就是“货”；而公众号、小红书、微博、抖音、B站等，都是“场”。时代不同，客户获取信息的路径和习惯自然不同，这就需要我们在不同的“场”出现，如此才能应对变化的竞争格局。

3. 视频化传播与案源转化

其实律所对视频传播并不算陌生，但过往，其总是将视频传播简单理解为制作一个律所的宣传片，即传播的核心是律所的整体品牌，追求的是摄制精良、内容稳定、使用时间长。然而各类视频类平台的出现改变了大家对视频传播的固有思维，随手用手机拍一段内容就可以上传，并未精雕细琢的视频也同样会得到观众青睐，甚至通过视频得到更大的关注度、得到更多的案源，这些实际中都有了已被验证的成功范例。大家所称的“网推所”也不再仅仅指通过搜索引擎推广得到案源的律所，同样还包括了通过抖音营销、快手营销等获得案源的律所。我们来看一下，这类律所、律师究竟做对了什么？

(1)清晰的定位。万变不离其宗，首先要说的还是定位。普遍认为,婚姻家事、劳动人事、人身侵权等一系列面向C端客户的民事案子是更加容易通过视频平台获客的,毕竟客户画像和平台用户的画像更为匹配。所以,如果你是一个(家)做此类业务的律师(律所),那么的确可以考虑在视频平台上结合短视频和直播,进行品牌宣传和业务宣传。

(2)认真的钻研。视频平台上的内容那么多,为什么受众会关注到你的内容而非其他律所、其他律师的呢?这一定和不同内容创作者对平台算法的理解、对内容创作的策划有关。投流固然可以取得效果,但如果内容本身的传播力强,那么投流之后的效果就会更加显著;反之,如果内容本身无法打动潜在客户,那么纵使斥巨资投流,在很大程度上也是打水漂的徒劳。短视频的内容输出讲究夺人眼球,要在短短几秒的时间里就赢得观众的注意力,这就需要有精心的开场设计。此外,内容上要有吸引力、能够抓住观众的情绪,还要有导流作用,让观众产生联系律师、购买咨询服务的意愿。这就需要用到打造爆款的方法。此外,还需要关注平台常常变化的算法和热门推送,并据此对自己的内容也进行必要的调整。

(3)辛勤的付出。如果一家律所的案源主要依靠视频传播的方式获取,那么其市场营销团队几乎每天要投入十几个小时在相关平台,从做直播间布景到写方案写脚本,再到直播、数据复盘、精华剪辑、拍摄短视频等,一整套流程都需要专业化、科学化、规范化。如果是律师个人希望通过视频传播转化到更多的案源,实现真正意义上的变现而非只是凭兴趣玩票,那么每天投入四五个小时几乎是不可缺少的。

有关视频化传播、获客的方式如果揉碎了讲，可以再写一本独立的书。但道理还是一样的，对律师来说，判断是否要通过短视频、直播进行自我宣传的核心就看自己的业务领域与其是否匹配以及专长和时间可否胜任。

在律所层面上，短视频和直播到底要不要做？我觉得答案是完全肯定的。每一个时代的人们都有其获取信息的方式。从纸媒、广播时期，到电视、互联网时代；从单一文字新媒体到文字新媒体、视频新媒体其齐头并进，我们发现，大家获得信息的方式总是在变化，这也自然意味着我们的传播方式也要相应改变。即便律所并不以 C 端客户、民事客户为主，但这也并不妨碍律所可以通过视频传播打造品牌，也并不必然意味着无法通过新媒体传播渠道获取 B 端客户、商事案件。律所的管理者一定要打破偏见，以更为开放包容的心态看待流行趋势与事物变化。

我想我们不能否认的是，视频内容的确是生动形象地展现律所品牌的好方式，视频平台上的内容并不必定和低级、恶俗画等号，也可能是有趣、有益、高价值的。此外，大家应该也不难发现，如今邀请客户来参加线下活动，客户常常都会问一句："有直播吗？"这就说明商事客户也都很习惯于通过视频的方式获取信息从而降低自己的时间成本。换言之，这就给了律所全新的思考，我们是不是可以选择部分话题通过直播分享的方式进行知识传递，从而辐射更加广泛的群体呢？

再换个角度看，一家律所的市场并非只有客户市场，还有合伙人市场、青年法律人市场,视频、直播对于法律职业共同体的传播影响力也同样巨大。再者说,又是谁断言了视频传播无法赢得商事客户呢?商事客户的背后,作出决定的不还是一个个具体的人吗?企业家、实控人、法务人员等,他们也还是会成为视频平台的受众,只是有些人在看与工作无关的内容,但也有些人会关心与工作、事业有关的信息。通过视频讲股权、讲并购、讲重大商事案例从而赢得声誉和客户的例子也不罕见。

正如此前所说的,因为律师的工作成果大多都要以文字的方式进行呈现,所以撰写公众号、运维公众号的成本对律师而言是相对低一些的,写作这一动作和律师的专业化形象也最为贴合。但实际中,部分公众号读者的注意力不可避免地转移到了其他新媒体平台,所以不要本能地排斥,可以先了解一下不同新媒体平台的特征、算法、用户情况,看看是否跟自身的品牌、产品、优势能够契合,然后研究目标、打磨方法、复盘迭代。

目前,星瀚在视频化方向做出的尝试是在 B 站和微信视频号上,我们的首要目标还是品牌影响力,同时也探索能否实现商事客户的案源转化。相关工作依然是由星瀚市场部主导,我们会一起进行选题策划、栏目设计,然后由一位同事负责具体执行,包括撰写脚本、邀约拍摄和后期的剪辑等。在拍摄的时候现场会有两位同事,一位负责和拍摄者沟通、调动拍摄者的情绪,另一位同事负责观察画面情况,进行必要的调整提醒。随后,会由负责写脚本的同事进行视频剪辑,交付粗剪版和精简版,市场部会结合这两个版本的内容提出意见或建议,比如节奏的问题、语速的问题、镜头切换的问题、内容选择的问题等。成片内容确认无误后,负责剪辑的同事继续上字幕、加进度条、加片头片尾,大家一起再在发布前复核完整的视频,讨论标题、简介、关键词、投放时段、投放话题等事宜。

整体运作模式和公众号运维是很类似的,我们会有若干视频栏目,比如“解忧星声”(视频化的人文型栏目)、“热点法评”(对热点事件进行视频化的评析)、“星空讲堂”(星瀚专业内容直播分享或线下分享的视频内容 CUT)等,只是对于星瀚的市场部来说,工作习惯可以迁移,但具体的落地还是要结合不同平台的特色与机制。

商事方向上的内容或许没有那么可观的观看量,但也常常得到观众们的积极反馈。会有客户或渠道合作伙伴告诉我:“最近在看你们做的视频节目,很有意思”,我们得到了关注和认同。也有客户说:“不愧是热爱法律的技术派,总是那么敢尝试新鲜事物”,这无形中就传播了品牌、传递了文化。有没有直接产生的案源呢?有的,法律咨询的、聘请律师的、投递简历的,我们都遇到过,只是客观上,其转化的数量和客单价还无法和我们的公众号的成果相提并论。但我们还是走在这条道路上,这是一条学无止境的道路。

第七章 | 组织高质量的律所线下活动

一家律所需要辐射的市场群体至少有三大类:客户市场、合伙人市场、青年法律人市场。我们将对合伙人、青年法律人的关注放到全书的第三部分进行详细介绍,本章介绍的律所线下活动就定位于面向客户的市场活动,其本质是增进客户对律所、律师的感性了解。毕竟客户最终要信任为他提供服务的律所,包括是否有品质、是否可靠;也要信任为他提供服务的律师,包括是否沟通顺畅、是否值得信赖。

我们通过线上新媒体的传播让客户知悉律所和律师,但除了极少数的业务外,客户是不会直接在线上达成委托意向的,总需要有进一步接触、了解的过程。如果潜在客户的法律服务需求非常明确,那么就会转化为咨询面谈;而当客户的需求意向还不那么强烈时,有一个让客户接触律所、见到律师、进而产生感性认识的载体就很重要,线下活动就是这样一个载体。

同样地，线下活动也可以是增进律师和客户黏性的重要方式。律师已经在服务某个客户了，但平日里多为线上沟通、电话沟通，除了律师的例行拜访或者在特殊需求时和客户的面对面交流之外，律所常态化的活动组织也是加强客户对律所品牌信赖的好方法。

接下来我就要介绍，一场高质量的线下客户市场活动是如何诞生的。

一、线下活动的策划与筹备

我们怎么判断一场活动的举办成功与否？最直观的感受就是：来的人多不多，以及与之相关的场面效果好不好、案源转化强不强。事实上，活动举办的效果究竟怎样，在活动当天、活动现场所能做的、所能影响的程度并不多，核心的功夫都要做在前期。

1. 关于活动策划

高品质的活动都是精心策划的成果。

策划的起点需要回答几个问题：谁要分享什么主题？为什么选择分享这个主题？受众是谁？通过这样的主题分享，我们希望达成什么样的效果？对这些问题的分析与思考将对整场活动的最终呈现产生至关重要的影响。

“大众创业、万众创新”热潮盛行时，我们曾策划过一个系列沙龙，主题是《与创业者聊聊法律思维》，希望通过培养创业者的法律思维、分享创业法律相关的必备知识、交流创业成败过程中的法律要素影响，从而让律所和律师成为创业者前行发展道路上的伙伴。因此，我们预备向创业者分享从零到一的过程，包括公司的设立、股权结构的设计、股权激励的安排、税务的合规、经营过程中的常见合同、劳动人事法律基础、知识产权法律基础、投融资条款注意事项、融资并购与再发展、上市前准备等。

我们的受众不是成熟创业者，而是创业路上的新手；我们也不是要成为他们的老师,而是要成为陪伴他们一步步发展的伙伴;我们要讲述的不仅仅是法律知识、法律技能,而是法律思维、商业思维以及对战略的思考。正是在这样的定位下,这个系列我们称为"沙龙",而非"课程",讲究"与创业者聊聊",而非"给创业者讲授",每次分享交流的地点也不在律所,我们联系了一个知名的创业社群,我们在这个社群组织的"例会"上去讲。

这个创业社群每天晚上都有"例会"活动,周一"例会"是选代表分享自己的商业模式;周二"例会"是请投资人交流他们的投资趋势和关注;周三"例会"会有案主介绍现阶段遇到的难题和抉择,大家一起出谋划策;周四"例会"就偏专业支持方向一些,包括财务、税务、人力资源、知识产权、法律相关的知识分享等,当时,我们就成了法律板块的"供应商"。由于过往我们服务的大多是成熟企业家,和创业者的接触还相对较少,所以为了了解创业者的需求、视角、偏好,我们几乎参加每一天的"例会",可谓全身心地投入,从内心上真诚地希望和创业者成为伙伴、朋友。了解受众的风格、需求之后,我们策划的分享安排是:每次 45 分钟分享、45 分钟互动,在分享的 45 分钟里抛出一个问题、介绍一个案例、讲出一番所以然、给出一套解决问题的思路。互动交流全部结束之后,我们再留下一个思考题,总结一句金句。这样的策划实现了很好的现场效果,自然也就有了陪伴创业者们迈向成功的过程、故事与案例。

法律圈内,我最喜欢"法天使"办的活动。就以 2023 年度的"合同大会"来说,这是我第一次完整参与一场线下的"合同大会”，有许多令人惊叹的设计和细节。在我的理解当中，“合同大会”又名“法天使”年度产品发布大会暨销售大会，但如果仅是如此，法律人们是不会趋之若鹜并且付费参加的，于是在整体呈现上，“合同大会”必须做成一场法律人不容错过的年度盛事，怎么做？议程里面就满是策划和思考。

2023年度“合同大会”以“下一站”作为主题，在迷茫、艰难、无措的情况下去讨论“下一站”，毫无疑问是直击人心的。但是“下一站”也是一个很容易落入宽泛、形式、鸡汤的主题，怎么在内里去做实，让大家有收获感？我对“法天使”这个活动的解读是：关注当下的需求、展现前沿的趋势、汇聚多元的见解、打造共创的场域。

“关注当下的需求”是基于《合同编司法解释》和新修订的《公司法》出台背景，邀请到李建伟老师讲《公司与合同法发展“下一站”》，光这一个环节就值回票价了。此外，大会举办之际恰逢新一季的《令人心动的offer》播出之时，offer节目总共办了三次法律季，三季栏目中的人气律师、人气选手都会亮相现场，大家的追星梦也是分分钟达成。

“展现前沿的趋势”是要给大家惊喜感、引领感，如果没有那些打破固有认知的内容，那么法律人完全可以老老实实就报名一场民法典合同编、公司法的培训，而未必需要合同大会。但《GPT + 法律的“下一站”》《合同起草审查的“下一站”》《合同库建设的“下一站”》等内容带来的刺激、焕新、激荡灵魂和引发思考，是能令与会者念念不忘的。

“汇聚多元的见解”是大会对于议程形式、嘉宾组成的探索和思考。全天的活动中有演讲、有圆桌、有辩论;发言的嘉宾来自五湖四海,有律师、有法务,有规模所、精品所、红圈所、专业化律所等,能够感受到思想的火花、交流的愉悦。

“打造共创的场域”是“法天使”将台上台下的所有参与者都汇聚到了一起,叠纸飞机,共同对下一站许下祝福;场外布置“文化市集”,了解各家律所的文化特色、感受组织的生命力与影响力;场内场外都有很多和老朋友叙旧,和新朋友结识的契机……

这是“法天使”自己的品牌大会,但更是“法天使”为法律圈构建的年度 Party,于是也就不难理解,为什么大家买机票、订酒店、买门票也要参与到“合同大会”当中,因为,这真的值得。当然,以上这些内容没有和常老师、胡婷交流过,仅仅代表我的个人分析。

通过这个例子想说明,活动远不止是定时间、地点、主题、主讲人而已,如果我们对活动的效果有期待、对听众的感受有期待、对主讲人下一次的分享意愿有期待,那么,就请好好策划一场活动吧。

通常,启动一场活动有这样一些可能:

- 律所的市场运营工作已经比较成熟,根据律所的年度计划进行全年活动的排期。按照排期情况,逐一推进活动的策划、组织、转化工作。这类整体性排期的情形也大多发生在公司制或至少是一体化运营的律所中。

- 市场部的同事根据热点、趋势、客户需求等信息,邀请业务律师进行分享;新法新规出台的时候,或者发生热议度很高的新闻事件时,由市场部发起的概率就比较高。

- 律师根据热点、趋势、客户需求或自身想要发展的业务等,主动发起活动意愿,请市场部门建议、组织。

活动启动之初,办活动的一方——市场部门,负责内容的一方——主讲人,要先沟通对齐信息,具体包括:

(1)活动主题:为什么选择这个主题?受众是谁?这是一场独立的活动,还是系列活动之一,或是否有计划做成系列活动?

(2)活动目标:通过这场活动,希望达到什么效果?是希望品牌影响力变大,认识更多的客户,促成案源转化?还是卖书、卖课,定向地服务某个客户(因为某一个重要客户提出来想听,就同步策划一场可以对外的活动)?还是与渠道方建立联系,希望根据活动的反馈情况策划法律服务产品(相当于法律服务产品的调研、验证过程)?抑或有其他目标?

(3)活动日期:期望在什么时候办活动?市场部门要帮忙分析天气情况、气温情况、同期有没有同主题的活动会产生撞期等(如如果是一场主讲进出口贸易的活动,就要考虑"进博会"这类活动的因素,要么有机结合、要么错峰避让),如果是与渠道合作的活动,或者指定某些听众一定要到场的活动等,还涉及多方的档期协调工作。

(4)活动地点:大部分法律培训活动都会放在律所的大会议室;但如果是学术性质较强的活动,就可以考虑放在高校;行业主题突出的活动,可以放到行业头部企业;文化属性较强的活动可以去借图书馆、书店等场地;演讲类的活动可以安排在小剧场、外部会议中心等。不要小看活动地点,不同的活动主题、目标、受众对应着不同气质、氛围的场地,场地选得好、活动效果就好。此外,活动地点的标志性、便利性、特色性等,也会影响到听众的出席意愿。

(5)活动议程初探:整场活动是全天、半天、还是 2 个小时?是一个主讲人、还是多个主讲人?有没有圆桌、对谈或其他创新环节?这些都很值得深究。

主讲人和市场部门在首次沟通的时候,更多的是交流,通常不会产生直接的结论,结论是各自再做私下的思考和交互之后,慢慢达成共识的。达成共识的内容一般包括表 7－1 中体现的内容。

表 7－1　线下活动策划(示例)

活动主题	
活动目标	
活动受众	
拟邀请人数	
活动时间	
活动地点	
主讲人	请提供商务照、简历
主持人	请提供商务照、简历
活动总监(市场部)	
对应产品(如有)	
合作方(如有)	
活动议程	
活动宣传	物料:海报、易拉宝、公众号文章、邀请函等 宣传:宣传渠道、联合宣传等 定邀:定邀名单、定邀形式等 具体到相关工作的执行人、负责人和时间节点

续表

活动筹备	场地:布置安排、茶歇安排等 课件:主讲人提纲、圆桌议题、课件等 具体到相关工作的执行人、负责人和时间节点
活动组织	物料:宣传资料、伴手礼、其他增值反馈等 呈现:是否直播、是否回看、是否录制、是否剪辑 满意度:课件可否分享、满意度问卷、约访安排等 具体到相关工作的执行人、负责人和时间节点
备注	

基于大家对策划的共识,下面我们的活动筹备工作就将进入宣传推广、听众邀请阶段。

2. 关于听众邀请

开展活动宣传工作需要一些前期物料,包括一篇推文(活动宣传文章)、一张海报、多份邀请函模板。变化的是形式,不变的是实质,好的活动宣传推文怎么写?要做到以下几点:

(1)给目标受众一个参加的理由。现如今,大家获得信息的方式非常多,学习的路径也很广,公众号文章、音视频课程以及直播、各类培训讲座和沙龙活动层出不穷,受众究竟有何动力选择花费一段在途时间,去到一个特定的场景当中,参加一次线下活动呢?我建议,大家可以从"专精特新"的角度去思考。

如果我要宣推一次专业分享,其"专精特新"从何体现?"专"可以是内容专业性很高,也可以是主讲人很权威,比如我们要分享新《公司法》产生的具体影响,或者我们将参与立法过程的专家请为主讲人都体现出"专"。"精"可以是切入点很细,务实、全面可落地，还是说新《公司法》，我们将公司章程怎么修改、公司注册资本实缴情况如何核查、公司内部治理结构的配套调整等都讲深、讲透了，就体现为“精”。“特”可以是分享的形式很特别，有交互、有体验。比如我们讲内控与反舞弊主题的时候，让大家现场感受一下，电子数据分析的完整过程，用我们的“黑科技”做一次“福尔摩斯”。“新”，也就是分享的角度、内容很新颖，市面上还没出现同类竞品。

同样地，如果我不是面向潜在客户去做专业分享，而是要组织客户答谢等活动，这些活动大家为何愿意来，这不仅是在策划的时候要去思考的，同样要在宣发的过程中体现出来。

（2）可以预期的收获感。如今的线上工具很多，大家可以在线听音频、看视频、看直播，为什么一定要花上在途时间，放弃手头的工作或者休息的时间，去到一个现场环境当中呢？所以活动的策划者、主讲人一定要保证质量，才不辜负与会者的时间与精力。与此同时，为了增加吸引力，还可以设置一些只有来到现场才会有的权益，比如：不设直播、不设回看、现场观众可以获得纸质版课件/图书/白皮书/大数据报告等。这些信息要在宣传推文中被强调。

（3）展现方式清晰、友好。前面说的两点内容主要是实质上的推文写作要领，而在推文的形式上，也应当呈现出清楚、有条理，让受众可以快速掌握核心内容。

宣传推文是针对不特定对象的邀请，而根据活动的主题、类型不同，还会有定向的邀请，面对定邀的群体，要在宣传推文的基础上进行有针对性的调整和优化。比如邀请高校、学术机构的时候要提供有信纸格式、有印章的邀请函；又如，有些企业客户外出参加活动是需要上报邀请函的，那么市场部门也应该做好配套的支持服务。

通常情况下，邀请线下听众的工作都是不特定宣推和定向邀请两条腿走路，对于前者，市场部门在接收报名的时候要有筛选识别的意识，比如有些活动是限定行业、部门或职位的，那么市场部门就要有人工审核的机制，并且就审核结果在较短的时间内给予反馈；对于后者，主要是考察市场部门的主观能动性，要有开发细分群体的意识和能力。

星瀚的通常做法是通过添加"星瀚小星"为好友或者通过邮件方式进行报名，小星在对报名者进行实名验证之后会发送报名表单给到对方，报名表单的信息会在活动开始前汇总成电子文档（见表7－2），既便于导入律所本身的客户管理系统，也方便进行电子签到。

表7－2　报名情况汇总（示例）①

姓名	单位	岗位	手机	微信号	邮箱	备注

通常情况下，与会目标人数百人以上的活动会提前一个月启动报名，50～100人的活动会提前两到三周启动报名，50人以下的活动会提前一到两周启动报名。当然，特别重量级的闭门会、私董

① 可以用第三方表单接收报名，导出为Excel。

会也是要有相当的提前量的，因为有关与会人员比较重要，他们的日程一般也颇为紧张，所以需要尽早敲定日程。这就意味着，任何活动从接受报名到正式举行，都有一定的过程，这个过程中可能会发生有些人对活动的兴趣褪去了、有些人的日程安排发生变化了，这些情况都将影响签到率。那么，怎么保障签到率呢？市场部门可以考虑的做法包括：

（1）将报名者建群，常态化地在群里更新活动信息。比如转发关联的文章、宣布动态更新的重磅嘉宾、分享一些与活动话题有关的动态新闻等。

（2）活动开始前三天可以再进行逐一的私信提醒或者邮件提醒。我们一般会根据情况，告诉报名者此次报名名额在几月几日就已满额，现在有多少人正在等候递补，如果您的行程发生改变，欢迎提前告诉我们。我们曾经办过一个数百人规模的活动，其中有 20 多名听众就是通过递补参与到活动中的。

（3）活动开始前一天，可以传送一些现场动态情况、主讲嘉宾情况到活动群里。活动当天一早，就可以将空镜、布置、签到情况等陆续发到群里。

3. 呈现一次精彩的分享

在活动策划、活动组织方面的精心、严谨、创意都是锦上添花当中的“花”，而真正的“锦”是主讲人本身呈现的内容。纵使主讲人口才了得，如果备课不够充分，那么呈现效果通常难如人意，无法赢得听众的欣赏和信赖，就白白浪费了一次品牌塑造、案源转化的机会。而准备一次精彩的分享不仅仅是主讲人一个人的事情，应当成为主讲人和市场部齐心协力的结果。星瀚市场部在每一场分享活动开场前都会参与到主讲内容的设计中，那么一次精彩的呈现需要具备哪些要素呢？我罗列以下核心要点供大家参考。

(1)避免时间分配不当。最为常规的讲课模式是：第一部分，介绍分享主题的背景，如新法新规出台、近期恰有热点案例，又或者是客户们的常见痛点；随后第二部分，引入核心焦点是什么，或者问题形成的原因是什么；再接下来进入第三部分，即分享的重点，谈谈解决方案；最后进行收尾总结。我在听律师分享的时候，最常发生的问题就包括头重脚轻，即本该将解决方案突出来讲，而实际情况却是花了极大的篇幅去讲背景情况、法理知识等，使得听众觉得：我来听了知识，但又如何呢？我是听律师分享而不是听教授讲学，相比法律知识，更加重要的还是应对方案。所以，主讲人一定要将每个部分的时长分配好，以及总时长也要控制好。听众的时间、精力是有限的，过于冗长的铺垫之后听众就可能很难再抓住重点了。

(2)用好数据、讲好故事、写好金句。大家有没有观察过，一场分享活动上，听众最喜欢在哪些环节举起手机拍分享者的 PPT 呢？就是我说的这三点——数据、故事、金句。拍 PPT 意味着客户对这些信息感兴趣、客户需要这些信息。第一个场景就是出现数据图表的时候，因为数据具有很强的震撼力、说理性，所以展现数据就是增强主讲人的权威感、可信赖感，而又因为数据通常比较复杂、听众很难记下来，就自然会选择用手机拍。第二个场景就是出现案例引用的时候。大家应该都会认可做分享的时候要讲案例，因为讲案例可以帮助听众吸收理解知识，讲案例也显得主讲人所说的知识和方案已经得到验证。不过大家要注意的是，讲案例的重点在于故事性，主讲人要组织好语言，厘清重点，在 PPT 上也尽量避免裁判文书内容的直接复制粘贴，而要尽可能地像讲故事一般讲好案例。第三个场景就是金句出现。金句是主讲人对分享内容的高度凝练，是希望听众理解、记住的核心关键内容。好的金句是有传播力、感染力的。数据、故事可能不少主讲人都会用，但金句是千差万别、因人而异的，很多听众就是因为在金句当中找到了共鸣，进而选择了某位律师。所以金句不但要有，还要有深度、有高度。

（3）要有互动和交流。互动交流是抓住听众注意力，增加听众参与感，强化主讲人和听众之间关联性的好方式。但很多主讲人在安排互动环节的时候会有误区，典型的包括：

- 一开场就直接让听众回答复杂问题。除非在座的多数听众都和主讲人特别熟悉，否则分享刚一开始的时候是不建议主讲人直接抽选听众站起来回答复杂问题的，因为听众这个时候多数还没有进入状态，现场情况容易尴尬。而且听众也是带着学习的心态来的，对于突如其来的提问多数会没有做好准备，所以这样的互动方式是无法起到加分效果的。开场的时候为了活跃气氛，确实可以有小互动，但这种小互动建议是提一个直白的问题，问问听众认同还是否定，听众只要点头或摇头示意就好，或者出一道选择题，看看听众对选项的选择比例就好，其核心还是轻松开场、引入正题。

• 全部讲完了才进行互动。也有很多主讲人在全部讲完之后才会互动,为的是不打破自己分享时的节奏感。但是缺乏过程中的互动就很难确保听众的注意力长时间集中,这也是为什么上学的时候,老师既要讲知识,也要向同学提出问题的原因。我们当然不能将听众即潜在客户直接理解为学生,所以我们要进行过程中的互动以感受听众的理解程度、接受程度、认同程度,不过不能像老师提问学生那样高频、严肃。

• 互动问题设计得过于开放式。关于互动,我一般建议如果是 30 分钟以内的分享,有 1 ~ 2 次互动即可;如果是 1 小时的分享,建议有 2 ~ 3 次互动;分享时长每增加 30 分钟,互动可以增加 1 次。互动的形式既可以是偏轻的小互动,也可以有过程中的请听众讲几句。但是请听众讲的时候,问题不宜设计得过于宽泛、过于开放式,否则听众也往往不知从何讲起。建议我们的主讲人要把话筒传递到听众手上,让听众回答问题或分享观点时,相关问题要有场景感,从而让听众可以言之有物。

(4)埋下钩子、合理营销。对律所来说,办活动自然少不了品牌建设、声势打造的目标,但客户活动的核心目的一定还包括增加潜在客户、转化案件需求。所以,主讲人在分享的时候要注意,既不要营销目的过于强烈,甚至占据极大的篇幅,从而引发听众的反感和不满,也千万不要羞于营销。要把解决方案给到客户,比如修改公司章程、调整员工手册或者增加条款约定等,但是章程谁来改、员工手册谁来做、条款谁来写呢?最终还是要找专业的律师。

因此，营销要做得不生硬，就要埋好钩子、卖好产品，至少要让听众知道，主讲人手上是有产品的。

所以，一次精彩的法律分享要有精巧的结构、律动的节奏，主讲人不仅要把内容讲好，还要能让听众有代入感、沉浸感，不会听得累、听得困，最后还能对律所、主讲人留下好印象，产生付费意愿。这个过程需要主讲人和市场部门共同努力。

精彩的分享都是打磨出来的，在我们星瀚内部，如果有律师产生对外分享专业课程的想法，我们就会先邀请这位律师在内部学习会上讲一讲，一方面是让所里的同事了解到这名律师的专业情况和产品信息，从而既可以成为其他同事自我学习的内容，也可以让其他同事了解相关信息后可以在适当场合和时机帮助共同推广；另一方面，大家可以一起对主讲人的分享节奏、内容、形式等方面提出改进的意见与建议。在学习会上讲过后，市场部门会安排主讲人通过线上直播的方式进行一次面向客户的分享。线上直播的时间不宜太长，较之线下分享可以缩编一些内容、减去一点角度或去掉一些案例，做一个 40 分钟以内的分享，如果得到听众的好评和对完整内容的期待，市场部门就会安排总时长 60 ~ 120 分钟的正式线下活动了。有了这个循序渐进的过程就可以确保主讲人的线下展现是自如的、成熟的，也可以在这个过程中根据反馈去调整课程、完善产品，如此一来，线下活动所能发挥的客户转化、案源转化作用就会更加突出。

二、线下活动的组织与复盘

一场优秀的活动除了前期的策划工作要做好之外,现场的执行工作也相当关键,这会直接关系到听众的体验感。而现场执行要做好,离不开前期的分工、预演,过程中的观察、应变,以及每一次活动结束后的悉心复盘。

通常,一场法律圈的活动会包含几个区域:

- 拥有主舞台、主屏幕的主会场,也就是活动的核心举办空间;
- 签到处,负责签到、伴手礼发放、现场咨询答疑等;
- 合影处,很多活动为了增加传播力,会专门设计合影处,为的就是让大家多多拍出好看的照片可以发朋友圈;
- 茶歇处,即摆放茶歇、供大家小范围交谈的地方;
- 有时候也会安排展台与互动区。

所以,我们的活动组织分工也可以围绕这些区域展开,充分设想每一个区域的场景、功能,从而确定要做什么、由谁来做。(见表7－3)

表7－3　活动分工与现场检核(示例)

主会场		
内容	负责人	是否完成
LED屏幕/投影仪		

续表

内容	负责人	是否完成
主视觉画面(格式、清晰度、比例等)		
PPT(格式、清晰度、比例等)		
音视频(暖场用/演讲用)		
翻页笔		
桌椅摆放		
桌椅配套物件摆放(写字板、糖果盒、矿泉水等)		
舞台布置、地毯(如有)		
录像机位(如有)		
直播设备(如有)		
相机设备		
提词器/提示屏		
嘉宾专座与席卡		
工作人员专座、时间提示板		
签到处		
签到板或“签到台”标识牌		
签到表或签到二维码		
笔		
胸牌或姓名贴纸		
伴手礼、会务资料		
宣传用品		
易拉宝(如有)		
鲜花		

续表

内容	负责人	是否完成
合影处		
背景板或合影布景装置		
KT 板及其他道具		
灯光(如有)		
茶歇处		
饮用水(冷饮、热饮)		
茶歇(点心、水果)		
展台、互动区(如有)		
其他		
会场指引人员		
引导电子屏、水牌等(如有)		
门禁处理(如有)		
重要嘉宾接送(如有)		
媒体对接		
摄影摄像对接和相册分发		

如果一场活动的举办地是在自己律所,又或者规模相对较小,那么整体都会比较好控制。但举办地假设是外借的,且人员规模又非常庞大,比如与会人员 300 人,甚至 500 人或千人以上,那么现场情况就必然比较复杂。下面我将按照最复杂的情形来介绍一些活动组织时的具体细节。

1. 关于主会场

主会场的核心功能是展现活动主体内容,工作人员的重点要放在对主讲人的服务保障上，只有主讲人能够在舞台上讲得舒服、顺畅、没有负担，听众才会觉得参加这场活动是值得的。反过来说，如果主讲人在舞台上讲得非常别扭，一会儿PPT翻页不灵活，一会儿话筒音响声音不理想，一会儿音视频播放不出来……那即便我们给到听众再好的座位环境，听众也很难对这场活动满意。所以，工作人员需要关注的要点包括但不限于以下几个方面：

- LED屏幕或投影仪。外借场地举办大规模的活动时，无论是场地本身自带LED屏幕还是需要主办方自行找供应商搭建，核心都是要确认好LED的尺寸、分辨率等信息。因为要根据这些相关信息做好整场活动的主视觉图像（KV）以及活动的PPT模板设计。KV一定要有，如果活动过程中出现意外，现场屏幕可以随时切换到KV。PPT模板也不能缺少，否则主讲嘉宾发送过来的PPT样式就可能五花八门。

- 音视频功能。外借场地的音视频功能也是很容易出现问题的环节，因为不同场地的音视频线接口有限，如何进行协调等要提前考虑好，所以音视频的效果测试也是排练环节当中的重中之重。为了确保活动的顺利，律所一定要安排专人在工作台（会场控制音视频、电脑屏幕的区域），他不仅需要切换播放PPT，负责在突发状况下切换到KV，保障音视频的顺利播放，还需要在万一主讲人手上的翻页笔不够灵敏，或者主讲人误操作了翻页笔时，对屏幕进行及时人工调整。

- 舞台布置。因为律所活动多为分享型的，所以舞台布置会相对简单，主要是给舞台包上地毯，放置好讲台位置。倘若有圆桌交流环节,再预判好圆桌交流时的沙发摆放位置即可。为了使视觉效果更好,讲台一般都会外包 KT 板并且搭配鲜花,主办方一定要注意鲜花的高度和讲台的高度。讲台上同时放置手持麦克风和鹅颈麦克风,主讲人可以根据自己的习惯选择使用,鹅颈麦克风的高度也要考虑好。舞台的配套灯光效果也是工作人员需要提前测试的重要环节。

- 桌椅摆放。活动场地的桌椅摆放也有很多讲究,除了可以让与会听众都能坐得下外,还要考虑大家坐得是否舒适。如果是课桌式的摆放,一般建议每 3 ~ 4 个位子边上就有一根通道,从而可以方便大家进出。桌子上也要提前摆放好瓶装水、写字板、记录纸、记录笔、糖果盒等。活动通常都有会议资料,市场部门可以根据实际情况,安排与会听众在签到时领取会议资料,或者将会议资料直接提前放置于座位上。考虑到部分听众如果携带物品较多,或者冬季外套较为厚重,可能会出现占用邻座摆放物品情况,所以现场的桌椅数量建议比实际报名人数多 20%。如果是完全按照报名人数来安排桌椅的,那么很可能晚入场的、迟到的听众很难快速找到座位;但如果桌椅摆放过多,又会显得会场很空,场面不够好看。主办方也一定要安排专员负责座位的引导,优先让大家靠前坐、靠当中坐;上座率很高了之后,相关工作人员要记得哪个区域的第几排还有空位,以便进行快速指引。当然,主办方要是对上座率特别有把握,那么也可以按对号入座的方式来操作,比如与会听众扫描二维码签到之后随即就知道自己坐在第几排的几号位。假设活动当天有录像、直播需要的,相关机位还要预留出来。

• 专座设计。律所活动上一般有两类专座，一类是与会的重点嘉宾、主讲人，要为他们配置席卡，为了以防万一，主办方一定要准备空白席卡。此外还要有工作人员专座，工作人员既包括引导听众入座的同事，假设有听众迟到了，她要第一时间起身去帮迟到听众指引一下座位；也包括活动现场的机动人员或者统筹人员，他们要负责观察屏幕显示是否清晰、话筒音量和音质如何、室内空调温度是否合适等，还要做好一件很重要的事情，就是时间提示。关于时间提示，最常用的方法有两种，一种是在会场前方放显示屏，主讲人从台上往台下看，就能看到显示屏上面的倒计时；另一种是安排专门的工作人员举牌，牌子上的内容可以有“还剩 10 分钟”“还剩 5 分钟”“时间到”“加快节奏”“放慢节奏”等。如果采用后面这种方式，那么工作人员要提前告诉主讲人，自己会在哪个位置举牌，主讲人看到了之后可以点头示意工作人员。从而达成共识和默契。

• 如今还有很多活动是有总论坛、分论坛设计的。分论坛的呈现方式一般为宴会厅分隔，即总论坛的时候就用足完整的宴会厅，到了分论坛的时候，可以将宴会厅分成几间。对于这类形式的活动，工作人员前期踩场时一定要注意隔音效果、分屏效果等。在有分论坛活动的情况下，就意味着整场活动的工作人员数量一定会相应增加。

2. 关于签到处

签到处是听众对一场活动的重要印象，举办大规模活动时，一定要避免签到处大排长龙、情况混乱。大家需要留心以下几个方面：

- 签到处的位置一定要突出醒目，如果因为外借场地的客观原因，签到处无法被来访听众一眼识别的话，主办方要安排好引导的同事，并且将酒店可以提供的水牌、电子牌充分利用起来；主办方自身也可以多做一些易拉宝、指示牌用于指引。

- 尽量使用电子签到的方式。现在一般都是线上报名，那么自然就可以使用电子签到，因为报名信息和签到信息是可以打通的。电子签到的最大优势就是避免找名字要浪费时间。电子签到完毕后，签到处的工作人员可以向听众发放听众证（胸牌、姓名贴等）或相关凭证（手环、腕带等）。

- 在签到处位置可以摆放一些与活动有关的视觉设计和宣传物料，从而更好地强化品牌宣传。此外，签到处在完成签到任务之后，通常就会变成咨询处，所以相关工作人员对于常见问题的回答也要有充分的心理准备，保险起见，市场部门可以给相关工作人员写一份常见问题的“Q&A”。为了给听众营造更好的参会体验，还可以考虑多放一些笔、纸、充电宝、充电线、转换接头等物品，以供借用。主讲人在分享结束之后，也可以在茶歇期间到签到处坐坐，方便有意向咨询的听众可以找得到主讲人。

3. 关于合影区

拍照、发朋友圈似乎已经成为参加一场活动的必要打卡流程，主办方也希望与会听众可以喜欢现场的照片，多多在自己的朋友圈里进行宣传，这也是品牌传播的要旨所在。为了实现这样的效果，核心要把握两个要点：其一，拍得好，大家对外传播的时候，通常只愿意发送拍得好的照片；其二，有传播的意愿。

在拍得好这个问题上，主办方工作人员需要把握：

- 关注合影区背景板的设计，以及合影区的灯光效果，一定要亲身试过，发现任何问题都要及时作出调整。

- 关注合影区的拍照布景和道具。站在一块背景板前面拍照的形式是传统、单一的，现如今，越来越多的活动主办方会将更有创意的装置融入拍照的场景中。此外，为了避免拍摄对象不知道怎么摆动作，显得尴尬，现场也可以提供各类道具，从而使得拍照变得更加生动有趣。

- 要有专门的工作人员查看活动相册的照片更新情况。既要关注有没有及时更新，也要关注更新出来的照片效果好不好，摄影师的出图效率是否达标。如果遇到问题都要第一时间进行沟通。

- 此外，合影区的工作人员也要积极引导、鼓励与会听众进行合影。

关于传播意愿的问题，一方面，一定有听众是非常乐于将自己参加活动、增加知识储备的照片发朋友圈、发群的；另一方面，主办方也可以进行一些互动环节设计，比如发朋友圈之后可以领纪念品等。

4. 关于活动中的细节

为了将每一场活动都能落实好，我在很早的时候就写了星瀚内部的活动工作指南，并每隔一段时间就要进行更新，而且即便已经更新到百页以上了，但每次活动尤其是大中型活动的时候还是难免会有新问题出现。所以，任何一份指南都无法囊括、解决全部的问题，但却可以给大家提供参考思路。要办好活动就一定要将活动在脑海中详尽地演一遍，作为幕后的“导演”，可以从哪些角度去“监控”现场发生的一切，这是我下面要与大家分享的。

- 在人员分工方面，一定是宁愿工作人员多，也千万不要工作人员少。活动统筹者不要让自己去做具体的工作，统筹的核心职责就是要全面观察活动的情况，做好及时的调度工作。因为要尽可能多地安排人手，就意味着协助会务的同事未必都来自市场部门，会有相关同事很少甚至完全没有参加组织活动的经验，这就需要“导演”或“统筹”一定要将分工流程化、标准化，讲解得清晰、细致，并且要结合现场环境进行模拟演练。也正因如此，工作人员情愿聚集得早一点也不要晚，如果晚于与会听众，会务组在做很多工作的时候就会很被动。

- 如果活动是全天的或者总时间较长，那通常都会安排茶歇时间。主办方前期选定茶歇的时候要注意把握好茶歇食品的造型、色泽，在镜头底下是否好看；也要关注茶歇食品的状态，是否容易溶化，久置是否变形或变味等。一定要选那些口感、外形、品质都不太容易受时间影响的茶歇品类，且可以考虑将茶歇和律所品牌结合起来。

- 茶歇时间除了有茶歇食品可食用外，该时段也有社交或者帮听众调剂状态的作用。大型活动的单次茶歇时长通常都会安排15～20分钟，因为如果时间太短，可能转场来不及，大家休息享用茶歇也很仓促；但是时间过长，对于部分听众而言也可能觉得无聊。所以，建议主办方在会场内可以播放暖场用的音视频，而在会场之外可以考虑设计一些互动区域、展台区域等。就以星瀚自己举办的企业内控与反舞弊峰会而言，我们就会在会场外摆放电子数据取证分析体验设备，大家可以来亲身体验，实现一举多得。

- 茶歇结束之后最怕听众不在第一时间回到会场，此时就一定要有提示铃，告诉大家茶歇结束了，可以进入主会场了。

- 对重点嘉宾的迎来送往要安排专员。如果现场邀请了媒体，也要有专人和媒体做好事前、事中、事后的全面沟通。一场活动的报道稿件等都需要提前准备好，确保当天活动刚一办完，基本就可以实现第一时间的推送。

5. 活动复盘与改进

活动本身的结束一定不意味着整个项目的终点，还有必不可少的客户跟进和复盘工作。复盘工作一定需要全体参与人员共同投入，不仅包括会务组的人员，也可以包括主讲人、重要嘉宾等，大家都可以基于各自的视角和感受，为活动的日趋完美提供宝贵的建议。（主讲人和重要嘉宾通常不参加复盘会，但是活动的导演或

统筹可以在活动结束后、复盘会开始前,和主讲人、嘉宾单独进行沟通,获取信息)(见表7－4)

表7－4 活动复盘(示例)

基本信息	
活动主题	
活动时间	
活动地点	
主办方	
协办方	
主讲人	
活动目的	
上座率	
筹备阶段	
主讲人(嘉宾)沟通	
赞助沟通	
物料准备	
宣传	
场地搭建	
摄影摄像沟通	
报名	
活动过程	
现场布置与投影仪	
直播等	
签到引导	

续表

活动过程	
用餐	
群互动	
时间控制	
活动后续	
活动分享	
外部新闻	
回看(如有)	
课件发送(如有)	
财务决算	
新增潜在客户	
新增签约客户	
其他	

三、与专业机构合作活动

除了律所自己作为主办方举办活动外,同样也有不少律所会选择与外部的专业机构进行合作,在这里,我们首先应明确活动中可以和哪些外部机构合作,合作的目的是什么。

(1)提供完整外包服务的供应商。如果律所没有设立运营体系、中后台或独立市场部门,又或者相关同事的人数非常有限,那么在举办大型或中型活动的时候,就有可能需要完全外包给第三方供应商完成。所谓完全外包,就是我前面所述的这些事项中,除了参与选题策划、准备好主讲人及相关课件外,其他所有的会务工作,包括但不限于场地安排、会务安排、听众邀请等事宜,都由外部供应商完成。这么做的好处在于,律所方面省心省力,但缺点也同样明显。一方面,缺少过程中的会务参与会使得律所方面很难与听众产生较强的连接,对于后续的客户转化、案源转化会产生影响。另一方面,外部供应商的服务理念、服务过程和交付成果能否符合律所方面的预期,也是一个问号。如果遇到专业能力强的靠谱供应商那还尚且万事大吉,但万一碰到沟通不到一起的、执行能力较弱的供应商,律所方面很可能会觉得还不如自己亲力亲为,这就相当于花了钱、花了时间但还没有取得预期的效果。所以我的观点是,律所活动,能律所自己主导就尽量自己主导。当然,如果实在是无力主导的那也不必逞强,找到合适的外包供应商就好。

(2)协助活动中的部分执行事宜。如前所说,一场活动的顺利举办是由很多环节构成的,有些环节一定会用到外部合作伙伴。比如 LED 屏幕的搭建、舞台的搭建、灯光音响的设备运作和调试工作等。律所毕竟不是会务公司,不可能为了办活动还专门去配置这样一支团队。律所的市场部门一定要有一张靠谱的供应商名单,可以从中找到合适的伙伴。

(3)拓宽潜在客户,扩大影响力。举办活动的时候之所以要引入外部合作伙伴,很大的可能是为了增加一个邀请客户的渠道,从而可以使活动的辐射面、影响力变得更大。此时的外部合作伙伴可能是某个协会、商会,也可能是社群组织、培训公司等。

当律所清楚地知道自己为什么要找外部伙伴合作组织活动之

后，就是如何识别到优秀的供应商了，方法包括但不限于：

- 请供应商提交成功案例。其实和客户选择律师时会在意律师是否有相关办案经验一样，我们在找外部供应商的时候也一定会看重供应商的成功案例，尤其是对真正有经验的供应商而言，罗列代表案例和配套图片那该是再简单不过的事情。

- 请供应商提供资质材料。这和我们平日里面对的投标入库是同样的原理，客户选择律所、律师，会设计一套招标标准或者入库流程，那么律所在做甲方的时候也同样可以如此。设定标准的好处在于可以更加高效地收集到供应商的信息，同时也能以比较客观的视角来衡量、评价各个供应商之间的优劣。

- 进行适度尽职调查。前面说的看案例也好、拿到供应商的资质材料也好，都是请供应商主动提供信息，而尽职调查工作则是律所方面对供应商进行判断和考察。比如可以看供应商的成立时间、人员结构、涉诉情况等；也可以基于供应商所列的代表案例信息看相关客户是否就该活动做出过宣传报道。在看相关宣传报道的时候一定要留心细节，比如供应商自称某场活动的人数超过百人，但是在该场活动的宣传信息当中从来没有出现过人数很多的大场面照片，反而都是近景、特写，这就有违常理了。

最后要说的是，在和外部供应商合作的过程中，律所方面一定要明确自己的诉求。比如真实有效的行业客户不少于多少人，行业客户怎么理解，是广义还是狭义的；现场人数怎么来定义，看签到、看峰值，还是看活动结束时的现场人数；来的人要是什么岗位、什么职级的，法务总监还是法务专员；合作方能够给到客户的哪些信息，能够帮忙现场引荐哪些对象；等等。律所要知道自己想要什么，然后就把自己想要的东西和合作方沟通好，写下来。同时也要沟通清楚合作方要做哪些事情，律所要做哪些事情，各自的工作进度表是如何安排的，有关信息等都一定要对齐。律所处理自己的事情时也要跟处理客户的事情时一样严谨、专业，当然也要体谅、理解合作方，不要提出明显违背常理的、对方很难承诺做到的要求。

四、线下活动与客户转化

在讨论如何通过新媒体扩大品牌影响力的时候我讲到，新媒体运维、网络推广在现阶段是拓展个人客户的好方式。相较而言，举办活动就是转化商事客户的好契机。许多律所、律师都有疑问，投入了很多的时间、精力、经费去办一场活动，为什么最后的客户转化却寥寥无几甚至没有转化呢？下面我将与大家分享的是，客户转化的过程如何与活动的举办有机结合，不突兀、不尴尬，以及在活动结束之后如何约访客户，实现顺滑的案源转化。

结合此前已经提到过的内容，我先汇总一下一次获得潜在客户联系方式并与潜在客户产生连接的动作：

- 通过私域报名。宣传活动的时候，请潜在客户添加一个普通的微信号为好友，如此就获得了潜在客户的私域联系方式。（在星瀚的活动上就是添加“星瀚小星”为好友进行报名）
- 自报家门。一般情况下，律所要将用作报名的微信号设置成可以直接被添加好友,即不再需要验证的过程。与潜在客户成为好友之后务必记得自报家门,而不是被动地等潜在客户先说话。自报家门的时候要准备好生动的话术:我是谁、可以为你做什么。字数不宜太长、传递出来的信息要直接,让潜在客户在第一时间就能知道,通过这个微信号可以报名,但也不只是报名,这个微信号还有其他价值。对了,微信号的朋友圈也记得需要精心经营。虽然是律所官方的私域号,但也不要只转发律所的公众号内容,还可以发发日常活动的照片,以及一些个性化的文字(符合律所品牌定位和文化的)。没有人会跟一个"机器人"深度交流,大家的情感连接一定是跟一个个生动亲切的、具体的人产生的,所以我们要自报家门,展现人格。

- 了解客户需求。自报家门之后可以将报名链接给到对方,请客户实名制登记姓名、单位、职务等信息,待审核之后即完成报名。在明确告知对方报名完成的同时,可以向客户了解此次报名活动的目的,客户有什么想要关心了解的内容,可以协助其帮忙跟主讲人沟通,从而在这个过程中加深彼此的熟悉度。

- 推送优质信息。与潜在客户成为微信好友之后,并不建议在活动正式开始之前过度打扰对方。但除了报名时的聊天之外,还是可以发几条信息,包括提醒参加活动,附加交通信息、天气信息;与客户关注内容相关的资讯、文章,推送1~2条好内容即可。

- 活动期间破冰。负责微信号的人员,通常是律所市场部门、商务部门的人员,在律所人少的时候往往是由单个专人负责,而在律所有了一定的规模,活动也经常举办的时候,肯定是由一个团队来负责的，那么团队中大家就要做好分工，活动开始之前对齐好和与会听众的前期沟通信息。务必安排一位记性好、沟通能力强的同事在活动当天站到签到台，这位同事不负责签到，而是要在客户签到之后随即与客户进行寒暄交流，把彼此的沟通从线上端转移到线下端，为后续的转化作铺垫。大规模活动中无法对所有的客户都面面俱到的时候，就可以重点关注前期沟通意愿强的，或者表达出有法律服务需求的客户。

- 满意度调查。活动结束之后，要安排同事负责送人，送人也是沟通交流、拉近距离、预约拜访的好机会。此外，要给与会听众发送满意度调查，主动向客户了解对活动内容的意见与建议，进而彼此约定拜访的时间。

有了以上这些有来有往的过程，再进行线下约访就不会变得很奇怪。很多律所的市场、商务部门觉得约访动作很难做出、很别扭，往往就是前期功课没有做好；如果前期功课做得好，潜在客户甚至会主动提出邀约。如果没有活动报名作为连接与契机，但你又很想约到某个客户的时候，最好的方法就是找到交集点，找一名共同好友帮忙引荐。

接下来就是预约拜访的相关细节了。最理想的情况下，一定是顺着满意度调查就完成了约访，但万一情况没有那么顺利，那么就还是要做一些具体的工作：

- 讲明来意。约拜访一定要讲明来意：有谁参与拜访（如果客户的法律服务需求意向比较明确，可以带上律师一起去拜访），为什么要拜访，彼此有哪些可以合作的地方，特别重要的是，不要让客户觉得你就是来营销的,要传递我们所能提供的价值。当然,也可以跟客户说,我们是想要来学习一下的,或者是想跟客户交朋友。但是,为什么要向客户学习?为什么要交朋友?我的学习能让客户得到怎样的益处?客户和我交朋友的意义在哪里?这些问题都先要想通,然后用清晰的语言表达出来。

- 简单调研。为了能将上面说的这段内容表达完善好,就一定少不了简单调研,包括但不限于了解客户公司的发展历程、涉诉情况;知道对接的对象是谁,是法律服务过程中的商机联络人、参与人还是决策人。可供调研的线索包括但不限于对方的公开社交账号,如朋友圈、视频号、小红书、微博、领英等;客户公司的官网、官微、公众号等;工商信息类平台;法律数据库网站。此外,用好微信"搜一搜"功能等也可能会有收获。如此一来才能通过梳理信息,找到彼此契合的话题点、合作点,从而将拜访的意图描述好,也将拜访的过程策划好。

- 确定拜访时间。此时需要注意的是,肯定是我们先跟客户询问或表达"有机会的话希望当面交流"之类的意思,只要对方没有明确拒绝就可以先默认对方是可以接受的。其实将心比心,在我们前期准备做足、自身也充满善意的情况下,对方是不太可能明确拒绝的,所以市场、商务部门千万不要有那种怕被拒绝的心态,即使被拒绝了,也没什么。如果真的被拒绝了,留好活口,后续再找机会约访。当对方没有明确拒绝的时候,我们要立刻给出约访时间范围,让客户作出选择。

- 确定拜访地点。首次面谈一般都是去客户公司,为的是降低客户的时间成本,同时也利于了解客户公司的情况。首次面谈的核心是倾听,在客户的主场上通常会是客户多做介绍、多传递信息,我们也可以结合现场环境进行发散提问,这样的状态对后续长期合作是会有帮助的。

- 准备拜访物料。拜访客户自然没有空手的道理,律所的宣传册、产品介绍册、名片和简单的伴手礼是少不了的。伴手礼的物品价值不需要很高,否则对方也有负担,很多公司还会规定供应商礼物超过多少价值就要上交。因此,伴手礼还是重在心意和新意。

- 有条理地拜访。如前所说,拜访的过程应该是预设过的,通常都是彼此的正式介绍,尤其是涉及我们这边还带了其他同事,或者对方也邀请了其他同事的情况下,开场一定是介绍今天在场的人有谁,分别是负责什么的。然后是我们这一方的市场、商务人员,即前期的主要对接人要讲明来意和自我价值,表达的时候要有重点,也要有亲和力。随后要引到希望客户这边多做一些介绍上,比如问问客户公司的人员规模、组织结构、法务部门的情况等,我们做好倾听和记录工作。结合客户的介绍要快速想好如何回应,回应的时候要传递出合作的意愿。我们也要提前准备好客户可能的提问,包括律所的优势、差异性,可以交付什么,报价如何等。拜访临近尾声的时候要表达对客户的感谢,告诉客户后续还会发送一些材料给他。所谓发送材料其本质还是对于彼此连接的延续,一种情况是客户确有合作意向,那就再好不过了,发送的材料就可以很有针对性。另一种情况就是客户暂时没有合作意向,那么发一些和客户相关的大数据报告、案例汇编等,可以作为给客户的参考信息。

- 整理拜访情况。拜访结束后一定第一时间整理纪要,彼此交流了哪些内容、达成了哪些共识。对需求明确的高意向客户,需要尽快将拜访纪要和承诺给到的资料给过去,趁热打铁也体现了效率。对于暂无具体需求意向的客户,可以记录下后续维护的方式。

- 客户信息跟踪。任何一场活动的报名听众以及后续去拜访的听众等,其信息都应该出现在律所的客户管理系统中,并且由市场、商务部门做好梳理、记录、打标签工作。根据律所的制度,对于不同标签的客户应该有不一样的长远维护机制,相关信息我将在下一章节中进行介绍。对于市场部门来说,要定期去回顾、复盘、跟进有价值的客户,确定客户的需求点是否跟进了,跟进工作是否达成闭环了(有回应、有结果);要多思考与客户之间的长远工作还可以做些什么、给予哪些价值;关注客户的最新动态和资讯,比如融资、上市等事件,给出祝福,并传递有效信息。

与客户之间的连接永远是一个动态的过程,对于客户的具体需求以及与客户合作的具体案件会有闭环,但是对一个具体的人而言,彼此之间的交互深度和广度是可以持续不断的。律所要在长远上发展好,就需要让我们的客户朋友变得越来越多。

第八章 | 客户管理与价值创造

律所最重要的财富是什么？提出这一问题之后，通常会得到两个答案：人才、客户。两个答案之间其实是相辅相成的，优秀的人才能够服务好客户，并且能帮助律所维护或拓展到优质的客户；而当律所拥有高品质的客户或者一定规模的客户，又能够吸引优秀人才的加入，人才会觉得，加入某家律所就能拥有服务某些客户的机会，所以，律所的客户管理工作非常重要。

客户是业务发展的底气、是引入人才的关键，满足客户的需求是律师体现专业价值的核心，优秀的律师应当与他的客户彼此成就、相互赋能。

道理大家都知道，但是能将客户管理工作做好的律所、律师却少之又少。本章内容就将重点介绍运营体系如何助力律所、律师做好客户管理工作。

一、客户信息管理

如果仅仅是客户信息的录入，那么无法称为完整的客户管理，但是要做好客户管理，首先就要有客户信息。一个客户服务意识强的律师就应当可以做到，每逢新见客户(包括尚未成案、付费的潜在客户)，都会将客户的基础信息保留下来；每次与客户有接触、有交流、有服务，就应该将有关的情况记录好，而无论是记在自己的 Excel 或类似的文档中，还是通过律所的客户管理系统(CRM 系统)进行记录。

实践中，每家律所都会要求律师录入客户信息，至少从确保利益冲突的检索需要出发，律所要求录入的信息通常包括表 8-1 中所列明的信息。

表 8-1　客户信息需要录入的基础信息(1)

客户类型	需要录入的基础信息	
	必填信息	选填信息
个人客户	姓名、性别、证件号码、手机号、地址信息、邮箱信息、客户来源	英文姓名/简称/昵称/花名、微信号或其他社交媒体账号
企业客户	名称、统一社会信用代码、联系人、联系电话、地址信息、邮箱信息、客户来源、企业中的联系人	企业英文名称/企业简称等

在此基础上，也建议律所、律师除了录入客户信息外，也要建立联系人信息管理机制联系人通常是指办案过程中遇到的法官、

检察官、公安机关人员、相对方当事人、相对方律师、有关党政机关联系人、为办案提供各类支持的对接人或合作方等。有些时候,联系人的信息可能会被重复利用;有些时候,联系人也会成为客户或者是介绍人。另外,如果经费或者条件允许,可以将企业客户的信息和企查查、天眼查等一类的企业工商信息查询系统关联起来,这样的话,则无须律师或者市场部同事、法务秘书手动录入,就可以一键生成企业的基础信息,律所同事只要将企业客户中的具体的联系人信息再登记上去即可。

此外,为了使得客户信息能够对客户管理工作发挥真正的价值作用,建议再增添录入如表8-2所列明的信息。

表8-2　客户信息需要录入的基础信息(2)

客户类型	需要录入的基础信息	
	必填信息	选填信息
个人客户	年龄段、语言、所处行业、所在企业及职务职位、客户等级	备注信息/客户印象,例如,可涉及资源、可合作事项、客户需求与价格沟通等;面谈纪要等
企业客户	商机联络人、商机决策人、商机参与人以及客户类型:央企、国企、国有控股、民营企业、外资企业、党政机关、事业单位、NGO、代表处等;客户标签:上市公司、独角兽、世界500强、中国500强、行业知名企业等;客户行业	备注信息/客户印象,例如,可涉及资源、可合作事项、客户需求与价格沟通等;面谈纪要等

如果无法关联企业工商信息查询系统这一类的第三方软件,

也可以在客户信息管理系统中设置好相应模板,由客户信息的录入人进行手动勾选。例如,在客户管理信息系统中建立客户类型、标签的选项,客户行业的选项可以包括:金融,文娱传播,体育,互联网服务与软件,高新科技与信息,制造业,房产建工,医药医疗大健康,教育,交通运输与物流仓储,批发、贸易与零售业,专业服务业,农林牧渔业、住宿与餐饮,公共治理与社会保障,国际组织,能源与环保产业等。考虑到不少企业会跨行业经营,建议设置最多可以勾选2~3个行业。之所以要录入这些具体信息,原因在于以下几个方面。

(1)为投标入库工作提供便利。大家如果参与过投标入库工作就会知道,大部分投标的细项非常多,例如,国企、央企的投标通常都会要求提供律所为国企、央企提供法律服务的经验及聘用合同,那么这些经验信息从哪里来呢?如果在录入客户信息的时候没有对客户类型进行勾选,就只能浪费大量的时间进行全所收集;万一律师们提供案例的积极主动性不高,就还得靠市场部、法务秘书、业管风控部门的人员一起回忆,既费力,还可能不完整。但如果已经做过勾选工作了,就可以直接从管理系统当中调取相关数据。

(2)为律所业务发展指明方向。每年各家律所都会定目标、定计划,这不是一个空想或者拍脑袋的过程,目标计划要定得好,一定需要大量的基础数据。律所既有的客户行业集中度、客户类型集中度、客户特征情况等,都会给律所的业务发展方向提供重要参考。这些参考依据不能每一次都是临到开会了再去临时整理分析，这会耗费大量的时间，准确度也堪忧。更好的办法一定是做好日常工作中的积累和管理。

(3)为客户接洽工作提供支持。客户选择律师，一定会考虑律师在相关行业客户方面的经验积累；客户选择律所，也一定希望知道这家律所的优势所在。我们经常会被问：你们律所哪些行业的客户比较多啊？你们服务国企、央企多？还是民企、外企多啊？对这类问题的回应不是靠想象就可以得出的，必然要有基础数据作为保障的。

(4)为业务拓展提供底气。假设我们有律师计划设计一款面向“专精特新”“小巨人”企业的法律服务产品，在客户信息全面的前提下，我们在客户管理系统中一做筛选，相关客户的情况就一目了然了，数量多少，大多处于哪些行业等，这些信息都会对我们的法律服务产品研发、宣传推广工作产生重要的影响。

所以，基础的信息数据做得好，后续无论有任何想法，都可以快速、高效地基于已经做好的基础工作进行落实；反之，就要耗费大量的人力、物力去弥补没有做好的基础工作。至于有些律所会问，律师怕麻烦，这个问题怎么解决？在星瀚没有法务秘书这个岗位时，我们就让市场部、行政部的人员协助录入信息；在设有法务秘书岗位后，客户信息的录入工作就交给法务秘书去完成了。更何况，大家不是都觉得客户是最重要的财富和资源之一吗？难道不应该为这个“最重要”，稍微多付出一点时间吗？

与此同时，为了更好地服务客户，营造极致的客户体验，建议在客户信息录入界面中设置“备注信息”或者称为“客户印象”。

对于具体要填入哪些内容，没有强制性要求，录入的人想写什么就可以写什么，只是这类信息一般无法让秘书代劳，需要律师自己来写。例如，我一般会写：客户生日（如果我知道的话，并且转到日程里面设置循环提醒）、客户的喜好（如喜欢的颜色、办公桌上的摆件、朋友圈里发过的一些信息等，男士客户是不是戴表、女士客户有没有佩戴首饰等）、兴趣爱好、口味偏好（喜欢中餐、西餐还是日料？有没有忌口？对喝酒的喜爱程度等）、学校学历情况、家庭情况（已婚或未婚、子女情况等）、籍贯（也就是哪里人）、喜欢聊的话题，等等。还可以写与具体接洽、办案服务很密切的信息，比如：对效率的要求、自身的反馈习惯（我们给出方案或意见之后，客户是会快速决策，还是要走内部流程，如果走内部流程，会有哪些环节，还有客户进行决策的思维习惯等）、偏感性还是偏理性、注重宏观还是看重细节、客户在企业当中的位置角色定位、客户如何走到今天的岗位（职场经历，现在的上下级、平级关系，客户长远上的规划和想法等），以及原先用过哪些律所、律师、对他们的评价如何……因此，可以记录的内容实在很多。这些客户印象并非一定要一个人来记，也可以是集体的成果。通过律所客户管理系统的建设，每一个接触过这个客户的人都可以去给他添加印象，日积月累之后，客户的面貌、画像就会非常清晰，对于我们推动客户复购、续约、转介绍、调整律师费等都会有着很大的帮助，也能让客户享受到更好的服务体验。

大家可能也留意到了，我在表 8 - 2 中对企业客户的联系人（在星瀚的客户管理中，“客户”和“联系人”是两个一级分类概念，这里的“客户”是指签约客户、潜在客户、流失客户等;“联系人”是指前文说到的,办案过程中遇到的各方联系对象。而在“客户”之下有一个二级分类,就是“客户联系人”,是指企业客户中具体的人,如创始人、实控人、总法、合规总、法务经理、法务专员等)给到了三种标签分类:“商机联络人”“商机决策人”“商机参与人”,这是我在和法律科技产品“案牍”的合伙人团队交流时学习到的。“商机联络人”通常就是指让我知道这个接洽机会的人,后续对接细节通常也是由该联络人负责的。“商机决策人”,顾名思义,就是最后拍板的人,用不用我们,他说了算。“商机参与人”是会对决策产生影响和重要建议的人,决策人犹豫不决时,参与人推动一下,事情就可能定了;决策人已经想用我们了,但是参与人表示反对,决策人就可能摇摆甚至大概率不用我们了。当然,并不是每一个案子中都必然有商机参与人、商机决策人和商机联络人,而且有时商机参与人和商机联络人也可能是同一人。此前我会将这类信息记在客户印象里面,经过“案牍”的建议之后我发现,单独拿出来让大家在录入客户信息的时候就做好勾选,会更加一目了然。

在客户信息管理的过程中,如果能有一套很好用的管理系统那是再好不过的,但如果一时半会儿无法立刻拥有,也至少可以通过 Excel 管理、共享文件夹管理等途径将相关的信息管理动作先做起来。

为了让大家能够更加安心地填写客户信息,笔者建议律所层面做好客户管理相关的制度建设,为大家提供全面、细致、周到的制度保障，比如哪些客户要设置查看权限、哪些客户要设置编辑权限、查看或编辑行为要向客户来源人提示等。很多时候，大家不是不知道客户信息录入的重要性，或许有办案忙、想偷懒的因素，但也很有可能是出于不放心或者觉得系统设计不够人性化、用途说明不够清晰等原因。总之客户管理是非常值得花心思的系统性工程。

二、客户的分级分层管理

1. 客户分级管理

有了客户的基础信息之后，我们就可以依据综合性的要素对客户进行分级管理。以星瀚为例，星瀚在文娱体育法律服务方面比较专长，我们在服务很多制作公司、综艺项目的时候发现，他们会根据项目的重要性区分 S 级、A 级、B 级等，对于不同级别的综艺栏目，其所投入的经费、团队、资源以及招商标准等各个方面都会有差别。对律所、律师来说，我们也都有自己的 S 级、A 级、B 级客户。

最重要的一档客户，可以称为“战略级客户”或者“S 级客户”，其通常具有对创收贡献高、行业知名度高或者影响能力强等特点。在星瀚内部，我们有一个明确的量化标准，例如，年均律师费贡献达到一定的数额或比例，或者我们认为其行业知名度、认可度较高，又或者其经常给我们介绍客户、引荐资源等，达到一定的数量或频次，客户管理系统就会根据我们给出的标准，自动将其标注为战略级客户。

与之类似的，还是参照创收贡献、行业知名度或影响力等要素，我们也为A级客户、B级客户设定了标准，由系统进行自动判定。当然，系统还会提示我们事多钱少的、亏损的，或者客户信用舆情出现预警等信息的客户，让我们人工判定是否考虑调整客户。

在对客户进行分级的时候，建议大家可以参考的因素包括：

- 前面已经说过的创收贡献、行业知名度、影响力等。
- 服务这个客户，我们实际的利润收益，分析会不会存在看似收费不低，但实则工时很多、精力牵扯很多的情况。
- 客户的发展潜力，即客户所处的行业如何、核心竞争力如何，从零到一时期的深度投入往往会有超值的收获。
- 客户对我们的认同度、忠诚度。例如，有些客户虽然每年的律师费不算高，但是很稳定，对律师的评价也很好，对于这类客户，其定级应当人工调整得比条条框框的硬性标准确定的分级更高一些。反之，如果有客户对于律师的专业并不尊重，服务相关客户极其耗费律师的心力、人力的话，即使其付费能力较强，也应该进行调整。

大家可以根据实际情况，设定标准，对客户进行分级。为什么要分级呢？因为我们的时间、精力、资源终究是有限的，这就势必使得我们要进行合理的分工与分配，为不同等级的客户提供有适度差异化的客户服务。注意，这里不是指专业服务，在专业服务方面应当一视同仁，尽心尽责；但是在一些软性的客户服务方面还是可以有所区分。

2. 客户分层管理

除了对客户进行分级管理外,对企业客户当中的商机决策人、商机参与人、商机联络人等也需要进行分层管理。

商机决策人通常是企业的实控人或者高层人员,比如CFO、总法律顾问、总合规负责人等。在完成客户签约之后,日常对接具体需求时一般不太会接触到他们,只有在重要场合或者重大事项中,他们才会出现。所以与决策人交流时,要侧重战略层面的思考、寻求共识,尝试共谈一些趋势性的、面向未来的事情。

商机参与人通常是中层人员,比如法务总监、法务经理等,他们之所以能在商机接洽的时候对决策人产生影响,就是因为决策人会考虑到,未来具体对接事情的、需要直接支持的是参与人,所以参与人的偏好是必须重视的。对于中层人员来说,他们在意效率,在意律师是否专业、能否真正信赖,简单说,就是希望律师的工作又快又好,律师是靠谱的、有责任心的,所以在和中层人员对接的时候,律师要有比较强的换位思考能力,充分考虑中层人员在实操时候的上下条线、左右条线。

签约之后,办案律师最常对接的是法务人员,处理一个个具体的问题、审核一份份具体的合同。面对法务群体,要接地气。我们在内部培训的时候都会教导大家,给客户回复消息、发送邮件的时候要尽量考虑到,其能否顺畅理解、准确反馈;必要的话,可以将邮件的内容写成只要收件人修改一下收件对象的称谓,就能向上汇报。

律师在服务企业客户的时候不仅是在服务这个拟制化的法人，也是在服务企业中的每一个生动个体。只有不断从客户的视角出发，优化我们的服务，才能实现律所、律师、企业、企业联系人之间的合作共赢。

3. 客户分级分层与具体举措

前面提到，对于不同等级、层级的客户要有定制化的软性服务举措，具体怎么落实呢？此处我给大家举一个例子，见表 8－3。

表 8－3　客户分级分层的软性服务定制

	意向客户	S 级客户			A 级客户			B 级客户			待调整客户
	—	高层	中层	基层	高层	中层	基层	高层	中层	基层	
专业文章	√		√	√		√	√		√	√	√
白皮书	△	√	√	√	√	√	√	√	√	√	√
研究报告	△	√	√	√	√	√	√	√	√	√	√
专业书籍	√	√	√	√	√	√	√	√	√	√	√
市场活动	√	√	√	√	√	√	√	√	√	√	√
客户活动	△	5	4	1	5	4	1	3	2	1	1
公益 ESG		√	√		√	√					

专业文章，通常就是我们的公众号文章，大家可以根据客户不同的风格或习惯，给他直接转发公众号文章，或者向他的邮箱发送文章的 PDF 版本（通常是外资客户）。因为高层人员未必是法学

背景的，或者也没有精力顾得上看那么多的信息、邮件，所以除非高层人员主动订阅，或者话题和高层人员密切相关，否则我们是不会给高层人员推送公众号文章的，这容易变成打扰。但是对中层人员、基层人员来说，学习吸收新知识是他们日常工作中的一部分，所以我们会给他们推送。有企业法务部门跟我们反馈，我们推送的优质文章会成为他们例会学习的一部分，这对加深客户和我们的联系是很有帮助的。

白皮书、研究报告、专业书籍，都是有一定深度的知识成果汇总。书籍是公开出版物，与大家普遍分享是很正常的，但白皮书、研究报告通常是内部成果，是否要跟尚未签约的潜在客户分享需要视情况而定，所以用"△"符号表示。此外，把握好这些优质内部成果的发送时间节点或许也会对签约的达成有所帮助。给到签约客户的相关资料是律所专业实力的整体展现，不仅对客户有用，还会加深客户对律所的好感度、信赖度。

市场活动一般是对外公开的，当然，根据活动的话题、形式不同，也会对参见的受众设定一定的要求。通常，只要客户符合我们的受众画像，那么就会邀请其参加市场活动；如果客户在我们定邀之前就主动报名了，那自然是要给签约客户优先通过报名的。

客户活动是指我们为客户专门设计的交流活动，或者和客户进行的定向约访，之所以用数字表示，是指程度的不同。比如星瀚有一个品牌活动叫"伙伴是路途的星光"，每次会邀请少量客户，引荐彼此认识，让大家产生合作对接的契机。同时，结合客户们不同的爱好，我们也会在活动现场进行一些特别环节设计。这一类活动需要有圈层、有“调性”，所以会比较适合 S 级、A 级客户的高层人员参加，中层人员可以视情况邀请。根据客户的分层分级，我们的约访频次、拜访人员的职级也会有差异，如果是约 S 级、A 级客户的高层人员，那自然要有主任、管理合伙人的参加。

公益活动或称为 ESG 活动是我们的新探索。星瀚每年都会在公益领域大量投入，很多企业也在积极响应 ESG 建设的要求，对法务部门同样会有对应的考核。所以我们就将星瀚在做的公益和客户要做的 ESG 项目结合到一起，形成“1 + 1 > 2”，发挥更大的作用。

当然我们也要意识到，面对不尊重律师劳动成果，不信仰法治精神的客户，或者法律服务需求量非常大但始终不愿意提升服务预算的客户，致使律所内部进行财务统计时明确相关案件为亏损案件的时候，对这些客户就应当进行调整。被这些客户牵扯精力会影响到我们对优质客户的服务，同样的时间，应该给到那些信赖律师、理解律师，彼此合作可以形成双赢局面的客户。而且，让所内律师总是面对素质不佳的客户也很容易导致律所优秀人才的流失，这样的结果也是律所不愿意看到的。当然，在调整客户的时候一定要好聚好散，千万不能意气用事，逞口舌之快。

除了前述的意向客户（潜在客户）、签约客户和待调整客户之外，其实律所层面还会遇到一类客户：流失客户。客户流失的原因通常包括：律所和客户就服务预算、服务内容无法达成一致意见，客户选择不续费；客户暂时没有新的法律服务需求了，于是不续费；客户对律师的服务不满意；客户的决策人、决策参与人等发生变化了，决心更换律所等。对于流失客户，只要不是那种断然不会再合作的，其实都可以将其作为意向客户维护。

三、客户满意度管理

当我们积累了客户信息，并对客户进行了分级、分层并匹配个性化的管理方式，那么接下去的这一步自然就是赢得客户的满意度。客户满意度管理并不等同于满意度调查，但是满意度调查的确是满意度管理中不可或缺的一环，也是了解客户真实满意度的绝好方式。

1. 客户满意度调查

星瀚自成立以来就保持零投诉的纪录，之所以可以做到零投诉，很重要的原因是我们设立了律所内部先行解决问题的路径。

在客户签约之后，我们的客户服务专员（市场部同事兼任）就会通过致电、发邮件或者微信沟通的方式，了解客户对主办律师的满意度，我们调研的问题包括：

- 沟通是否顺畅及时；
- 专业度是否令人满意；
- 合同开票是否都已对接。

在这个时间节点，客户是不会对律师有不满意的地方的，毕竟刚刚签约，如果不满意，就不用签约了。但是通过这样的方式，让客户知道了律所有客户服务的角色，后续在办案过程中遇到任何问题、障碍,都有一个可以反馈问题、解决问题的地方。

此外,我们的律师在系统当中申请结案之后,客服专员就又会联系客户进行结案满意度调查,内容包括:

- 对办案结果是否满意;
- 沟通过程是否顺畅高效;
- 律师的专业度如何;
- 律师的服务态度如何;
- 款项发票信息是否都准确无误。

这样的做法既满足了主管机关对律所管理的合规性要求,也能把可能存在的问题解决在摇篮里。

对于客户满意度高的同事,我们会全所表扬,并且鼓励其申报评选律所一年一度的优秀客户服务奖;对于满意度不尽如人意的同事,我们会了解事情的原委,给到客户反馈或解决方案,也给到律师意见和建议。

2. 激发客户的续费与复购

客户满意度管理的核心问题始终是:如何提升客户的满意度?这里可以分享一个公式:客户满意度 = 客户体验 − 客户预期。从这个公式当中大家不难看出,如何让客户更加满意?有两个基本思路,一是提升客户的体验感,另一个则是管理好客户的预期。

如何提升客户的体验感呢?其本质是每时每刻都做好客户服务工作。大家可能会有疑问,法律服务又不是到餐厅吃饭,服务如何体现?其实,客户对法律服务的体验感无处不在。

客户确定聘请某位律师之前势必要先接触律师、接触律所，第一印象非常重要。律所的办公环境是否舒适整洁，前台的接待是否亲切礼貌，律师的穿着打扮是否专业得体，甚至是律师的朋友圈有没有呈现出一个专业人士的形象都是非常关键的。面谈结束之后，律师有没有第一时间给客户发送面谈纪要、待办事项清单和服务方案，发送文档的版式美观度如何、内容的专业度如何等，也会令客户获得不一样的服务体验。就拿面谈纪要来说，客户如果读过之后觉得只是针对对谈信息写的简要记录，会全然无感；但如果觉得律师完全把握住了事情的关键，不仅明白了自己的需求、还初步提供了解决方案，那么其对律师产生的好感度自然就截然不同。又或者说，一个律师给到客户的服务方案是精细的、有针对性的、报价也是合理的，但另一个律师给出的方案是草率的、粗糙的，甚至有错别字，那么客户又会作何感想呢？在后续服务客户的过程中也是同样的，又快又好的呈现能够提升客户的服务体验，但是拖沓、错漏自然就会降低客户的体验感。

此外，做好本就该做的事情是无法打动客户，让客户觉得自己得到 VIP 般的超值体验的，要超越客户的期待才能在更大程度上增加客户的好感度。比如在为客户完成一个非诉讼的专项工作之后，能否就此类专项工作中的常见问题给客户做一份指南；在为客户提供常法服务的过程中，能否就常用的合同文本做出模板并且指导客户使用；诉讼项目结项之后，会不会对诉讼发生的根源进行分析，给到客户杜绝同类情况再次发生的提示与建议……此外，在专业之外，也还可以有很多创造非凡体验的机会，如客户来访的时候有没有人将客户接上楼,客户离开的时候停车费能否由律所安排支付,客户手机没电的时候是否有充电宝可以提供……服务要落实到细节中,设身处地站在客户的视角思考问题、处理问题、解决问题。

客户期望是指客户在购买我们的法律服务时,由其主观认识所产生的预期,比如客户以为我们的服务应该是什么样子的,以为我们的律师费应该是什么样子的,以为服务他的律师是什么样子的,等等。主观认识的背后与客户的切身感受有关,也和客户做的前期调研(比如看律师的简历、在网络上搜索与律师有关的信息)、口碑相传(比如亲朋好友介绍时进行的背书、客户对亲朋好友本身的信任度等)相关。而对客户预期的管理首先源于聆听客户的想法,律师切忌还没有弄清楚客户的想法就盲目下结论,在聆听之后要把握问题的关键,了解客户究竟要什么,客户以为的和实际可以争取的差距大不大。一定不能为了先拿下客户就过度承诺自己本身并不能做到的事情,这么做的开始往往就意味着后续的分歧、矛盾甚至是投诉。把握客户的预期,管理客户的预期离不开律师的专业功底,客户的想法中哪些部分可以实现,依据什么法律规定,有过什么样的经验和案例。同时,也要清楚客户的想法中又有哪些部分是无法实现的,原因是什么,引用好法律规定,讲透案例、分享经验,帮助客户调整思考问题的角度,这往往也都能获得客户的理解与尊重。

在管理好客户预期的情况下,律师作出了承诺,最后成功兑现了,那么这就体现了律师的专业和靠谱;在此基础上,如果还能超出客户的预期,就会大幅增加客户传播律师口碑、续费、复购的可能性。通常情况下,律师作为专业服务者往往是重“专业”、轻“服务”的,但是大家需要认识到,在内卷形式之下,服务绝对可以成为竞争优势之一。

第九章 | 打造具有竞争力的法律服务产品

"产品化、强运营"是星瀚的发展战略，坚持打造具有竞争力的法律服务产品并将其推向市场是星瀚战略的重要实践。如今，法律服务产品的概念已经被广泛传播，何为产品、为什么要打造产品、如何打造产品等问题正在被广泛热议，这正是我将在本章内容里和大家分享的。

传统观念中,律师业务作为专业服务业,具有抽象、个性化、因人而异的特征。客户产生法律服务需求了,找到律师,律师听过需求之后给出解决方案,在这个过程里,律师是被动的。但如今,如果还是被动接受业务,那律师就很有可能真的陷入被动了,如何主动出击,让客户识别到自己、识别到自己能够提供的服务呢?很核心的策略就是产品化。

日常生活中,我们会接触很多产品,比如去买相机,相机就是很典型的看得到、摸得着的实物产品。根据不同的使用场景或需求我会选择不同的相机,如果我买相机是为了朋友聚会时候的随手拍,那么我就可能买拍立得;如果我是为了外出旅游的时候能拍到一些比手机成像更好的照片、视频,但也没指望以摄影作为个人的最大爱好或专业,那么我就会买一台微单,轻便、上手友好、基础功能也都有;如果摄影是我的主要兴趣爱好,或者我以摄影作为专业工作,那么我就会去买单反。即使是单反,尼康、佳能、索尼、富士等产品的优势和缺点也不尽相同,可以根据偏好和实际需求去购买。所以大家看到,产品的特点就是我很清楚地知道它是做什么的,它的优点是什么,什么样的需求场景下能够更好地适配产品,这同样也是法律服务产品化的目标。也正因如此,很多人会开玩笑说:有了法律服务产品,就真的实现躺着也能赚钱了。这话是有一定道理的。

此前在讲线下活动策划时我提到过,星瀚早期做过一款法律服务产品——“创业企业陪跑项目”。企业初创的时候通常将主要精力投入在人员的吸纳和商业模式的跑通、盈利上,对法律服务的需求相对少,预算也相应偏低。很多创业者在创业前也没接触过法律服务,对律师与自己可以如何合作,可以提供哪些价值是缺乏感性认识的。在此情况下,我们的常年法律顾问服务与其就并不匹配。当时星瀚的常法服务价格是三档:5 万元/50 小时/年、8 万元/90 小时/年、10 万元/120 小时/年,5 万元的起步价格对于很多创业者来说是偏高了的,而且 50 小时可以享受到多少法律服务,这对创业者而言也非常难以想象。面对这样的情况,我们就为创业群体定制了陪跑服务包,我们先限定好什么叫创业企业?比如对创立时间、营收、规模都作出了一定的要求,这些企业最常需要的是业务相关的合同、劳动人事相关的合同、知识产权相关的合同,以及需要一定量的日常法律咨询。此外,对创始人来说,股权结构设计、股权激励、投融资、财税相关的法律问题也是其关心的。所以结合这样的情况,我们设定好服务包的内容,哪种类型的合同模板提供多少份,常态化的法律服务提供多少次,跟创业者的点对点面谈提供多少小时等,有 2 万、3 万、5 万三档,每档包含的服务内容、数量等有所差异。如此一来,我们应对了创业企业起步阶段预算少、需求不稳定,但同时又需要法律服务支持的场景,对外也便于宣传,对内可以复制,得到了受众的喜爱。

但要说星瀚影响力最广、知名度最高、收益情况也最理想的法律服务产品,自然是企业内控与反舞弊法律服务产品。接下来,我就以企业内控与反舞弊法律服务产品的打造为例,向大家梳理法律服务产品的研发、宣推和迭代过程。

一、法律服务产品的研发

星瀚是如何想到做企业内控与反舞弊这一法律服务产品的呢？这要从汪银平律师的一次办案经验说起。汪律师初入律师行业不久，遇到了一起员工和客户串通导致企业被合同诈骗800余万的刑事案件。当时客户自己报案未果，于是就寻求刑事律师的协助。凭借过往的工作经验，汪律师很快就在案件材料中找到了一些新证据，包括虚假的合同（伪造的印章和签名）、虚假的抵押物清单等，在此基础上，经过和地方经侦部门的多次交涉，成功将案件报案受理，由此，汪律师完整地参与了后期所有的侦查、审查起诉、一审、二审（通过被害人提请抗诉启动）、执行等程序。

这是汪律师和星瀚刑事部同事第一次承办代理被害人的刑事案件，作为被害人的诉讼代理人亲历了全部刑事诉讼程序并且取得很理想的效果，这令大家感触良多，我们都由此感到企业在遭受刑事侵害的时候确实需要专业人士的支持和帮助。

于是我们就在较短的时间内集中调研，盘点企业被刑事侵害的情形下可能涉及的罪名，预判企业就应对内部员工舞弊犯罪的法律需求今后会更为高频。于是，一边刑事部在专业研究的基础上开始撰写公众号文章，另一边我们跟星瀚正在服务的常法客户进行访谈沟通，向他们了解企业在遇到员工舞弊行为时将如何处置，痛点和难点是什么，由此发现调查难、取证难、报案难是各家企业都无法回避的困局。基于此，我们多次开会研讨如何解决相关的难点问题,得出的初步结论是:我们可以通过电子数据的分析能力、关联关系的排查能力,结合外围调查、员工访谈、财务审计等工作,尽可能地还原相关员工的舞弊行为情况,并且通过可视化的方式呈现,加之星瀚在司法衔接方面的认知优势,如我们对管辖的选择、确定有着清晰的逻辑和相应的步骤等,可以帮助企业更好地向公安机关说明问题,从而降低各方的前期沟通成本、启动成本。

小结起来,就是偶发的实务经验加上系统性的专业调研、细致的客户需求访谈、全面的竞品与合作渠道梳理等,在此基础之上定义出了星瀚特有的解决方案。我们可以清晰地告诉大家:我们解决什么场景中的难点问题、如何解决、交给我们来解决的优势是什么、对企业客户而言会产生怎样的价值和意义。有了这样的确定性之后,我们的公众号文章从最初对于常见舞弊罪名的认定分析转向具象化的场景和差异性解决策略的描述,我们在“星瀚内控反舞弊”专栏之外再新开“星瀚电子数据分析”专栏,以突出我们的核心竞争力。我们通过法律服务产品手册、服务方案优化完善,清晰地告诉客户各种舞弊情形所对应的解决路径,并在流程结构图中载明了刑事、行政、民事及交叉手段所能发挥的作用。我们的企业内控与反舞弊品牌课程也愈加全面深入,前来听课的听众越来越多,而且大家纷纷留言反馈,希望星瀚的线下活动场地能够扩大,他们愿意带着行业内的朋友一起付费前来。

也是因为有了客户给予的积极反馈,星瀚自 2019 年起主办企业内控与反舞弊行业峰会至今,年均与会企业超过 300 多家。伴随着我们对专业的理解、行业的理解,以及对前沿的舞弊行为分析和应对等都更加深入全面,星瀚的企业内控与反舞弊业务形成了生态圈。其中有我们的内部生态圈,比如商事律师、劳动人事律师、知识产权律师等与星瀚企业内控与反舞弊法律中心产生的业务合作;又如我们所有的同事都可以熟稔地对外宣传该产品,因为这个产品的定义、优势都足够清晰,代表客户、代表案例足够深厚。此外,也有我们的外部生态圈,我们和高校、学术机构展开理论研究和课题合作,以帮助企业惩治舞弊犯罪为切入,共同推进民营企业保护工作;我们和司法行政系统相对接,共探大数据报告的价值和深化方向,一起助力法治化营商环境的建设和发展;我们和科技公司、鉴定机构共同合作,研发既能符合企业舞弊调查需求又能配合律师办案工作,真正可以解决客户问题的技术产品;我们和咨询公司、会计师事务所等联合,设计综合性的解决方案……因此,无论是星瀚内部统计企业内控与反舞弊产品带来的创收,还是在该产品的影响下延伸、发展出来的客户或案件的创收,其成绩都相当亮眼。

所以,怎么研发一个法律服务产品呢?

(1)发现客户的痛点、需求。大家要逐步学会识别何为真需求、何为假需求,只有客户愿意为之付费的需求才是真正的需求。有时候大家叫嚷着的一些的概念、名词,声称对其感兴趣,这未必是真需求。怎么发现、怎么识别真需求呢?最好的方式就是直接与客户交流、访谈,再结合政策调研、行业调研、市场环境调研等方式收集足够多的信息,进行深度思考和判断。

(2)探索解决方案。知道客户需要什么了后,那我们可以为之做什么呢？思考解决方案的一个层面就是明确我们的服务内容，另一个层面就是定义我们的服务优势。有些解决方案是高门槛的，比如电子数据分析、关联关系排查之于反舞弊法律服务产品，但这类竞争优势极强的产品毕竟是少数，更多的时候我们会发现，我们的解决方案并没有特别新颖，我们的解决方案很容易被复制。但是没关系，所谓的创新方案并不仅仅指从无到有的发明型创造，也可以是将旧的经验嫁接到新的行业里，或者用新的方法去改造旧的行业。换言之，专业与专业的结合、专业与行业的结合、行业与行业的结合都可能带来创新，我们的解决方案优势也可以不只是“人无我有”，还可以是“人有我优”“人优我廉”。大家都能提供的解决方案，但我们做可以做得更好；大家都能做好的解决方案，我们的内部效率更高、成本自然更低，对外的报价也更有竞争力。

（3）验证产品思路。做法律服务产品，一定是以满足客户的需要、令客户愿意买单为导向的，不是我们的自以为是、自我陶醉。产品一旦投入宣传推广，就势必产生更高的成本，所以在宣传推广之前就可以进行一些小范围的产品验证。例如，调研一下全球范围内的同行，是否有律所关注相关领域，如果有，别人的优势是什么，我们和人家比，差异化是否清晰、竞争力是否足够；如果没有，为什么没有，需要思考和分析。又如，参加一些目标受众所在的行业活动，听听大家的看法和建议。以及最直观的，我们正在服务的客户当中有没有新产品恰好可以适配的天使用户，客户究竟愿不愿意为之付费、是否认可我们的解决方案和优势，这就能得到比较直观的结果。

二、法律服务产品的宣传推广

当我们完成了产品的研发工作，自然就要将其推向市场，让更多的目标客户能够看到我们的产品。以服务商事客户的产品为例，其步骤大致包括以下五个。

(1)撰写专业文章。商事客户意味着他们的识别力更强、专业度更高，他们不会轻信自卖自夸，他们一定会看看我们的积累情况。部分律师常常认为专业文章要从办案经历中来，因为律师是实践性的工作，不能在没有任何实务经验的情况下就理论而空谈。但问题在于，这样的想法就容易走进死胡同。没有案例经验就不写专业文章，那在没有专业文章也没有案例经验的情况下，又怎么会有新客户呢？

(2)对接合作渠道。任何法律服务产品，都有其受众画像。即便这个法律服务产品的适用性非常广泛，也需要在宣推的初期阶段去锚定一些转化率更高的、付费力更强的、关系更加紧密的群体。需要注意的是，产品的研发和专业文章写作、合作渠道对接等往往会同步进行，因为在实际场景中，和渠道对接沟通是我们了解痛点、验证方案的路径之一，而如果我们光说思路和方案，没有书面资料的支撑也不容易让渠道产生更好的印象，反而可能会产生只是空空地谈、泛泛地谈的误会。

(3)建立社群。针对阅读专业文章之后对解决方案有兴趣的潜在客户、合作渠道或线下场合见到的潜在客户等，都可以在对方有意愿的情况下加入我们的产品微信群中，鼓励其交流互动，并为后续的线下导流做好准备。

(4)组织线下活动。正如我在前文中所说的，线下活动是展示律师专业魅力和律所综合实力的最佳契机，尤其在与商事客户合作时，加深了解、建立信任的过程必不可少。此时，从线上到线下，从活动中浅沟通到专程约访深度沟通，都是必不可少的过程。

(5)约访交流。当客户愿意花时间来到线下，就说明他对相关产品是有一定的兴趣的。或是为了学习，有备无患；或是过往有过相关的经验，想来了解新动态、新趋势；又或就是带着问题而来的，在考察律所、律师后看相关问题是否要跟律师讨论。无论是哪种场景，都有争取约访交流的必要，只有让客户和我们有了更为直观的、深入的沟通和了解，才有转化成案的可能性。

法律服务产品的打造讲究过程中的闭环，大家要有清晰的目标感。市场部门与客户交流时所了解到的客户需求要反馈给业务律师，帮助其完善、迭代法律服务产品。律师、市场部门撰写的文章、组织的活动等都可以用于邀请新客户，活跃老客户。办案时候的实务经验会成为很好的文章素材、讲课题材，使得我们的专业营销输出常看常新。形成闭环的链条其实就是市场部门的主要职责，市场部门越积极、越主动，产品的宣推、转化效果就会越好，市场部门的贡献和价值也就越可以被衡量。

三、法律服务产品的迭代

任何法律服务产品只要开始宣推，就一定意味着会产生竞争压力。所以产品一定不能只停留于最初的几篇文章、一堂品牌课程、一本宣传手册上，而是要不断与时俱进，为客户创造新鲜感、新价值。

产品的迭代思路包括：

(1) 深化产品本身。这很容易理解，就是将产品研究得更深。如果说，一开始做某一个产品的时候还只是摸到了皮毛就先开始“唬人”，那现在客户有了、经验有了，就不能只停留于皮毛了。

(2) 迭代内部分工。产品初期尽管有一定的内部分工，比如谁负责数据分析、谁负责外围调查等，但因为大家都在摸索，总是免不了交叉、重复劳动，甚至是走弯路。但等经验愈加成熟了，上手越来越熟练了，那就可以进一步思考服务客户过程中的分工细化和优势叠加了。内部分工做好了，能够服务的客户范围就更广了，自然也就会产生更高的效率和收益。

(3) 扩大市场范围。比如一个诞生于上海的法律服务产品，有没有可能在北京、深圳、广州、成都等市场也都产生影响力。不同的市场环境、客户偏好对于产品有什么个性化的要求，这也可以成为迭代的思考方向。

(4) “上下游”贯通。以内控反舞弊产品为例，解决企业员工舞弊犯罪的调查、取证、报案问题，这是我们最初的优势。但舞弊行为的发生也势必意味着企业的内控、管理流程存在缺陷,如何完善,这就是思考方向。也就是可以想想这个产品的前一步法律服务需求是什么、后一步法律服务需求是什么,由此明确产品的下一步方向。

以上这些也并未完全穷尽产品迭代思路,客观上,创意和想法是层出不穷的,本就没有穷尽的可能性。例如,还可以考虑增加产品的权威性、产品的联动性、产品的涉外性等。

此外,不同的法律服务产品内容、受众、模式等都会使得宣传的路径大相径庭。有些法律服务产品很适合新媒体营销,通过抖音、快手等平台的视频投放、直播连麦等方式能够进行有效的获客;有些产品适合搜索引擎推广,通过关键词竞价排名的方式获得流量;有些产品适合与渠道定向合作;有些产品适合办线下分享活动等。但万变不离其宗,法律服务产品打造的关键在于,律所的管理者、合伙人、运营管理团队、市场部门的同事要一起行动,具备产品化的意识、磨合产品化的能力,理解法律服务产品化背后的逻辑,形成各自的风格、经验和方法论。

第三部分

律所人事工作实务指南

第十章 | 如何通过运营管理吸引优秀人才

很多律所都认为人才是最为宝贵的财富。现实工作中我们会发现,绝大部分工作最终推动不下去、落实不下来、无法取得令人满意的结果,究其原因往往都会归结到人才的缺乏。有了优秀的人才,律所的发展就能健康、可持续;优秀人才的断层会使律所即便目前处于繁荣状态,但在长远上也必定充满隐患。

本章内容将与大家分享的是:如何建立律所的人才发展体系从而吸引优秀的人才,并且为大家的招聘管理工作提供方法论和经验之谈。

一、不可忽视的律所人才发展体系

优秀的人才都会为自己作出的每一个选择负责,考虑当下的利弊,也预判长远的得失。所以想要吸引到优秀的人才,律所就一定要有一套人才发展体系。

1. 律所的职级管理

我们在讲律所分配制度的时候有提到计点制,也就是Lockstep,Lockstep事实上不仅是一种分配模式,也代表着律所对人才的培养态度。法学生在校期间到律所实习,经过培训、考察、综合评估之后得到留用机会,然后从律师助理做起到取得律师证,度过职业生涯的小白阶段。接下来三年是做初级律师,再做三年中级律师,最后是三年高级律师,每三年都是一次“升级打怪”的过程。渐渐地其从辅助型的角色变成主导型的角色、管理型的角色,积累起自己的专业能力、客户服务能力、带教能力、统筹能力、资源协调能力等,最终成为一名合伙人。以上的这个过程真是应了那句话:十年磨一剑。

因此,律所需要有自己的职级制度以及与职级制度对应的培养、考察、评估机制。在公司制或者一体化运营的律所中,最常见的职级就是:实习生、律师助理、初级律师、中级律师、高级律师、顾问、合伙人。其中,“律师助理”可能被称为“实习律师”“初级律师”可能被简称为“律师”,“中级律师”或被称为“主办律师”,“高级律师”可能被叫作“资深律师”，这些根据各家律所的习惯有所差异。此外，有些律所会设“顾问”这一职级，有些律所不设。“顾问”主要有三类人员：第一类是此前的企业法务部门或是司法行政系统已经有了丰富执业经验的员工，但因为尚在挂证或在禁业期的原因，无法以律师名义对外执业，但就其履历而言称为“律师助理”或“实习律师”显然不合适，从而可以称为“顾问”；第二类是律所聘请的外部专家顾问，比如退休的教授、其他行业的精英等，在律所需要的时候出谋划策，提供资讯、建议和思路；第三类就是从执业年数和执业能力、经验来看，已经超出了“高级律师”这一职级，但尚且不能直接成为合伙人的律所员工，可以通过“顾问”这一阶段进行过渡，类似于预备合伙人的概念。

大家需要注意的是，人才发展体系中仅有职级的名称是不够的，各个职级代表着怎样的能力、有着怎样的准入标准与门槛也一定要明确量化，各个职级之间如何晋升要有清晰的机制，与之对应的，不同职级的薪酬办法和激励机制也势必存在差异。如此一来，人才在问到发展问题的时候律所方面才能作出清晰的解答。在职级细节制定时，各家律所的基因不同、对人才的要求不同等，不同律所之间一定存在差异，表 10 - 1 提炼了一些常见的指标要求分享给大家作为参考，各家律所在实操的过程中可以结合自身的情况进行调整。

表 10-1 业务职级评定指标(示例)

职级		客观数据	综合能力
实习生留用		• 每日有效工作时间 6 小时 • 实习周报平均得分 7.5 分以上(满分 10 分)	• 法律功底扎实,具有较强的发展潜力 • 认同律所文化,合作性强,工作效率高,责任心强 • 与人才画像的匹配度高
律师助理		• 每日有效工作时间 6.5 小时 • 工作月报平均得分 8 分以上(满分 10 分) • 年度协办案件创收不低于×万元 • 年度协办案件数量不低于×件	考量:专业能力和发展潜力、文化认同度、合作能力、工作效率、责任心、对齐信息的能力、汇报能力、沟通能力、纠错与自我进步能力等
律师(初级律师)	A B C	• 每日有效工作时间 7 小时 • 工作月报平均得分 8.5 分以上(满分 10 分) • 年度主办案件创收不低于×万元,案件数量不低于×件 • 年度协办案件创收不低于×万元,案件数量不低于×件 • 知识贡献积分不低于×分 (对于 A、B、C 等级可以有不同的数据要求)	考量:专业能力和发展潜力、文化认同度、合作能力、工作效率、责任心、对齐信息的能力、汇报能力、沟通能力、纠错与自我进步能力、应变能力、客户服务能力、独立自主的办案能力等

续表

职级		客观数据	综合能力
主办律师（中级律师）	A	除上述标准之外可以考虑的客观数据包括提供新人培训课程的次数、提供所内培训的次数、参与市场营销活动的次数、外出讲课的次数、基于知识管理成果制作汇总性指南的次数等	除上述要素外，核心考量在复杂情形下的应对能力，对律所或律师团队公共事务的投入意愿等
	B		
	C		
资深律师（高级律师）	A	除上述标准之外可以考虑的重要数据包括服务客户的续约率、转介绍率、客户满意度情况、市场营销活动的获客率、成功带教人才的成才率、法律服务产品的研发能力等	除上述要素外，核心考量组织归属感、事业发展意愿、人才培养能力、团队管理能力、客户服务与管理能力、市场营销与获客能力等
	B		
	C		
顾问			
初级合伙人		可以提出具体的案源创收、办案创收、人均创收、利润率水平要求，以及对律所公共事务的基础贡献度要求	核心考量创收水平、利润率管理、团队管理水平以及长远的发展潜力
高级合伙人		可以进一步提出在律所公共事务、管理事务方面的投入度要求（战略与决策问题），律所对外品牌形象展示、外联工作等方面的要求	核心考量资源协调能力、综合管理能力、战略能力、创新能力等

说到这里，很多以提成模式进行分配的律所不禁要问，提成模式之下的律师团队都是相对独立的，律所层面的管理颗粒度要这么细致吗？对此我的看法是，一方面，提成模式之下，合伙人的职级标准和晋升机制也很关键。客观上，基于不同律所的创业基因、

管理风格、发展阶段等因素，职级设定方面一定存在不小差异。即使同样是公司制的律所、同样采取 Lockstep 模式，但是刚刚起步的小所其晋升的步骤往往就比较少，三五年的时间就有望晋升为合伙人；但律所有了一定的历史、规模之后，上升通道自然也会收缩，可能十年都晋升不到合伙人。所以职级的设定不是照搬照抄，还要根据实际情况进行设计。对于以提成模式分配的律所来说，提成制并不意味着没有管理、没有考核，最直观的情况就是任何一家提成制的律所都至少会有合伙人的门槛。因为大家都默认“合伙人”身份是对一名律师专业能力、创收能力、管理能力的认可，并不意味着一个律师只要执业满三年了就必定会被律所授予“合伙人”这一职级。更直白地说，“合伙人”是有高价值的职级身份，有区别于普通律师的作用，因此律所一定要珍视“合伙人”这一职级，控制合伙人的比例，将这一有荣誉属性、象征属性的身份给到对的人，并且对于合伙人职级的管理应当是动态的。对于表现出色、文化认同感强、贡献度高的合伙人要给予进一步的激励，比如在分配权限、决策权限、推优评先工作中的进一步支持等；但对于连续多年未能继续满足合伙人要求的，文化认同度低的或者无法以身作则遵守律所规章制度的，又或者对律所贡献度低，甚至带来负面影响的合伙人，律所应当给予调整而不能放任不管，否则久而久之大家就会觉得某某律所的合伙人身份是没有价值的，只是虚名，如此伤害的便是律所大多数人的利益。

另一方面，提成模式分配的律所也应当在律所层面倡导各合伙人团队进行科学管理，追求全所人才管理的一体化。具体到现实情况中，因为提成制团队内部的人员成本实质上是由团队负责人来承担的，所以律所层面并不合适过多干涉团队内部管理事宜，但是每一个团队负责人都期待将团队管理好，让团队的效率最大化，基于此，律所层面、人事部门可以多给到合伙人团队一些建议、方法和有效的模型等。任何高压的、强迫的、与底层逻辑相悖的管理都会引起抵触和反弹，律所人事管理者应当切换视角，要立足于如何多为合伙人团队进行赋能、提供支持，由此才能形成良性循环。事实上，如果律所的人事管理工作开展得好，使得合伙人团队负责人愿意将其团队的人员管理纳入律所整体制度的框架下，实现一体化，对于律所、合伙人团队、每一个在律所中工作的个体来说都能实现共赢。对律所而言，可以充分了解每一个人才的特征，在协同合作的时候效率能更高，也确保律所以名义对外的专业呈现是有品质保障的。对合伙人团队而言，减轻了带教、培训、管理的负担和压力，由律所指导或统筹完成有关人事管理工作将更为高效、科学。有不少合伙人反馈，当律所层面愿意组织青年人才培训、团建时，授薪律师的归属感就会增强、稳定性就会提升，这就是显而易见的多赢局面。而对每一个律师而言，其当初投递简历的时候往往看到的是律所的声誉、品牌、影响力，至于进入哪一个合伙人团队，这个合伙人团队的业绩、风格、专业化程度如何，这在很多时候就像“开盲盒”一样。他在简历投递时候的预期是对律所的预期，但最后为他的预期负责的是具体的合伙人团队，在非一体化律所的情况下就很容易导致预期的落差，甚至是落空，如此一来，轻则律所损失优秀的人才，重则在人才市场上口碑受损，未来招聘人才的时候会难度越来越大。也正是因为这种一体化则多赢,非一体化则容易共损的局面,即便是提成模式分配的律所,管理的深度、力度、颗粒化程度无法做到和公司制一致,但也还是建议要以一体化的思维去建立律所的人才发展体系。

2. 律所的人才发展方向管理

律所的人才发展体系包括定薪定级,但也并不仅限于此,人才发展体系的建设应当是多维度的,其本质上是在回答:我们律所要如何将一个人才培养好、发展好?再以星瀚为例,在我们的人才发展体系制度当中就写明了律所的人才发展方向包括四种情况:综合型人才、办案型人才、科研型人才和市场型人才。

因为律师行业中的绝大多数律所都以提成方式进行分配,这就意味着律师想要成长为合伙人就一定要是综合型的,自己既能办案,也能谈案,对于产品研发工作、人员带教工作、团队管理工作等也都不在话下。即使在公司制的律所或者计点制的模式之下,往往也会要求合伙人的全面性综合性。如果一个律师仅仅是办案能力很强却不擅长市场营销推广,又或者一个律师长于交际拓客但没有意愿在办案上投入太多精力的话,都是很难发展为合伙人的。但在星瀚看来,组织的意义是要发挥比较优势,彼此通过分工、协同去争取最优的结果。因此,如果一个律师他只喜欢办案子,客户对他的评价也都很好,但他不愿意外出讲课、社交,那也没关系,他就可以发展为办案型的合伙人。我们甚至还设想了,如果有律师在经过了多年的办案之后觉得压力过大,或者因为个人生活节奏和状态的调整想要“退居幕后”,希望更多地在新产品的研发工作中扮演重要角色或者愿意第一时间研读新法新规、新公布的典型案例等并教授给律所的同事,那么他就可以成为科研型的合伙人。同样地,假设律师自愿在市场营销方面多花时间,他的讲课转化率很高,且社交面非常广,即便他在办案、科研方面的投入度不够或者能力并不那么强,那也没关系,他可以成为市场型的合伙人。客观上,律师在成长、发展过程中很难将办案、科研、市场这些要素完全分开,这几个要素显然是相辅相成而不是非此即彼的关系,办案优秀的律师就容易拥有老客户产生的新需求或者通过老客户连接到新客户;做科研的律师如果没有一线的办案经验,其科研也容易浮于表面、无法落地;做市场的律师要是不熟悉具体的业务模式,不清楚我们能解决哪些问题、怎么解决问题,那也很难获得客户的信任。但星瀚想要表达的是,我们理解个体之间的能力差异,每个人都会存在自己的优势和短板,基于自己的性格也会对长远的发展有不一样的倾向性。因此,无论是综合型的人才还是办案型、科研型、市场型的人才,我们都会基于长板的视角给予晋升和发展的机会,短板不至于成为律师晋升道路上的必然阻碍。

律所的人才发展体系除了可以解决职级的问题、发展方向的问题,还能体现哪些内容?我想很典型的内容还包括人才的培养方式和路径是什么。还是拿我们星瀚举例,应届实习生加入星瀚一定要先进入“星辰计划”项目,这是我们的应届实习生培训、考察、评估、留用专项计划。进入“星辰计划”项目的实习生可以根据自身的意愿和招聘部门、团队的想法进行轮岗，比如第一个月在公司商事组，主要做股权投融资、并购和该类争议解决案件的辅助业务；第二个月去劳动人事组，主要给企业做劳动人事培训、劳动人事日常咨询、相关的争议解决或者一些特殊专项工作等；第三个月去知识产权组，协助商标的申请、专利的申请以及相关的诉讼案件等。我们的思路就是先广后专、双向选择。对于应届实习生来说，他们还是在校学生，职场经历、企业实习与社会实践经验等相对欠缺，他们在应聘星瀚的时候往往也不清楚自己的兴趣方向与特长，至少他们会觉得在某几个领域中都是可以去尝试的，那么星瀚就给予他们这种尝试的机会。通过多部门的轮岗可以让他们更多熟悉星瀚的律师和业务，未来进入某一个专业团队之后也更利于不同专业团队之间的合作，这对于提升律所内部的凝聚力、向心力是很有帮助的。此外，星瀚的业务同事尽管在整体气质上都会呈现星瀚技术派律师的文化形象，但是不同业务组、合伙人团队负责人的工作习惯、办案风格还是会存在差异，通过轮岗可以帮助彼此加深了解，找到最为适配的长期合作对象。实际中，确实会有实习生向我反馈，对于自己轮岗的几个小组的业务、专业度他都很认可，但是在工作方式以及人生的价值观方面他更喜欢其中的某个组、某个合伙人，由此形成了最终的留用意向结果。在轮岗的机制之下，有招聘需求的这一方会付出多一些的招聘成本、人才培养成本，比如刚和一个实习生磨合得差不多，这个实习生就可能去其他小组了，自己又要再和一个新的实习生磨合。但好处也显而易见，传统定向招聘的模式下，招聘方的试错成本是很高的。面试的时候很喜欢某个同学,可是在实际实习的时候却得到了不一样的感受,这个时候就要重新启动招聘。或者在面试的时候喜欢多个实习生,但团队的留用名额有限,即便是差额留用也要顾虑考察时的成本以及实习生的感受,所以往往会忍痛割爱,但最终又可能悔不当初而轮岗机制就给到了招聘需求方接触更多不同实习生的机会,可以通过横向比较让彼此都找到那个对的人。而且因为星瀚一体化的管理机制,使得各业务小组尽管专业领域或行业领域不同,但文本格式要求、系统使用方式等都还是具备一致性的,这在一定程度上也使得轮岗更具有可操作性。当然,大家也不禁会问,我现在就是要定向招一个实习生,不想让他轮岗,是否可以?或者实习生就是冲着某个业务领域、某个团队、某个律师来的,不想轮岗去其他小组,是否可以?答案当然都是可以的,我们的轮岗机制是以大家的自愿为前提的。此外,还有轮岗之后如果有多个团队想要同一个实习生,或者有团队要不到自己最心仪的实习生,怎么处理等这些问题,都需要在人才发展体系的制度中设想周延、载明清楚。

星瀚在人才发展方向方面还有一个特色是星瀚不让大家做诉讼或非诉的二选一,星瀚律师要兼顾诉讼和非诉的能力。在我们看来,有了诉讼的视野和经验,才知道自己写的这些文本、条款会发挥怎样的作用。我们常说,写一份合同就是在预演一场纠纷出现之后的大戏,但这种预演不是一厢情愿的脑补,而是要真正基于争议解决的视角。反过来,争议解决的律师在看证据材料的时候也要理解非诉讼阶段合同为什么要这样签,交易的结构、模式为什么会是这样的，如此才能更好地理清脉络、理顺思路。因此，不同于不少公司制的律所或精品所，星瀚没有争议解决部，因为我们的每一个业务部门、团队都可以做相关专业领域中的诉讼与非诉业务。新人加入星瀚之后也是一样的。我们在面试在校生的时候常常听他们说，我更喜欢诉讼或者我觉得自己更适合非诉，此时我们都会说，这个在星瀚不是一个选择题，在律师助理、初级律师的阶段，诉讼、非诉都要做，考虑到工作经验和实际情况，涉及非诉讼的工作内容会多一些。中级律师阶段就可能二者并重了，毕竟中级律师具备独当一面的能力，也有了相对成熟的职场经验。再往后是更侧重于诉讼还是相对更侧重于非诉，就和每个人的天赋、能力、意愿挂钩，因人而异了。在我们看来，这样的模式也更利于青年律师的成长与发展，给予大家更多的可能性，而不是将人工具化。当然，也有不少律所是明确划分诉讼和非诉业务的，这也无可厚非，毕竟大家接触到的案件类型、客户类型等也存在差异，但关键是，我们在思考人才发展体系的时候考虑过这些问题，也就是大家要知道，律所人才发展体系是经过规划设计的，并且是基于思考和情势变化持续动态调整后的结果。

3. 律所人才发展的保障团队

人才发展体系建设的问题因所而异，并且可以不断细化，本章无法穷尽所有的体系建设模型，但说一千道一万，律所进行人才发展体系建设的关键还在于要有一支保障团队，正是因为这样一群人的群策群力、奉献付出，律所的人才发展体系才能越做越好。

通常，保障团队会由律所合伙人委员会当中的人事委员会负责，人事委员会包括分管人事的高级合伙人以及对律所人事工作感兴趣的，有意愿参与律所人才吸引、培养与发展工作的其他合伙人、资深律师等，他们联合律所的运营体系、人事部门共同为律所的人才发展提供保障。保障团队的主要职责包括：

- 建设、完善律所的人才发展体系。这就是前面说的，一个优秀的人才加入律所之后，怎么培养他、发展他，具体的方法、措施、阶段、要求、评估办法等都应当书面化、制度化，并且在落地的过程中不断检核完善。

- 规划律所的人才招聘、绩效管理、晋升安排。每个自然年度结束后都要评估律所的人员成本和效益情况，归纳总结经验，检讨纰漏、疏失，在新一年度的计划中予以解决、完善。新一年度中，律所开放多少个新增招聘岗位，其中有多少是应届生留用，也就是校招，多少是补充初级律师、中级律师或高级律师等社会招聘对象，以及要吸引多少合伙人等，都应有目标、有规划。此外，新一年度中，涉及多少人员的晋升，与晋升相对应的创收指标要求、市场营销要求、知识管理要求等都要配套跟上，伴随晋升而产生的培训和培养计划、薪酬和激励方式调整计划等也要制定出来。当然，律所当中除新增人才、晋升人才之外，也一定存在调岗、淘汰机制，这套机制的制定、贯彻、落实也是人事委员会的重点工作，而律所人事部门务必要在过程中提供充分的数据支持、案例支持、模型支持等。

- 除此之外，设计、规划、组织安排律所文化建设，诸如主题文化月活动、旅游团建活动、社团活动、生日会活动、节假日活动等自然是保障团队不可或缺的工作。安排律所常态化的内外部培训、新人培训、晋升后的人才配套培训等也都要成为保障团队计划内的工作。

上述工作内容中,有些是常态化的、有些是专项化的,实操方面可以是人事部门提方案与人事委员会提要求相结合,大家再一起以交流、碰撞的方式将工作计划和目标确定下来,以人事委员会引领,人事部门具体推进的方法逐一落实。人事工作的重点是对人的关注,所有的计划、目标、制度、措施都要代入具体的人去考虑,真正做到以人为本。

此外,我也建议律所的人才发展保障团队建立起一套培养优秀管理者的工作方法和有效经验。伴随律所人数的增加,全所保障机制也很难对具体的个体做到面面俱到,此时就有赖于个体的直属上级管理者、分管管理者的管理能力。在星瀚,同事入职之后都会认识三个人——带教、导师、指导。“带教”很容易理解,就是日常具体布置任务、反馈任务、提供具体意见建议的人,也是行业内俗称的“师父”。“导师”的机制是我们基于广度和深度的考虑作出的安排。一般情况下,应届实习生的带教会是初级律师,比如取得律师执业证两三年的律师,或者中级律师,因为只有这样,布置工作的条线和机制才合理。但是,这个应届实习生的导师会是非同一团队的合伙人或者资深律师。这样安排的用意在于,非同一团队考虑的是内部融合、跨部门交流,帮助人才获得不一样的视野;而合伙人、资深律师就代表着其有丰富的经验和阅历,遇到过的事情更多,给出的建议也更加高屋建瓴。导师和带教不一样,不需要高频次的、日常化的关切,有阶段性的、相对偏宏观或者偏中观的关注就可以了。而“指导”指的是律所的工作习惯指导组、非诉讼技能指导组、诉讼技能指导组等,“指导”是一群在相关领域有特长、有优势且有经验、有方法论的同事共同组成的,为大家更好地开展工作、更好地自我成长提供帮助。比如,带教觉得徒弟在效率上面有待提升,就可以让工作习惯指导组派一个代表来指导徒弟,帮助徒弟合理规划时间、提供一些能够有效提高效率的方法或者技术工具等。又或者,青年律师基于自己的办案经验总结了一些心得,就可以去找诉讼指导小组或者非诉指导小组交流,使得个人的知识管理体系日趋完善。

在此背景下,由律所的人事委员会组织培养优秀的带教、导师和指导就是非常要紧的工作。因为人才发展的护航动作是由他们完成的,人事委员会不仅要身先士卒、以身作则,也要提供对带教、导师、指导的培训课程、指引文本,并且通过组织会议或团建的形式帮助大家在培养人、管理人、赋能人方面渐渐得心应手。

二、不容小觑的律所招聘管理机制

任何一家企业的人事工作一般都至少包含六大模块——人力资源规划、招聘管理、绩效管理、薪酬与福利、培训管理、员工关系。律所行业的普遍情况是,规模 100 人以下的律所一般由一位人事来负责人力资源的全部模块;100 ~ 300 人规模的律所可能会有两位人事,彼此之间略作分工;规模300人以上的律所或许会再增加人事岗位并且细化分工,但我们很难在律所人事部门中看到各模块可以细分给不同的人。一方面,从律所搭建运营管理团队的预算安排来看,大部分律所并不倾向于在人事部门本身的人才招募、发展方面作出太大的投入;另一方面,招聘管理、绩效管理、薪酬福利、培训管理等模块的工作通常也并非人事部门独立完成,业务体系的同事也会加入进来,会花费较多的时间和精力以实现与人事部门的协同合作,这就使得大部分律所的人事工作也没必要专人专模块,律所在招聘、规划人事工作的时候会更加看重人事的综合素养。

从律所人事本身的发展来看,其具体的工作内容中不乏基础性、事务性的部分,如招退工、处理社保公积金、考勤、档案管理、开具收入证明、律师证的转出转入、合伙人的登记等,但是更不乏考察其创造性、专业性、人文属性等综合素质的模块,如律师的招聘、培训、绩效管理、薪酬福利与文化等。对于在律所从事人事工作的人而言,如果想要谋求长远的发展就一定要在细致、严谨、有责任心地做好事务性工作之余深度思考重点模块工作的成效。当然对律所来说,也千万不要将人事工具化,而一定要将人力资源工作和品牌建设、市场营销等工作一样提到战略高度上来,并且让专业的人做专业的事。

我在前文中分享过,星瀚初创时期既没有时代红利,也没有规模优势,但依然可以吸引到优秀的人才就是因为做好了品牌建设和招聘管理工作。与我同期在律所实习的一位同事,后来也正式留用成为星瀚骨干力量的，她其实在到星瀚实习之前就已经拿到了很不错的offer。当时的情况是，她参加了某家银行的面试，但是面试结果迟迟没出，她以为自己被淘汰了，于是就投了星瀚的招聘岗位。简历投递之后就很快收到了星瀚人事部门发出的回复邮件，内容大致是对她关注到星瀚的岗位表示感谢，我们将尽快完成简历筛选之后给到她答复。在她的简历通过筛选后，人事给她发送了面试安排邮件，为了避免她没有查收邮箱还专门致电通知。她接到电话的时候因为人在超市里，环境比较嘈杂，有些信息听得不是很清晰，星瀚的人事就给她专门发送了短信，告诉她电话里的内容，提醒她查收邮箱等。因为当年还是普通手机向智能手机过渡的时代，手机上面查收邮箱信息还不是那么方便，所以人事发送的这条短信信息还是很关键的。而且在面试的当天，她又收到了人事给她发送的面试短信提醒，其中清晰告知了抵达星瀚的交通方式、当日的天气情况等，使得这位同事觉得星瀚的人事工作很细致、很周到，对应聘者都是如此，那么其对客户、对专业想必也是很有追求的。所以，虽然她在来星瀚面试之前就收到了银行的offer邮件，但她还是选择了来星瀚面试，并最终婉拒了银行的offer，这就是很典型的人事工作的正向影响。

事实上，我们眼中认定的人才通常也是大多数人公认的人才。人才是要争取的，而且这种争取不是等到了清晰对方是人才的时候才突然行动，应该是融入血液里的对于每一个应聘者的珍视。律所人才发展体系是吸引、培养、发展人才的整体性纲领，但在人才吸引方面，最直观的感受与结果终究还是要落在招聘工作中。

接下来，我就从吸引在校生、吸引青年法律人（授薪律师）、吸引合伙人等方面来详细讲讲招聘管理工作中的细节和要领。

1. 吸引在校法学生

我本人是非常热衷于校园文化建设、校园公益和在校学生的培养与赋能的。这件事情在主观感受上能够让人永葆初心、永葆热情，因为看到一张张年轻的、诚挚的面孔就看到了建设法治中国的未来，这种希望感对我而言非常重要。此外，在客观方面我们也会发现，发展成为律所中坚力量、骨干力量的同事中，绝大部分都来自我们的应届生培养计划，也就是他们在校期间就知道星瀚，毕业之前就来到星瀚实习，接受我们体系化的培训和考察，并可能还经历了多团队轮岗、深度参与到了我们的多个文化建设项目中，最后得到星瀚的 offer，正式成为星瀚的一员，在星瀚的人才发展体系之下逐渐成长起来。这个群体的文化认同度高、价值观趋同，工作习惯、专业能力与律所的要求最为匹配，对律所的发展情况、人员结构、愿景规划等都能清楚了解。他们和律所的管理团队、业务团队、运营团队、律所的长期客户们都保持着良好的关系，我们很多案子尤其是复杂的商事争议解决案子，一做就是三年、五年，甚至七年、十年，客户也无不感慨人的变化，“当年还很青涩稚嫩呢，现在真的是成熟、大气、有风范”。所以吸引优秀的在校学生，培养并且发展他们是一件非常值得做的事。基于此，我来具体讲讲招聘管理工作如何开展。

（1）发布直观清晰的招聘信息。

有招聘需求的部门或合伙人团队一定要与人事部门合作，将招聘信息清晰、准确地表达出来。我们每次招聘时都有期待的人才画像，招聘信息就要展现人才画像中的部分要求。例如，想要招聘的人才是要培养其成为律师的，那么通过法律职业资格考试（司考或法考）就是必要条件；但是，如果想要招聘的人才是往品牌建设、市场拓展方向发展的，或者核心是希望其帮助处理基础性事务的，有无律师证其实并没有影响，不学法律、没有律师证反而可能更加稳定，那么就不需要去要求应聘人员通过法考。在多数应聘者看来，律所招聘总归是招学法律的、过法考的人，因此当这些要素并非必要条件时招聘信息往往还要额外备注一句不要求法学专业、不要求通过法考。又如，有些团队负责人对于学历的要求很高，并且希望团队内的成员都接受过系统性的法学培养与教育，有着较为扎实的法律功底和综合、全面的法律素养，那么团队负责人期待的人才画像往往就是研究生及以上学历，而且本科及研究生阶段都要学习法学专业，这个要求就应当写到招聘信息里。而有的团队负责人其实并不要求非得研究生学历，对优秀的本科同学也同样考虑的，那么招聘信息里要写的就是本科及以上学历，或者写研究生及以上学历，但是欢迎有信心的本科生自荐。

招聘信息不应该是用人团队写给人事部门后就由人事直接对外发送，而应该是人事部门向用人团队提供招聘信息撰写的模板，提示招聘信息当中需要考虑的要素，如资格证书、院校专业、外语能力、实习经验、项目经验等。此外，也鼓励大家除了写岗位要求之外也写工作内容，使得招聘者和应聘者的想法都能更加匹配。与此同时，人事部门也要提醒用人团队不应在招聘信息中出现歧视性的内容，在对外发布招聘信息的时候，人事部门绝不是无脑执行，而应进行实质审核。有些律所的内部管理制度较为严谨的，比如启动招聘是有前置流程或前置条件的，人事部门还需要提醒用人团队执行相关的制度规范。

当一份载明了招聘单位、招聘部门或团队、工作时间、工作地点、薪酬待遇、岗位要求、工作内容、律所与团队简要介绍的招聘信息完成之后，人事部门就要负责对外发布。为了加速招聘事宜的推进，尽可能在更短的时间内收集到更多的优质简历，每年安排人事招聘方面的预算是必不可少的。一般情况下，可以合作发布招聘信息的渠道包括：

- 专业的招聘网站。如智联招聘、前程无忧、猎聘、BOSS 直聘等。
- 专业的猎头公司。当然，在校招阶段一般不太会用猎头。
- 专门发布法律界岗位的公众号。人事部门可以把招聘信息推送过去，公众号编辑们会排期发布。
- 校招当中经常会用到学校就业中心的网站，或者参加线上、线下的校园招聘会等。
- 各类新媒体平台，如微信社群（往往是法学院校友群）、微信朋友圈、小红书等。
- 律所自己的公众号平台、官网平台等。

优秀的人事手中一定有一份招聘信息发布合作方名单，而且应该可以总结出哪些渠道的转化率高，即应聘者的匹配度强；哪些渠道的影响力大；哪些渠道的性价比高等。人事部门要和重点渠道之间建立起有效的维护、互动机制。

（2）从细节开始尊重每一个应聘者。

招聘信息发布出去之后就会陆续收到简历，对应聘者来说，他们最为期待的就是反馈。人事部门应当反馈简历已经收到，并对对方的投递表示感谢，如果可以的话，预告一下会在多长时间内进行后续安排，比如“我们会在三个工作日内完成简历初筛”等。此后，是否通过简历初筛也建议给到投递者反馈。如果真的是工作量太大，那么可以考虑两个变通的方法，第一种方法就是在首次回复的时候就表示我们会在多少天中完成简历初筛，如果在几月几日之前没有再收到我们的通知邮件，就意味着没通过此次初筛，如此一来可以适当减轻人事的工作量。另一种方法就是考虑结合法律科技产品，将一些自动的回复动作更加标准化、效率化。

但无论如何，花时间给予个性化的回复是对应聘者的尊重，一家尊重应聘者的律所往往会收获更好的结果，而且从细节里尊重应聘者才是对律所重视人才的最佳诠释。我们曾经问过一个客户是怎么知道星瀚的，他告诉我们他当年投递过星瀚的岗位，尽管没有得到面试机会，但是星瀚亲切温暖的信息反馈邮件还是令他很感动。所以自己做法务之后选聘常年法律顾问单位时就自然想到了星瀚，在他看来，星瀚对陌生的应聘者都能够给予重视和关怀，那么客户得到非凡的服务体验自然是可以被预期的。

至于简历初筛环节是由人事完成还是由招聘的业务团队来完成，我的建议是，首先，人事要将收到的所有简历归入律所人才库，并且打好标签，方便有用人需求的业务团队可以进行查询。如果用人团队近期业务太忙，那么可以由人事直接先按招聘信息上的条件进行简历初筛，用人团队复核初筛之后的结果即可。但如果用人团队还是有些余量时间的，那么就建议和人事一样，双方都进行初筛，最终再共同复核，这样就能避免优秀人才的错失。这个过程中需要注意的是，招聘工作非常讲求效率，因为应聘者开始投递简历了就意味着他一般不会只投递一家，处于找实习、找工作状态的应聘者往往会投递多个用人单位的岗位，如果律所的招聘进程慢了，那么联系心仪的候选人时对方就很有可能已经找到相应工作了。这样的话既会浪费大家的时间和精力，还有可能在舆情上得到“投了某某律所的岗位、一直没有答复”的负面评价。

(3)建立科学有效的评价、选拔机制。

在依据部分人才画像完成了简历筛选之后就会进入到应聘者考察的重头戏——面试。电话面试、线上面试、线下群面、线下单面、笔试、性格测试等都是可以设置到面试中的环节。我在本书的前言中说过，大四的时候我去过一些消费品行业、科技行业的头部公司面试，与当时律所面试大多就面谈一次不同的是，这些行业都会设置多轮次、多维度的面试考察环节：

- 比较常见的是在网申，也就是线上投递简历之后就会被安排进行性格测试和逻辑考察，有些公司会让应聘者直接在规定的时间内于线上完成，有些公司则会将性格测试、逻辑考察和线下笔试安排到一起。

- 通过之后一般就会接到电话面试，大部分电话面试的时长在30分钟左右，询问的内容详细程度约等于律所的一次线下面试。因为对这类企业来说，每年校招季都会收到数万，甚至十多万简历，通过简历筛选、性格测试、逻辑考试、笔试考察（都是以科技手段进行机器筛选）的应聘者往往还有上千人，人事部门如果直接对上千人安排后续面试会耗费极大的精力，所以大多会委托外部专业的人力资源机构对这些应聘者先进行电话面试，通过电话面试之后的百余人再真正获得与公司面对面的机会。

- 这种面对面的机会一般又是从群面开始的。用人单位会给我们出案例题或者项目任务，此前并不相识的陌生人们通过1小时左右的时间进行准备，最终以团队的形式进行汇报呈现，面试官们就在这个过程里关注大家的表现，包括应聘者们是如何分工的、每个人在小组讨论的时候具体说了些什么、出现意见分歧的时候是怎么应对的、最终是如何选出代表小组进行汇报演讲的人选的，等等。这么做的好处一方面是时间的节约，因为群面的时候一组大约有十位面试者，面试官们用1个多小时的时间就能同时考察十个人，对百余名候选人的考察在一个周末就能完成，这是比较高效的；另一方面就是群面的过程非常贴近于日后工作的状态，因为日常工作中少不了合作、交互、碰撞、报告等，每个人的思维方式、应对能力、性格特征等要素可以在这个过程里被较为全面地观察到。群面结束后就有1/2～2/3的候选人被淘汰，接下来，公司会安排单独面试。

• 单面的面试官一般是3～4人，共同针对1个应聘者进行提问，时长大多在1小时以上。单面的时候会复盘群面，也会针对应聘者的简历进行非常细致的提问、追问、探讨，也就是充分评估应聘者的底层能力，挖掘应聘者的潜力。

• 最后有10～20人进入终面。因为我当时应聘的是消费品、科技产品行业，终面基本都是针对某个产品制作一个市场营销方案并进行汇报。

这样一套流程走下来，不仅用人单位招聘到的人才基本都是很精准的，就连应聘者本身也能更加了解自己的优势和劣势。

律所招聘与之不同的是，投递简历的基础人数不会如此庞大，而且需要侧重考察法学功底和法律思维等，所以在流程上可以进行一些简化，但上述的做法还是有不少值得借鉴、学习的地方，结合我自身的面试经验和多年来的招聘经验，我的建议是：

• 完成简历初筛之后先由人事部门进行电话沟通。电话沟通的时长可以控制在每人5分钟左右，了解一些基本信息：现在是不是在找工作（避免候选人已经找到工作），人在不在上海（也就是候选人在不在用人单位的城市），是不是在看律师助理的岗位（确认候选人是否想要从事律师工作，有没有同期在考研、考公务员、找法务工作等），是否知道自己投递的岗位是什么专业方向的（了解、评估候选人的目标感，也能看出候选人是纯粹无脑海投的习惯，还是会做细致的规划、知道自己在做什么）。电话沟通的过程也是能听出候选人的表达能力、礼貌程度和一定程度上的思考力的，如果人事对候选人的感受不错就可以明确在电话里告诉候选人很快就会安排面试,请候选人留意邮箱和接听电话;如果人事觉得候选人并不合适就可以告诉候选人,之后如果有进一步安排的话会再做联络。换言之,可以先让优秀的人才知道律所之后的计划安排,这样的话,如果别家律所给他面试机会了或者给他 offer 了,他也能再综合评估考虑,律所不会因此而错失人才。电话沟通的结果经人事和用人团队的交流,大家就能定出进入后续环节的名单了。

- 优秀候选人较多的情况下可以组织群面。现实中很少有律所组织群面,但我们的经验是,群面确实能够综合地观察到每个候选人的性格、行事风格与合作能力。律所组织群面很典型的模式可以是辩论赛,也可以是一个案例讨论。大家要留意的是,并不是谁在辩论、汇报的时候表现抢眼谁就必然进入后续的单面,那些在小组讨论过程中善于分工的、擅长做法律专业工作的(如调研、理论研究、案例研究、法律文书写作等)、创意能力强的、善于团结凝聚大家的应聘者也同样值得关注,这其实和人才画像有关,只是这些柔性的画像要求无法在招聘信息上体现,也无法完全从简历中看出,但可以通过群面观察到。而且组织群面还有一个好处,因为每次校招的时候往往都会是多个团队的多个岗位同时招人,而应聘者基于自己的兴趣或者基于增加命中率的考量常常也会投递一个律所的多个团队岗位,群面就为这种多对多的考察创造了环境。否则人事部门就可能要通知某个候选人今天来面试 A 团队、明天再来面试一次 B 团队,效率很低,还容易导致信息不对齐。群面时各个有用人需求的团队负责人或负责人代表都可以到现场观察、打分,这样效率更高,大家还能就这些候选人的表现、评价进行更为综合的讨论。

- 单面之前一定要填《应聘登记表》。有些律所是通过群面筛选出进入单面的候选人,有些律所则不组织群面、直接安排单面,这些做法都没问题,可以根据律所的实际情况安排。但需要人事部门注意的是,在开始单面之前要先让候选人填写《应聘登记表》。填写《应聘登记表》的意义在于,一方面对齐人才画像的信息,也就是我们在招聘的时候关心哪些画像要素,就需要应聘者重点填写相关的信息,如生日(有些用人团队很在意 MBTI[①]、星座或生肖等)、籍贯、出生地、父母情况、有无兄弟姐妹配偶、期望薪资等;另一方面也是让风尘仆仆赶来面试的候选人可以在填表的时间当中平复情绪、慢慢进入即将开始面试的状态。当然大家填表时候字写得怎样,填写时的格式习惯、详略程度等也是很好的观察点。

- 单面的时候要安排合适的面试官。很多律所在单面的时候会有两个典型误区,一个误区是招聘就是我用人团队自己内部的事情,面试官全是用人团队的人,没有律所人事的参与,但事实上,人事担任面试官是有其必要性的。其一,应聘者可能关心入职之后的挂证、考勤、休假、福利、文化活动、培训活动等事项的细节,由人事进行回答往往会比较专业、细致、周到。其二,人事如果能

① 迈尔斯－布里格斯类型指标(Myers－Briggs Type Indicator,MBTI)是由美国作家伊莎贝尔·布里格斯·迈尔斯和她的母亲凯瑟琳·库克·布里格斯共同制定的一种人格类型理论模型。

参与到律所每一个用人岗位的招聘面试过程中，就能横向比较候选人们的能力水平，对于用人团队最终要录用谁，给予怎样的薪资待遇能够给予更为合理的参考性建议。其三，面试过程中如果有用人团队没有问到的问题，人事也能当即进行补充提问等。一般在提问设置上，我们会让人事先开始询问一些基础性的、通识性的问题，再由用人团队了解专业性的问题、与团队的合作性以及配合度相关的问题，最后再由人事补充提问，明确一些细节信息等。律所单面的另一个误区是用人团队觉得人事在招聘方面是专业的，所以面试就完全给到人事，用人团队就节约时间不参与了，这个想法显然也不合理。不同的用人团队有不一样的气场、氛围、偏好，用人团队一定要亲身面试才能判断评估，而且律所人事往往也并非法律专业方向的，对专业能力的评估还是很仰赖于用人团队本身。所以我们最常出现的单面面试官组合就是团队负责人、团队资深律师、人事，面试官们要具备的共同素质就是与律所文化相契合、体现专业化的涵养与形象。大家可能会有疑问：团队的负责合伙人要亲自参与面试吗？我的想法是：要！无论面试资深律师、主办律师还是面试律师助理、实习生，团队合伙人都应该参与。对于很优秀的候选人来说，他的可选择性是非常广的，他一定会在意未来的领导、导师、师父是什么样的，会在意与他共事的是怎样一群人。优秀的人方能吸引到优秀的人，要争取到关键人才，合伙人的人格魅力展现是相当重要的。

- 面试的时候要问有价值的问题。与企业相比，大多数律所在人才招聘的组织、管理方面还是很稚嫩的，在法庭上擅长质证的律师并不意味着其在面试的时候就擅长发问,比如我在最初和律师们一起面试的时候会发现他们问不出专业以外的问题,或者常常问假设性的问题。例如,如果你在办案的时候与带教的思路不一致,你会怎么办?要知道,我此前参加五百强企业、跨国集团面试的时候可从来不会遇到这样的情况,大家更关注的是我经历过什么、具体是怎么做的,比如:"你在星瀚实习的时候有没有遇到过和同事意见不一致的情况,当时是怎么处理的?"大家可能会想,那要是没有遇到过怎么办?面试官就会对着简历接着问:"你在简历上面写曾经组织了一场股权类商事争议解决的讲座,这个讲座的时间、地点、主题、议程是怎么定出来的,你扮演了怎样的角色,你的领导、同事扮演了怎样的角色,请你具体展开说说,你们对于各种细节的探讨是怎样的过程……"因此,只要问对问题,就一定能问得出内容。招聘管理中常常提到,面试官在面试的时候要坚持应用 STAR 模型,即 Situation(情境),要了解候选人的某段经历、经验是基于怎样的场景、背景、环境的;Task(任务),要问候选人当时具体接到了哪些任务,如何理解这些任务,如何安排这些任务的;Action(行动),候选人在完成任务的时候具体做了什么,为什么这样做而非那样做,团队项目中其他人做了什么,彼此之间是怎么汇报、怎么协同合作的;Result(结果),项目完成之后取得了怎样的结果,要让候选人对这个结果的表达尽量精确、可以量化。通过有效的提问获得有效的信息,才能帮助面试官们作出选择。律所人事部门也要做到将这些信息、方法传递给用人团队,如何招聘、如何建设团队等话题应当成为律所合伙人团建、培养的重要组成部分。

- 除非笔试可以通过计算机评分，否则建议将笔试环节放到最后。因为批阅笔试内容是很耗费时间和精力的，所以经过前序环节，最终就是在三五个候选人中进行选择时安排笔试是比较合适的。根据用人团队的需求不同，笔试的形式也会有差异。在题型上，有些用人团队是出法律调研题，有的是出案例题，有的是让现场改合同，有的是非常类似于学校考试的试卷，有些用人团队同意候选人开卷笔试、有的则要求闭卷笔试，这些都是可以的，关键是和人事部门沟通好。性格测试的时间安排也是如此。大公司招聘的时候之所以先做性格测试是因为他们的应聘者基数庞大，他们和性格测试机构的结算模式也是按年进行的。但律所没有那么大的应聘者基数，从成本角度看，大多时候都是有几个人做性格测试就采购几个独立的测试服务是更为划算的，所以可以在做终极选择的时候再安排候选人进行性格测试，性格测试的关键意义是帮助用人团队判断候选人未来与团队的适配度。

大家不难发现，招聘是一项很花时间和精力的工作，但要知道，招对了人，必定对团队的长远发展有着极其重要的意义和作用；相应地，如果招错了人，代价也会是非常高昂的。实打实的代价就包括薪酬、社保公积金、福利、培训等费用的投入，辞退员工的时候也涉及辞退的成本。此外，还有大量的时间成本的浪费、沟通投入的浪费、效率的损失等。而更加可怕的是对团队其他同事产生的负面影响，在文化方面带来的损失，甚至是可能的机会成本。比如本来可以因为某件事情做得好就能得到后续业务机会，现在因为不适格的员工将事情办砸了,造成了很难挽回的结果,由此不仅影响了团队的商机,还损害了团队的声誉。如此林林总总加起来,招错人的代价几乎是百万元级的。

律所人事部门还要格外留意的是,整个招聘周期当中的时间和节奏安排一定要合理,不要因为环节多就让候选人反复来律所,通常一次招聘中让候选人来所里 2 次是比较合理的,比如群面的时候一次、单面的时候一次,笔试可以接着单面让候选人在所里做完。战线也不宜拖得太长,从通知候选人通过简历筛选到最终定出录用名单,建议控制在 2 周以内,而且在时间节点的推进方面要跟候选人对齐信息。

(4)重视校园文化建设。

合理的、精心规划的招聘管理机制一定可以帮助律所更大概率地招到心仪的人才,而做好校园文化建设工作将有利于律所收到更多的优质简历,也让应聘者能够对招聘管理中的疏失更加容错,又或者,愿意在手拿 offer 的情况下继续等等律所的后续消息。因为校园文化建设可以让法学生们对一家律所的品牌、文化、氛围产生向往,使得律所在人才市场上更有竞争力。

律所人事部门有一项很重要的工作就是和重点招聘院校的就业指导中心、有影响力的社团建立联系,在人事部门并非法学专业背景的情况下,律所的管委会、合伙人可以帮忙引荐。日常,人事部门需要多多支持就业指导中心组织的招聘会、宣讲会或者各类赛事活动、座谈交流等,在校招季,就业指导中心为大家安排的宣讲会场次、教室以及校招时的展台位置等还是颇有讲究的,这在很大程度上就会基于平日里的相互帮助。此外，学校社团是汇聚优秀人才的重要载体，对法学生来说，各大高校的法律援助中心、法律诊所、辩论类社团、模拟法庭社团、国际模拟仲裁社团等往往都吸引了一大批专业功底好、综合能力强的学生，所以律所的人事部门要多与这些社团联动，包括但不限于组织公益讲座、进行校外指导、律所参访、职场体验、赛事赞助等，从而尽早地与优秀人才产生联系。未来，这些法学生纵使不进入我们律所工作，也基本都会是优秀的同行、优秀的潜在客户或者法律职业共同体中的一员。而当他们还是在校学生的时候就种下的品牌影响力很有可能在未来的某一天发挥作用，以及抛开功利的、现实的考虑，作为行业内的前辈本也有义务践行社会责任，为在校法学生的成长贡献力所能及的力量。

2. 吸引青年法律人

本章中先讲了在校生的招聘，所以有关招聘管理的细节在这里就不再继续赘述，相信大家也都知道，在青年法律人招聘、合伙人招聘中用到的诸多方法和此前说的在校生招聘都有共通点，可以相互借鉴。

青年法律人，也就是我们常说的授薪律师，与在校生相比其核心差别就是在校生顶多只有实习经历，并没有正式工作的经验，入职律所之后我们几乎是在一张白纸上进行描摹；而对授薪律师的招聘本质上其实是社会招聘，也就是授薪律师已经拥有了在其他单位工作的经验、取得了律师证，现在基于各种各样的原因想转换一个平台。

招聘授薪律师的时候最怕事与愿违，但这种情况还是很常见的，以至于我身边有合伙人朋友说，虽然招应届在校生进行培养的成本很高，要投入大量时间、精力去带教、打磨，在校生从开始实习到取得律师证进而可以在案件中承担更多工作通常需要18～24个月，但纵然如此，他也不想再招有经验的授薪律师了。因为大家在启动招聘授薪律师时预想对方已经有律师证（有无律师证在日常工作当中所能承担的工作内容还是有较大区别的）、有工作经验，谈吐沟通、待人接物、应急处理都更加成熟，也不会被客户质疑配置的服务团队是否太年轻、没经验；授薪律师已经积累了一定的实务经验，许多事情上手即可做，沟通成本比较低。但实际遇到的情况可能是有些授薪律师因为已经有了职场经验，所以形成了自己的风格和习惯，很难适应新团队的节奏和要求；授薪律师过于有主见，缺乏倾听、理解和虚心求教的能力，导致沟通成本很高；有些授薪律师甚至还有破坏力，带着质疑和批判来到合伙人团队，向合伙人团队当中的其他成员传递一些不恰当的言论或评价，在一定程度上对团队的氛围、士气产生影响等。其实这种事与愿违一般很难说谁对谁错，授薪律师实际上可能并不糟糕，他在其他一些团队的眼中甚至可以是非常合适的、优秀的人才，归根结底还是匹配度的问题。

怎么提升匹配度呢？除了我们在说校园招聘的时候就提到过的招聘流程的设计、面试环节的设计、问对问题、深入交流之外，在招聘授薪律师的时候可以再结合以下这些方法和思路：

● 尝试将一个具体的案件聊透彻。在和合伙人一起面试候选人的时候我经常发现，大家问问题、聊问题常常给人一种浮于表面、聊不透的感觉。我们的人事和合伙人都要意识到，为了降低试错的可能性，尽量找到对的那个人，就一定要尝试将很多事情聊深入、聊透彻。判断一个授薪律师思维习惯、工作风格、法律功底的最好方式就是聊案子，我们通常不会跟在校生过多聊案件，毕竟他们实习经验有限甚至没有实习经历；也不会去跟合伙人聊案件细节，在与合伙人聊的时候更多是对宏观问题的关注。但是与授薪律师聊的时候就需要聊案件的细节，出于保密义务的要求，可以进行匿名处理，有些细节表述上也可以有相应调整，用人团队关键是要了解清楚这个案件是怎么来的，接洽的时候是怎么谈的，后续是怎么分工的，我们正在对谈的候选人参与了哪些具体的工作，这些工作都是如何一步一步完成的，选择方案的时候是怎么考量和取舍的，与客户是怎么阶段性沟通和汇报的，服务方案的落实情况如何，过程中遇到了哪些障碍或难点以及是如何解决的，案子最终取得了怎样的成果，有没有经验的积累和可以总结的内容……如果有必要的话，用人团队也可以请候选人提供一些自己日常所做的知识管理成果，比如常用的合同模板、条款模板，常做业务的步骤指引和要点提示等。对候选人来说如果不方便直接给用人团队发送，大家可以当场打开电脑看一眼，这样的话，用人团队对候选人的评价就会更加准确、客观。

● 重视价值观的契合、文化的认同。在校学生、授薪律师与合伙人，他们的工作年限不同、履历背景不同，在文化与价值观方面的可塑性自然也不一样。在校学生的文化属性和价值观认同在一定程度上是律所可以去塑造的，但合伙人基本就是彼此寻求共鸣，很难存在谁改变谁的情况。授薪律师处于中间段，他们有自己本身的文化底色，也有此前工作经历对他们产生的影响，用人团队要尽量去找那些底色接近的对象。判断价值观、文化的核心方法就是去讨论取舍问题，只有重视价值观和文化，招聘的人员未来才能更好地融入。相应地，为了吸引到价值观、文化认同度高的授薪律师，律所、律师团队都要做好品牌输出、文化输出工作，比如在星瀚，我们就要将"热爱法律的技术派"这一文化理念高频次传递，重资源、重关系、轻专业的律师就不适合我们。律所和律师团队内部也要重视常态化的文化打造，让新人能够切身体验，从而产生更为准确的理解和认同。

- 进行背景调查。授薪律师如果是做过诉讼案子的，可以看看是否有公开的裁判文书；如果是做非诉的，也可以查看是否有公开的合同文本（比如为某网站撰写的用户信息合理使用协议等，进入该网站之后就能直接点击看到）、法律意见书（部分法律意见书可能有公开披露）等。还可以搜索阅读候选人写过的专业文章、接受过的媒体采访等。此外，授薪律师因为已经具备了一定的工作经验，这就意味着能够有单位或客户可以对他作出评价，因此在合理合规的情况下也可以进行必要的调查访谈，从而更为充分全面地了解候选人的真实情况。尽管受访对象的信息一般都是候选人本人提供的，候选人往往也会先跟受访人打好招呼，但我们依然可以从受访人的热忱度、重视度以及表述过程中是否愿意有更多的细节推介等表现里察觉出更为贴近实情的信息。

- 赋能、打造聚集优秀青年律师的社群。和重视校园文化建设一样，想要挖掘、吸引各方面匹配度都很高的授薪律师，也可以基于社群的赋能、打造。青年律师的成长发展是需要多方助力的，我们发现，会有一些新媒体平台专门邀约律师撰写成长心得，分享知识管理成果；读者们还可以通过这些新媒体平台进入微信交流群，大家一起交换各个专业领域、行业领域的学习资料，好用的合同模板、文书模板等。大家常常在微信群中高频次地互帮互助，A律师遇到了某个疑难问题在群里咨询一下，B律师就立刻给予响应和帮助；C律师问大家有没有做过某件事情，具体流程和口径如何时，大家就会纷纷讲出自己的经验和心得。时间长了之后，这些线上的社群也会尝试组织线下的活动，大家彼此见面认识、加深友情，时而也会邀请一些发展得较为成功的前辈分享经验感受等。毕竟不是所有的律所都有体系化的人才培养机制，更何况目前绝大多数律所都是小微规模所，这就意味着这些律所的青年律师发展过程中会常常缺少同行的伙伴。而这一类自发诞生的社群就能帮助青年律师在成长的道路上感到不孤单，并可以得到更多的赋能。作为发展得较为成熟的律所完全可以对这类聚集青年人才的社群予以帮助或者加强联系，在此过程中就能更多接触到未来潜在的授薪律师群体，并且因为有着较为长期的、常态化的沟通和交互，在考察的准确度方面、在双方未来的匹配度方面也一定会更好。

3. 吸引优秀的合伙人

对合伙人的招募、吸引和在校生、授薪律师的招募相比有着很大的不同。合伙人对于行业的理解已经较为深入，对于自身和团队的发展情况往往也有较为清晰的想法和预期，所以律所在吸引合伙人方面要做到几点：多在行业中发声，让更多的合伙人了解到律所的品牌、战略与文化；多在行业中贡献，让更多合伙人看到律所实际在做的事情；以及非常重要的，要有能力为合伙人赋能，解决合伙人们的普遍关切，包括律所对人才的吸引力、推动所内合作的能力、品牌市场赋能的能力、运营能力和组织效率、社会职务与荣誉方面的支持等。

律所对人才的吸引力正是本章前面重点介绍的，即一家律所有没有能力吸引到优秀的在校生、授薪律师等。我们发现，很多合伙人之所以考虑转换平台就是他觉得在过去的律所中已经很难招募到优秀的青年人，招不到人才就无法实现梯队建设，没有梯队建设就承接不了更多的客户、更多的案子，合伙人及团队的发展就完全受限。曾经有合伙人跟我说，他在换平台的时候怎么进行评估的，其中就包括去校园招聘会上看，哪家律所的展位前大排长龙；去公众号、小红书上面看，哪家律所的招聘信息阅读量高，在小红书上面的口碑评价好。只有拥有了人才，合伙人团队才能得到更好的发展，这也是律所要为合伙人提供的重要保障之一。

很多合伙人也相当重视一家律所的所内合作程度。大家都愈加发现，不仅外部的客户市场是相当重要的，内部的同事市场也一样要紧。每个人的专业特长、对外标签是不一样的，其他合伙人在接触到非自己专业范围内的案件时有多大概率会找所内的同事合作，合作的效果好不好、客户满意度高不高、对齐信息的积极性和意愿如何等都是合伙人们关心的方向。如果一家律所有着很好的内部合作氛围，那就意味着所内律师的专业化程度会越来越高、内部的工作效率也势必不断提升，共同对外展现的时候也将更有竞争力。合伙人、律师们的所内合作除市场本身的机制之外也少不了律所在制度层面的引领、分配层面的保障以及文化层面的宣导等，所内合作程度越高的律所一定越容易吸引优秀的合伙人。

品牌市场赋能的能力就是指能否帮助合伙人进一步拓展市场、增加案源。我在本书的第二部分说了不少关于如何建设品牌、如何组织市场活动、如何打造法律服务产品的内容，如果合伙人加入一家律所就能得到这些专业化的、高品质的支持，那对合伙人而言无疑是具有很强的吸引力。

运营能力和组织效率是看一个律所的运作衔接是否顺畅，是否存在没有必要的内耗。有的合伙人选择离开一家品牌不错的律所就是因为律所日常的内耗太多，申请盖章不顺利、申请所函总是拖延，甚至连申请开票都要排期。也有合伙人表达过自己之所以要换所就是觉得所里原先的行政前台不给力，会议室永远不收拾、前台经常开小差而无视客户等。所以律所层面一定不能忽视这些运营管理中的细节，合伙人如果长期在这些细节上得不到满足、感受不到提升，就很容易产生转所的想法。

社会职务与荣誉方面的支持。这些年，许多中青年合伙人离开原先的律所转而加入新的平台就是觉得在一个“暮气沉沉”“山头林立”的老所中自己是很难“出头”的，缺少在行业里展现、发挥的机会，进而导致其有很多想法却无法实现。去到更加年轻化的、市场化的律所当中，律所层面一般在社会职务推选、国内外奖项申报、榜单评比等各方面都更加公开、透明，给予的机会也更多，这对合伙人的长远发展显然是加分项。

此外，律所在吸引格外优秀的重点合伙人团队时一定少不了特殊政策，这和招商引资过程中需要根据企业的情况一事一议是相同的道理。吸引大咖合伙人的时候律所核心管理团队务必要亲自上心、亲力亲为，不惜三顾茅庐而且要将问题想在前面、把事情做在前面，以及最为关键的是要做到真诚且利他。如果总是想着对方能来，我们律所就能如何如何，而无视对方来了之后，我们能够为他做什么，这是无法吸引到优秀合伙人的。

最后要说的是，本章所说的这些律所吸引力的打造动作都离不开一支优秀的运营团队，所以招募到优秀的运营、优秀的人事尤为关键，具体内容在本书第四章中已有介绍。期待更多的律所通过科学化的运营管理，秉持赋能、利他、共赢的精神找到合适的人才，让更多优秀的法律人在自己的律所组织中闪闪发光。

第十一章 | 绩效管理与文化建设

人才招聘、薪酬福利、绩效管理、文化建设、人员培训，这些模块的工作内容之于律所人事委员会、人事部都是极为重要的。因为自带生产力和生产工具的行业特征，律所、律师团队在绩效管理方面的研究是较为滞后的，很多律所长期处于无绩效、无考核、无评估、无反馈的状态当中，导致律所发展缺乏目标感，对于现存的很多问题无法解决；还有更多的律所并不重视文化建设，甚至还没有意识到文化建设的必要性，对于如何进行文化建设自然就缺乏方法论。

本章内容将向大家介绍绩效管理的定义、常见做法，以及绩效管理和文化建设之间的关系、文化建设的核心要点。

看到本章标题的时候大家可能会有一个困惑,为什么要把文化建设和绩效管理放在一起讲?这是和绩效管理的概念密不可分的。绩效管理是指企业为了实现其目标和使命,对员工的表现和工作结果、工作成效进行评估、监控、提升的一套系统和过程。绩效管理涉及设定目标、确定绩效标准、绩效执行、绩效评估、绩效反馈、改进提升、给予奖励和激励等多个方面。可见,绩效管理是动态的,通过绩效管理可以让员工持续提升,也能实现企业目标、促进企业的提升,达成个人发展和企业发展的共赢。概言之,绩效管理就是实现企业战略目标的动态体系。那么企业的战略目标是什么呢?我在本书第一部分讲律所文化的时候已有提及,文化由使命、愿景、价值观组合构成,这三个要素都和企业目标有着密切的关系,尤其是使命,所以,谈绩效管理,必须要谈企业文化;而且,绩效管理是从外部介入,对员工而言是实现企业愿景的外驱力;而文化认同就可以说是内心确认,对员工而言是实现企业愿景的内驱力,内外结合,可以实现个人和企业的共同发展。

一、律师行业的绩效管理

绩效管理是企业经营过程中无法回避的问题,但在律师行业中却相对容易被忽略。因为在传统的律师发展路径当中,律师的个体独立性是很强的。大部分年轻法律人在实习律师阶段,因为法律规定的缘故,其必须找到一位律师担任其带教,在他尚且无法独立执业的阶段,带教会指导其专业,给其分配工作并最后在其申请律师证的必要材料上签章,而当这个年轻人拿到律师证之后,许多带教就会让年轻人开始独立执业。因此,和企业对员工的管理不同,律师很多时候是自己管好自己,这也就使得很多律所、律师团队没有绩效管理的概念。

伴随律师行业的发展、内卷现象的严重、利润率水平的压力,大家越发觉得无论是律所管理还是律师团队管理都应当更加科学化、精细化。如果说,过去的律师行业比拼的是发展速度、规模体量,那么在全新的阶段中,比拼的就是管理能力、运营能力、产能效率等,绩效管理成了律所竞争力的重要组成部分,其必要性、重要性被凸显出来了。

1. 绩效管理不仅仅是绩效考核

很多人在谈到绩效管理的时候,都会本能地问:你们的 KPI(关键绩效指标)是怎么设定的?你们的考核标准是什么?可见,绩效管理和绩效考核是很容易混同的,很多人会觉得说绩效考核就是在说绩效管理,但实际上,绩效管理是一套管理的动态体系,绩效考核只是绩效管理中的一个组成部分。而且,绩效管理的工具不仅有 KPI,还有 OKR(目标关键结果法)、PBC(个人绩效承诺)等,根据律所或律师团队发展阶段的不同、发展路径与目标的差异,管理工具也不尽相同。

无论是公司制的律所还是合伙制的律所,大多都会对合伙人有创收指标的要求,考虑到如前面所说的,在 Pure Lockstep 的模式下,合伙人的收益和其创收的达成情况并不直接挂钩,所以我这里说的合伙人创收指标可以先视作是在讨论 Modified Lockstep 或者提成分配的模式。

合伙制律所中有一种典型的绩效考核方法,例如:

- 合伙人团队的总创收不得低于 200 万元/年,其中,团队内持证律师的人均创收不得低于 80 万元/年(合伙人计算在内);若年度总创收 2 年不达标,则合伙人降级;若人均创收 2 年不达标,则合伙人应调整团队人员结构使其符合律所要求。

- 律所与合伙人团队的负责人,即合伙人本人按照提成模式进行利润分配,基础提成比例为 75%,合伙人自行承担其团队人员的各项成本。若合伙人团队当年度总创收超过 400 万元/年(含本数),且人均创收符合前述标准,合伙人可以作为代表参加二次分配。

在这套考核方式中,我们可以清晰地看到,律所对合伙人有一个考核标准:200 万元,无论合伙人是一个人还是带团队,200 万元都是最起码的底线;同时还要考虑人均要求,假设合伙人带 2 个授薪律师组成一个团队,那么,一年做到 200 万元是不够的,必须做到 240 万元及以上,才符合律所的考核要求(人均 80 万元 ×3 张执业律师证 =240 万元)。与此同时,我们也可以看到这套考核方法中还有一个激励办法,即合伙人团队的年创收超过 400 万元时,可以参加律所的二次分配,一次分配 75% 加上二次分配的比例,最终可能使得合伙人团队享受的实际提成比例达到 80% 左右,甚至更高,这其中所涉及的金额还是比较可观的。(律所设定 400 万元这样的激励门槛也是很智慧的,因为在某种程度上,其可以鼓励原先散落的小规模合伙人团队抱团,并且在抱团之后为了符合人均创收的标准,合伙人自己会在内部主动优化人员结构,这样的话,律所的组织结构也优化了,管理成本也变低了)

前面说的这个例子还只是绩效考核,并不是全面绩效管理,绝大部分律所都是到了自然年度结束后去看各个合伙人团队的最终成绩,但绩效管理应当包括设定目标、确定绩效标准、绩效执行、绩效评估、绩效反馈、改进提升、给予奖励和激励等多个方面,换言之,好的绩效管理就要求律所管委会有动态管理的能力,或者说应具备过程中管理的意识,应该在日常工作当中注重与合伙人的沟通与交流。

例如,张律师作为合伙人,过去一年带着 2 个授薪律师、1 个律师助理(实习律师)、1 个实习生(仍然在校的同学),完成了 260 万元的业绩,管委会在年初时就可以向张律师了解,其新一年度的创收目标是多少。因为假如原本的律师助理在今年 7 月就会取得律师证,那么张律师的实际创收指标就会变成 280 万元(张律师和 2 个授薪律师要做到 240 万元,下半年新增的这个律师在全年考核中折算成 0.5,即要达到 40 万元,相加到一起 280 万元),以及从明年开始,张律师团队的创收指标实际就是 320 万元,对于这样的业绩增量要求,张律师有没有心理准备?有没有应对策略?此外,如果实习生今年 7 月就要从学校毕业了,张律师会考虑留用人家吗?管委会需要提醒张律师,其不仅要测算能否在短期内符合律所的要求,还要测算在长远上的创收增长可能性,以及自身的成本情况和实际的合伙人利润率。如果张律师是很有魄力的,就是希望通过1年的时间奔着团队创收达到400万元的目标去的，那么管委会就可以和张律师探讨其年度计划，至少引导、建议张律师做一些关键性的动作，如明确专业标签、增加讲课频次、撰写专业文章和著作、增强所内交流与合作等，使得张律师的绩效目标可以被拆解成具体的工作任务，基于这些任务，管委会可以对其进行动态的评估。比如一个季度或半年过去了，张律师团队的创收情况是否在预期之中，假设符合预期甚至超过预期，张律师团队是做对了什么；如果不如预期，张律师团队是发生了什么问题，需要如何改进等。这一系列做法才构成了绩效管理的概念，而对律师团队来说也是一样的，即便没有律所管委会层面与律师团队之间就绩效管理问题进行沟通，律师团队本身也要有内部的绩效管理概念、意识和方法。接下来，我们结合常见的绩效管理工具继续深入介绍。

2. KPI（关键绩效指标）

KPI（Key Performance Indicator），相信大家对这个名词一定不陌生，它的中文表达是关键绩效指标。作为绩效管理中最常使用的工具，KPI体系的主要目的是将企业的战略目标分解为可操作的工作目标，以明确不同部门、不同级别、不同岗位的主要职责，为员工制定明确的绩效衡量标准。

比如一家律所在定年度目标时指出，新的一年要新增1000万元的创收，且这个部分的创收必须要由新客户贡献。这就是一个很明确的律所关键绩效指标，即新增客户创收达到1000万元，那么各个业务部门怎么去实现这个目标呢？自然就是要将这1000万元“摊派”到具体的部门里。当然，比之直接下达命令，更好的方式是公布1000万元的目标，让各个部门制定自己的目标承诺，比如：公司部200万元、金融部200万元、刑事部200万元、知识产权部200万元、房产建工部200万元，200万元就是各个部门的KPI之一。再往下，新增创收任务就会具体分解到个人身上，比如公司部张律师承担100万元、李律师承担100万元，对二位律师来说，新一年里通过新客户各新增100万元的创收就是一个很明确的KPI。这里又要老生常谈一次，如果只是有目标、有承诺，到年底才看达成与否，那就还是与单纯的绩效考核相差不大，依然没有进入绩效管理。绩效管理需要大家结合目标承诺讲规则：做到了会如何、没做到又会如何，这是一个很严肃的问题，一定要说清楚；然后定计划，这些目标要如何具体实现。管理过程中，要定期了解各个部门的KPI达成率，判断达成节奏理想与否，如果没有达到预期，在过程中就要去分析原因，比如是不是业务部门都在消化存量案件，或者老客户的新需求很多，使得部门合伙人没有精力去面向新客户拓展业务；或者是不是部门的业务质量、效率和服务能力不行，新客户在进行背调沟通时发现律所并不值得信赖，如果是这种情况，那就不仅仅是没有新客户的增长，甚至可能会出现老客户的流失的情况。如果业务部门有新增业务，但是新增的数量并不多，通过分析之后会发现，可能是因为经济增长和客户对法律服务的需求增长在整体性放缓，律所内部制定的KPI过高了，这就需要对KPI进行调整。总之，动态管理的过程不能缺少。大家应该也很直观地感受到，KPI 有着很强的目标感，很鲜明、很坚定，但也可能给人很强势、很有控制力的观感。

也正因如此，以 KPI 为绩效管理工具时需要注意一点，即目标设定要合理，不要定过高的 KPI。很多负责人之所以定比较高的 KPI，大多是因为那句“取法于上，仅得为中”，所以想着，如果我内心觉得 700 万元的新客户创收就可以了，我也要和各部门、各团队说我们的目标是 1000 万元，这样的话，如果大家真的做到 700 万元了，那么就和我的实际预期一样，完全可以接受，但如果我是按 700 万元定的 KPI，最终大家如果只做到 400 万元，那 400 万元这个结果我是无法接受的。

但以我个人的直观感受而言，KPI 的制定只要合理，其实多数情况下大家都是会有序完成的，最终甚至可能取得一些超额的结果，但如果 KPI 定得太高，反而容易让大家觉得辛苦一年也得不到什么，不如在过程中躺平算了。而且更为重要的现实考量是，KPI 的公信力问题和有效性问题。还是以合伙人团队的二次分配激励举例子，如果现在一个团队的 KPI 为 1000 万元但实际做了 700 万元，虽然客观上这是律所管委会内心可以接受的数字，那么管委会是否要让其参与二次分配呢？如果不让其参与二次分配，该团队合伙人就很有可能会觉得，管委会是故意将 KPI 定高的，为的是不想给二次分配，进而可能产生换所的想法；如果让其参与二次分配了，那么管委会的权威性就会受影响，大家就会觉得，KPI 只是摆摆样子，最终为了“安抚”大家，实现“你好我好”，都会以管委会的主观判断为准，KPI 的客观性就荡然无存了。

在此情况下，KPI 应该怎么设定？KPI 的设定关键在于一定要有客观依据。律师事务所的行业主管机关司法行政部门、律师协会都是会进行行业数据统计的，整个行业的增长或下降趋势具备一定的参考性。此外，律所内部每年也应当统计必要的财务数据，包括创收的涨跌、人均的涨跌、合伙人利润率的涨跌、签约金的涨跌、平均单案创收的涨跌等，都需要被统计。在星瀚，我们会通过内部管理系统记录每一个律所经营管理过程中产生过的数据，再结合不同的维度进行统计，仅日常需要统计、分析的数据有数十个，这些数据对于评估律所的发展潜力、健康情况很有帮助，同样也能助力于 KPI 设定。此外，一个好的 KPI，通常应该是多数人能够达成的。合伙人二次分配可能有一定的特殊性，因为在设立的初心上，主要是为了激励所里创收能力最强的 20% ~30% 的合伙人；但如果是合伙人团队内部的 KPI 制定，建议要做到至少 80% 的员工可以达成，否则 KPI 的达成率太低会影响士气，但 KPI 的达成毫无难度也就丧失了制定 KPI 的意义。

3. OKR（目标关键结果法）

这些年来，OKR 的概念被广泛提及，下面我们再来说说 OKR。OKR，就是 Objectives & Key Results，其理论源于管理学大师彼得·德鲁克在《管理的实践》一书中提出的“目标管理和自我控制”，由其“信徒”英特尔（Intel）公司 CEO 安迪·格鲁夫率先使用（当时不叫 OKR，而是被称为 IMBO），后来被谷歌（Google）公司发扬光大。在国内，因为华为、阿里、字节跳动等知名企业的应用而被广泛熟知。

我们先来看看 KPI 和 OKR 的不同之处：

- OKR 是面向全体人员的，是公开的、透明的，KPI 很多时候并是不透明的。企业定 KPI 的时候，尤其是具体到特定的部门、特定的个人，很多时候就不公开了，这是出于管理上的思考和一些战略意图上的规划，因为如果一些人的 KPI 定得高、一些人的 KPI 定得低，公开之后就很有可能引发非常多的矛盾，因此，往往只有偏宏观的、整体的 KPI 是大家知悉的。也就是说体现企业的整体目标的 KPI 大家一般都能知悉，而 KPI 的承接单位越小，知悉的范围可能就越小。但 OKR 不同，OKR 倡导的是普遍、透明，大家可以看到任何一个人的 OKR。如果用过飞书大家就会发现，点击组织内一个人的头像，即便他是 CEO 或是律所主任，他的 OKR 大家也都是可以看到的。因为 OKR 的底层逻辑就是相信透明的力量，相信对于一群足够聪明、优秀的人来说，对齐信息，就能生发出更大的能量。所有人定目标的时候都可以左看右看、上看下看，保持目标的一致，实现真正意义上的协同。

- KPI 通常都是自上而下设定的，但 OKR 还可以向上管理。KPI 体系是基于企业的整体目标进行拆解，由各个层级、部门进行承接或分担。但是在 OKR 里面，有一些 O 和 KR 是可以由员工发起的，而且在员工发起的 OKR 里面，既包括那些可以支撑上级或其他部门的 OKR，也可以发起不支撑上级、不支撑其他部门的 OKR，甚至是需要上级或其他部门来支撑的 OKR，只要上级觉得这个 OKR 的方向不错、可以尝试，那么就会同意。我们服务的一家使用OKR管理的客户公司就告诉我们,在外界看来,他们的主营产品就是1个,但实际上,他们内部在孵化、尝试、探索的产品线有40多个,这40多个产品线中,绝大部分都是源自员工自行发起的OKR,在得到上级或其他部门认可的情况下进行推进的,这样做的好处是可以最大限度上调动全体员工的自发性、创新性,没准就能从中再诞生一个独角兽。

- KPI一定是有绩效考核环节的,但是OKR是不考核的。

"不考核",对于很多初识OKR的人来说是很震撼的概念,这也是OKR和KPI之间最为显著的区别。KPI的目标感很强,但也容易导致功利性很强,老板要什么、考核什么,员工就给什么,与考核无关的事情,员工就不会去做;定KPI的时候,员工和老板之间还要斗智斗勇。但OKR就不同了,对采用OKR的企业来说,目标是目标、奖金是奖金,这两件事情要分开来看,不考核员工,所以员工可以设定更有挑战性的目标。也正因如此,大家普遍认为,即便将KPI和OKR都视为绩效管理工具,前者的侧重点还是在于考核,而后者的侧重点是在目标管理。从这个角度看,OKR的管理模式非常适合知识密集型的企业,比如律师事务所。

接下来,我们就具体说说律所的OKR应该怎么定。

O,Objective,目标,描述目标的时候要具体且有方向性。飞书在指导大家填写O的时候就会举例说:"提高英文水平",这不是一个具体的目标,方向性也不强,应该写成"半年后,可以用英语做专业领域的分享"。此外,制定O的时候要有挑战性,比如你说十年后可以用英文做专业领域的分享,这就没有挑战性了,而且为了方便检核,O 的设定期限也不要太长,以两周到半年为一个周期是相对合理的。如果 O 还能鼓舞人心、令人激动不已那就更好了。

KR, Key Results,关键成果,也就是结合设定好的目标,进行过程性或成果性描述。飞书告诉我们,好的 KR 要能支撑 O, 还是以"半年后,可以用英语做专业领域的分享"为例,好的 KR 应该是:"在某 App 学习与专业领域相关的口语表达,能口头说明专业概念"而非仅仅是"在某 App 学习日常口语",以及要定量或定性地描述 KR,比如,不能是写"背诵专业词汇",而应该写"能熟练使用 200 个专业领域的词汇和表达",不能仅仅写"能用英文制作专业领域 PPT",而应该写成"能用英语制作专业领域 PPT,可以准确解释专业概念"。概括来说就是:(1) KR 要能支撑 O,且能作为考核 O 是否达成的依据,也就是这些 KR 实现了,就意味着我们的 O 达成了,如果 KR 实现了,但在逻辑上依然无法推导出 O 就达成了,那就说明我们的 KR 就定得有问题。(2) KR 要定量或定性,要明确可量化。(3) 团队成员对于完成 KR 要有信心,且应当定期复盘 KR,必要的时候要去掉和 KR 无关的工作,要直面 KR 实施过程中的难点并尽力去解决。

在制定 OKR 的时候,我们要注意 OKR 的上下对齐,以及需要注意:O 的数量不宜太多,通常一段时间内 O 不要超过 3 个,对应每一个 O 的 KR 最好控制在 3 ~ 5 个。下面,我们结合律师行业来具体说。

比如一家律所的战略大目标是:三年内,成为华东地区最具规模和影响力的专业化区域所。那么在半年内，这家律所的管委会就可以将 O 设定成：

O1，半年内保持上海总部 20% 以上的执业律师增速（增加执业律师 X 人，确保上海总部律师人数在半年内达到 Y 人；这个数据，肯定是根据华东地区目前的规模大所的人数情况测算出来的）。与之对应的 KR 可以有：（1）半年内，律所接待律师参观、咨询人数不低于 M 人；（2）半年内，律所管委会对外宣讲不少于 6 次；（3）半年内，律所管委会成员参与行业活动不少于 6 次。基于这个 O 和 KR，我们发现律所的运营团队、管委会成员的秘书们就可以行动起来，要将各自的 OKR 与之对齐。

接下来看第二个 O，因为该所上海的律师人数规模增长只是代表总部的影响力、潜在的带动力，要在华东地区规模和影响力领先，那么势必要有分所的目标；还要有“专业化”的定位，要有与专业对应的目标。因此，O2 就可以考虑写成：半年内，杭州、南京分所的执业律师增速达到 N%（这同样也是一个经过测算的数字），以及对应设置 KR。在专业化方面可以有 O3，例如：半年内，完成知识产权、劳动人事、私人律师 3 个专业委员会的设立工作等。

大家发现，有了以上的设定，各分所的管委会、运营团队，总分所的业务团队、运营团队等，就都会围绕这些 OKR 去开展工作，实现 OKR 管理过程中非常强调的上下对齐、左右对齐、360 度支撑。

其实具体到律师团队也是同样的道理，如果一个律师团队确定的 O 为：打造一支在上海范围内具有知名度的数据合规团队，那么对应的KR可能就包括：在半年内，完成对A、B、C、D、E、F公司的拜访与交流，实现30%以上的成案转化率（这里的A、B、C、D、E、F应该都是数据合规业务相关的知名头部公司）；在半年内，达成与Z协会的深度合作，协会分享曝光达到3次以上（这里的Z协会应该是数据合规领域最为重要的合作渠道之一）；半年内实现数据合规标签下创收总量×万元；等等。此外，是否在知名榜单上榜、是否积累到更多的行业客户、是否参与到相关专业领域的重大官方课题当中等都可以视为KR，但还是要记住，一定时间段内，O不宜多，KR也不宜太多，要把握最为关键的主线任务去实现重点突破。

相信说到这里，大家对于OKR这个管理工具怎么设定已经有基本概念了，接下来，我们要解决下一个难题，相信大家一定会在心中问：OKR不考核，那么怎么决定晋升，怎么决定奖金呢？

在飞书绩效里有一个“360度评估”，也就是让你周围的人给你打分。因为你的表现大家都看在眼里，360度评估就能汇总有价值的信息，上级会根据这些信息对下属进行考核。具体的操作是：

第一步，员工先写一份总结，回顾自己的工作情况完成的如何，定了哪些OKR，达成与否，取得了哪些实质性的成绩等。写总结的时候要注意，不要写空话套话，要务实、关注产出和效果，最好有可以量化的数据信息等。

第二步，360度邀请，也就是让员工自己邀请10～20人结合其工作总结给出评价，这些邀请对象可以是工作中的上下级，也可以是其他部门有过合作的同事等。企业当中邀请 10 ~ 20 人进行评价是比较正常的,但如果律所的规模没有那么大,那么就可以减少邀请人数;反之,在某些情况下,邀请人数也可以增加。需要注意的是,我如果被邀请参与 360 度评估,并不意味着我一定要接受邀请,因为我可能觉得自己并不适合去评估,或者我接到的评估邀请已经非常多了,时间上顾及不暇等,也是可以拒绝参与 360 度评估的,但是需要写明拒绝参与评估的原因。

第三步,被评估的对象发出评估邀请了,受邀对象是否有意向给予评估也已经表达了,但此时还不能立刻启动评估,还要被评估对象的上级来确认一下评估人员的信息,因为,不能都邀请和自己关系好的人来给自己评估,以及上级也要考虑,邀请的人数是否合适、邀请的对象是否覆盖了该名员工的工作条线,上级也可以帮员工再邀请一些人来共同参与评估。上级的确认和补充邀请都完成后,才是真正的评估环节。

第四步,360 度评估。以字节跳动为例,其业绩评估有 8 个成绩类别,见表 11 - 1。

表 11 - 1 字节跳动 360 度评估成绩类别

F	I	M -	M	M +	E	E +	O
不合格	待改进	符合预期 -	符合预期	符合预期 +	超出预期	超出预期 +	卓越

收到 360 度评估邀请的员工需要先进行打分,并且写出“做得好的”“待改进的”内容。需要注意,打分的结果以及具体的评价,员工本人是看不到的,只有员工的上级可以看到,为的就是大家坦

诚清晰地说实话,也能让管理者知道更加综合、全面的信息。大家可能还会问,管理者看到的其他同事对员工的打分、评价,是匿名的还是实名的?结论是:实名,因为匿名后的内容可能失真。参与评估的员工可能也会问,我在评分时写的一些内容希望员工本人可以看到,怎么办?飞书绩效给出了一个留言功能,可以通过留言的方式进行实现。

第五步,员工自评。员工自评和工作总结不同,工作总结是客观陈述工作情况,为大家的评估提供参考,而自评是给自己打分,在表 11 - 1 中的 8 个成绩类别当中要归入哪一档,这是一个很重要的步骤,因为上级要看员工的自我认知和评价是否准确。如果员工的自我评价和他人对员工的评估出现了很大的分歧,那就要进行重点谈话沟通了。

第六步,上级评估。现在,员工的上级已经有了员工的工作报告、自我评价、他人对员工进行的 360 度评估,这个时候,上级就可以结合这些参考内容,并基于员工的工作信息、日常表现等对员工进行评价和评分了。此处需要注意的是,上级评估不是对员工自我评估和他人给予的评估进行平衡,上级要有独立的思考、判断和分析,而其依据就仰赖于对员工日常工作的了解,这些日常工作最好是电子化的、可随时查取的,这里就体现了律所信息化、数字化建设工作的重要性了。

第七步,绩效校准。管理者对于自己属下的员工们进行评估,依然可能有其视野的局限性,这个时候,就需要管理者和他的上级一起做一轮绩效校准。绩效校准的过程就是要对比不同员工的绩效，找出评价中不合理的地方并且校准结果。通过绩效校准可以拉齐标准，标准拉齐了，对员工的评估才是客观的。与此同时，请更高一级的管理者共同参与绩效校准也是对管理者的能力培养。此外，在这样一个横向对比的过程中，也能更好地进行人才盘点，对管理者的后续管理有很大的帮助。

最后是绩效的确认。优秀的绩效管理可以准确评价员工的贡献，给予激励与奖励；同时能帮助管理者和员工都更好地认识自己，找到进步和成长的方向。

4. 天时、地利、人和

除了前面说的 KPI、OKR，还有非常多的绩效管理工具，具体到各家律所的实践中并非一定要选择某一种工具，而是可以综合律所的人员情况、发展阶段、发展目标等确立绩效管理的模式，既可以不进行绩效考核，也可以使用复合型的工具。

有些合伙人认为，没有考核就无法进行薪酬的评定、奖金的激励和晋升的安排，事实果真如此吗？其实要看团队的人数、规模和所处的阶段。例如，在团队初期，人员之间都很熟悉，汇报条线相当扁平，每个人在做什么、做得如何，彼此都完全心知肚明。在此情况下，未必要用非常复杂的绩效考核工具进行团队管理，考核维度太多、考核周期太密反而可能让大家觉得麻烦、形式化、拖慢团队发展的效率。此时的团队虽然没有绩效考核，但并不意味着合伙人就不能安排薪酬待遇、奖金、职级，合伙人在这个时候要敢于拍脑袋，这种拍脑袋和进行科学化评估之后的结果往往是一致的。

此外，虽然没有考核指标，但还是要有团队目标、工作要求，这可以通过团队一起开会、合伙人与同事逐一谈话等形式完成。

还有的合伙人会纠结，如果要做绩效管理，是不是就一定要在 OKR、KPI 或者其他管理工具当中选择一个，选定哪一个好呢？事实上，绩效管理工具的选择不一定是一件非此即彼的事情，大家完全可以根据团队发展的目标、需求将各类绩效管理工具结合起来使用。比如在做季度、半年度、年度目标规划的时候就可以用 OKR，因为 OKR 不考核，但是在意目标感；而在写一些比较具象化的 KR 的时候，就可以结合一些具体的指标，让团队整体更加明晰，达到完成了哪些事情就可以实现目标效果。所以，我们不能为了绩效管理而进行绩效管理，绩效管理终究是服务律所发展、团队发展的，一定要结合自身的情况，追求天时、地利、人和。

就律所或律师团队的建设、发展而言，有时候与其将重点放在"绩效"上，不如将目光转移到"管理"上。作为律所的管理层、团队的负责人，还是要重视和人才进行沟通复盘，就是大家要想一想，如果你是律所主任、管委会主席，是不是做到每个月都和自己分管的合伙人们、管委会的委员们聊一聊了？如果你是团队的负责人，你和自己管理的团队成员是否有着充分的交流与互信？结合发展面谈进行管理在很多时候是一件非常重要的事情，原则上建议每月都能有一次，但实践中常常会因为合伙人太忙、没时间而被忽视。

发展面谈的实质是一项管理工具，既可以帮助团队成员了解到合伙人对其在一定周期内的工作表现、工作成果所作出的评价，也可以让合伙人通过发展面谈的形式进一步了解团队成员并为其赋能。在发展面谈的时候,要聊具体工作中所能看出的问题,进行复盘、提出改善意见,更重要的是,合伙人也要通过发展面谈了解团队成员需要什么、遇到的困难和困惑是什么,帮助团队成员清晰自己的优势、看到自己的缺点、明确自己的差距,并且知道接下来,合伙人及团队中的其他同事将如何帮助自己,在哪些地方会立刻安排改善方案或支持,使团队成员在团队中被更大程度地赋能。

每一次发展面谈结束之后合伙人也要做一次人才盘点,问问自己,这些团队成员是不是对的人。有些时候,合伙人对某一个团队成员并不那么满意,但采取的做法是逃避。比如只给这个成员安排一些简单、基础的工作,又或者让团队中的其他同事去给该成员布置工作、传话等,仿佛合伙人只要不接触这个团队成员问题就会自然消失一般。可事实是,问题不会消失,通常只会越来越多。比较好的做法是,一旦觉得某位团队成员与自己的想法、要求存在差距,就应该思考一下:"如果现在再重新选择一次,还是否聘请这位成员,又或者,如果这个成员现在提离职了,自己到底是充满遗憾还是会有如释重负的感觉。"合伙人千万不能为了所谓的想当好人而逃避选择,商业中,不理性地试图当一个所谓的好人导致的结果往往是伤害了更多的人。面对团队成员的缺点、做错事情不能太过粗暴,要通过发展面谈给他提供调整的方法与机会,但如果屡次不改或者潜力有限的时候,合伙人也不能太过勉强,让不合适的人体面地离开才是合伙人该做的事情。反过来,合伙人每次完成发展面谈之后都内心极其欣慰,觉得我的这个团队真是太棒了,有那么多优秀的、责任心强的伙伴,那么此时的合伙人也要加强自我鞭策,只有合伙人能带领团队持续发展壮大,才能持续留住人才,也才不辜负团队成员的卓越与付出。

二、通过文化建设增强员工的内驱力

我在本书的第二章里详细讲了如何凝练律所文化,即律所的使命、愿景、价值观应当如何形成、如何传播、如何寻求认同。而本章所说的文化建设旨在解决一个关键问题,即如何通过文化建设使得合伙人、律师的心态从要我做转变为我要做,从迫于绩效管理而无奈、被动地执行,转变到出于内心认同寻求主动实践。我想分享的关键方法包括:

(1)对体现律所文化的行为要给予非常积极的肯定。例如,自从我们律所获得破产管理人资格之后,一个以年轻人为骨干力量的破产清算专业小组就形成了,大家开始逐步摸索破产管理人案件的办案规范、细节要求、文本资料、调查要点等。小组中,一位刚刚走出大学校园的新人在经历了几个案件的历练之后开始自己制作破产清算案件操作指引,将法律法规、制度规范、法院培训材料、关键节点、文本模板、实操要领、心得体会等都总结到指引当中,随后分享给破产清算小组以及对破产业务感兴趣的同事们。他这一自发自愿的行为就非常符合星瀚价值观——坚持做“热爱法律的技术派”。所以,当我们知道之后都对这样的做法大加赞赏,给予他荣誉、奖励并且赋予更多的职能与机会。换言之,律所管理层、团队负责人要留心观察身边发生的契合律所文化的故事，对于优秀同事的赞赏完全可以不吝赞美之词。也有企业客户跟我分享说，他们每周例会的时候有一个固定议程，就是大家可以相互夸一夸、说说过去一周中，与你一起共事的同事里有谁做了什么事情是值得肯定的、是符合企业文化的。当然，如果确实没有特别的事情也可以不讲，只是这样的机制使得同事们会养成一种习惯，就是自觉去做一些符合企业文化的事情，同时会留心观察身边同事的优点、值得学习的地方。久而久之、耳濡目染之下，有些事情就会从量变转变成质变了。

（2）"经常庆功，就能成功。"这是电视剧《繁花》里魏总的口头禅，也揭示了律所文化如何感染大家的重要方法。律所也好，合伙人团队也罢，大家要形成一种做成一件事情了，就可以一起庆祝一下的氛围。小到一起聚餐、露营，或者群里发个红包、放半天假，大到在重点案件胜诉、重要非诉项目交割结项、完成了高难度的课题或知识管理成果、落实了一次高品质的营销事件之后可以一起组织旅游、团建。设计、规划、呈现"胜利日"是一件重要的事情，这会让大家感受到工作的意义与价值，拥有自我实现的愉悦感，增加对律所、对工作的认同与归属感。

（3）文化要与选择、决策相挂钩。文化是取舍的标准，对于符合律所文化的行为要给予肯定，相应地，对于不符合律所文化的事情也要有必要的应对处理措施。律所文化的意义是一套将实现共同愿景的外驱力转化为内驱力的动态体系，大家真正认同律所文化、相信律所文化就是要看律所的管理团队、合伙人团队是怎么做的,要看在利益和文化冲突时大家究竟是怎么选的。只有每个人都尊重律所文化、展现律所文化、让律所文化产生正向的影响,那么文化才有可能影响大家的内驱力,从而使得律所文化始终保持生机勃勃、传递正能量。事实上,如果文化和利益有冲突,那都是短期的、不持久的,文化的实现就是长期利益实现的前提。

第十二章 | 致力于为人才持续赋能

每个人在自己不同的人生阶段中所需得到的关怀、支持、赋能是不一样的,这就意味着律所对于人才的投入程度、关心程度必须是动态更新的,而且应该是全方位的,也就是致力于为人才持续赋能。本章将要介绍的是律所可以在哪些方面为人才持续赋能,赋能的时候要注意的方式方法。

一、科学安排薪酬与福利

1. 具有竞争力的薪酬

前面谈了人才发展体系的搭建,也讲了绩效管理的方式,强调了发展面谈、文化建设的重要性,但是不得不说一句,如果抛开薪酬保障讲愿景,那被称为"画大饼"也是不冤枉的。在知识密集型企业的管理中,人力不仅是重要的成本,也是核心的资产,而且大家能够达成共识的是:越是优秀的人,吸引他、留住他所需付出的成本就越高。但合伙人们依然愿意付出这样的成本,为什么呢?因为用了一个不太优秀的人,或者说不满足团队要求的人,即便其所需的成本看似不高,但他执行任务时的折扣率也不低。例如,一个月薪 8000 元的员工审核一份合同需要 4 个小时,而且最终的结果还无法令人满意;而另一个员工月薪 20000 元,30 分钟就能审好一份合同,合伙人一看,审核做得非常周延,可以直接发给客户,这两个员工,应该选择谁?相信大家都会有一致的判断。优秀的人才在很多时候真的可以以一抵十,甚至更多,所以薪酬一定要给到位、给出竞争力。

在律师行业里给优秀的人才以较高的保障可以使他们更加安心于工作本身,在没有后顾之忧的情况下激发更大的潜力,稳定性也更强;而基础收入太低,全靠绩效奖金的话就容易产生动作变形,本来可以发挥高价值的人把精力全放到了怎么弄绩效、拿奖金上面,合伙人如果站在更加长远的视角上看就会发现这是得不偿失的。又或者,其他地方给出了更高的基础工资,优秀人才大概率就会跳槽了。核心人员的稳定性对于律师团队的高效率、高品质运转是极其重要的。正如杰克·韦尔奇所说:工资最高的时候,成本最低。

当然,不少合伙人也有顾虑,基本薪酬给得很多是否会导致激励不够?员工会不会觉得一切都太理所当然了以至于缺少进步的动力?这就需要律所、合伙人具备平衡固定薪酬和奖金激励的智慧。对于初入职场的新人来说,固定薪酬背后的安全感、认同度显然更加重要。律师助理、初级律师的收入应该以固定薪酬为主,奖金激励为辅,奖金激励在很大程度上是基于对工作态度的肯定、对辅助任务时的贡献度肯定。只有伴随律师资历的提升,其已具备一些财富积累,固定薪酬也达到了一定的水平,他在办案时又具备主导性、在洽谈客户及服务客户方面的能力已经比较高,奖金激励的意义才更加显著。因此,薪酬也是设计和规划的结果,人力资源管理专家一般建议:用高出市场行情10%的薪酬去吸引优秀的人才,同时将团队中的人力成本控制在创收总额的10%,这是比较科学的模型。当然,初创团队总是要先投入、再收获的,所以初创团队的人力成本比重可以相对更高一些。此外,有些业务领域因为存在特殊性(如繁杂、枯燥的事务较多,出差较多,或者工作时的沟通成本很高,即这些业务领域比较耗费一个人的精力),其人力成本也会相对较高。

2. 温暖贴心的福利

薪酬之于职场人是重要的，但是薪酬的作用是让人不产生抱怨，而不能做到令人对职场环境必然满意。我们在职场中的幸福感是通过薪酬、福利、团队氛围、成就感、发展前景等诸多因素综合形成的。所以当我们想要激励员工的时候，除了加薪，还需要考虑福利安排、职业发展和团队归属感。

福利设计是一项听起来很简单，但做起来非常困难的工作，其难点在于，一方面，福利不是薪酬待遇的组成部分，是额外的、独立的。但如果一开始没有说清楚，大家都把福利看作薪酬的一部分，那一旦发生福利设计上的变动，员工的反弹情绪就会很重。另一方面，有些福利设计了、给出了，但员工的抱怨却很多。大家对律所安排的福利不理解、不需要甚至觉得所谓福利其实是“负担”。很典型的就包括，有些合伙人认为组织旅游团建显然是福利啊，但是年轻人却不愿意参加。宁愿加班、开庭、感冒、发烧也不愿意去旅游团建，这就会让律所、合伙人、人事部门陷入吃力不讨好的局面。

目前星瀚在福利设计方面的考虑是这样的：

- 旅游。律所出钱让大家集体出游对于大部分同事来说是乐在其中的，但律所要理解，同事们对旅游的期待往往就是纯粹的旅游，不要穿插刻意为之的团建。旅游的重心是游玩、体验、休闲，在这个过程中，大家自然而然地加深了解和感情。此外，合伙人不要太过期待在旅游的过程中年轻同事还要照顾自己、全方位满足自己的要求，如果旅游是一场附带任务的职场情商测试，那很多同事都会说“大可不必”。律所人事部门要做到的是，对于旅游的目的地、线路设计、项目安排等，可以请同事们多多参与进来，在预算允许、条件满足的情况下争取多数人的最大公约数。

- 团建。团建和旅游不同，团建顾名思义是要共同完成一些建设性工作的。典型的团建安排会包括团队凝聚力建设项目、律所或团队发展的复盘与计划等。选择团建目的地的时候要注意：不能在律所，也尽量不要在同城，因为还是要给大家营造一些抽离感；但是前往的城市也不能太远，不要在路上耽搁太长的时间，通常车程控制在 2～3 小时以内为宜。团建项目的安排要做到工作时投入、讨论时热烈、游玩时尽兴，所以一般情况下都是先安排聚焦当下的事情，再开始畅想长远的未来，最后一起尽情地游玩，整体天数控制在 2～3 天。

- 社团。星瀚的社团活动都以同事自愿发起、自我组织为基础，律所层面提供经费补贴、场地支持和资源协调服务，尽可能不干涉社团活动的细节，也就是真正地让同事基于各自的兴趣进行结社，而非为了完成律所的任务。

另外，我们还有奇思妙想汇、家庭日、商业保险、体检、节假日福利等。相关福利的安排要看实施效果、受欢迎程度。对于员工感知度低、认同度低的福利律所就要进行及时调整。

除这些实打实关系到资金支出的福利外，人事部门还可以考虑为员工的安居乐业提供一些必要的支持。比如，整理租房购房小锦囊，汇总整理一些优质的供应商，为员工的居住事宜提供保障。与之对应地,公租房、人才公寓的争取工作也是要时刻放在心上。还可以整理一些落户、居住证办理的小贴士,协助员工处理相关事宜等。

二、重视职业规划与个人成长

我在前面有提到建设人才发展体系的重要性,但相信大家也都明白,尽管人才发展体系在此,也不是每个员工都会走出相同的路径,大家不可能被同一个模板、范式所打造。一方面,员工的成长背景、发展现状、个性差异、能力差异是客观存在的;另一方面,伴随着员工年龄的增长、生活状态的变化等,其对事业的追求与态度也难免发生变化。初入职场的时候总有用不完的力气,每天都乐于迎接全新的挑战;但是成家立业之后势必会花时间、精力在对家庭的照顾上,甚至可能会考虑还有没有必要那么卷,是不是应该给自己的身心有更多休憩的空间。此外,不可否认的是,生育对于律师,尤其是女律师的工作生活节奏一定会带来影响。面对有信任基础、有较高认同度的员工出现心态变化时,律所一定会与其充分沟通交流,尽可能地为员工创造符合其需要的工作环境。我们律所就遇到过办案的骨干力量因为身体原因无法再继续承受原先的工作节奏和强度,我们就将更多的科研工作、业务指导工作给到他,如此一来他的生物钟至少不需要跟着客户的需求走,可以相对稳定地处于相对固定的工作节奏里。等后来他身体情况好转了,其本人也依然有意愿挑战业务一线工作,就可以再将他调整回来。

在此情况下，员工会觉得律所很人性化，兼顾了员工的实际状况和主观意愿，律所也避免了人才的流失，毕竟培养一名优秀律师并不是容易的、低成本的事情，更何况大家还有多年共事所产生的情谊。

此外，我们遇到过很多律师在执业三五年之后会产生进一步深造的想法，有些是希望全日制地进行研究生或博士生的学习，有些是考虑出国读 LLM(法学硕士)或者 JD(法学博士)，对于这类同事，如果律所认为其非常优秀，希望律师在学成之后依然回到律所继续工作的，可以考虑在律所层面设立奖学金机制。即律所提供一定的学习资助，并且和员工保持有效互动，锁定员工在完成学业之后仍可以一起共事，更好地服务客户。

我们不能忽视的是，员工的成长是日积月累的过程，他在职场中的收获感、满足感与他在做什么事情、接触什么样的人有密不可分的关系。带教布置工作的时候应当注意，要给员工一些具有挑战性的工作使其能力得到充分的历练。给员工讲课、做培训是必要的，但是培训习得的知识一定不如他亲自出去碰一次钉子得到的收获令他印象深刻。与此同时，无论是合伙人还是人事部门，都要尽量给员工创造开阔视野的机会，让他们多向高手学习。所以，我在参加交流活动时如果有认识特别厉害的高手，就会问问他最近是否有方便的时间，欢迎到我们律所来给同事们做一次分享；又或者看到行业内有高品质的活动、论坛，我也都会问问所里的同事是否感兴趣，要不要去现场感受一下。

三、策划高质量的培训

律师工作做多久，学习就要学多久，可以说终身学习是律师这份职业的使命。让不同阶段的法律人获得对应的培训资源，并且通过培训有所收获、有所成长就是律所人力资源工作的重点之一。律所应当提供的培训资源大致包括以下几种类型：

(1)新人培训。这是指实习生、应届学生或者资浅的律师助理、律师加入律所之后进行的统一培训。常见的新人培训内容会包含两大部分，一个部分是与律所文化、工作习惯、工作方式直接相关的课程，比如《律所品牌、文化与战略》《律所 VI 设计、格式文本与模板使用》《律所内部管理系统的使用与规范》《律所核心制度宣导》《商务礼仪》等。另一部分是与工作能力提升相关的课程，比如《如何进行法律调研》《合同的起草、审核与修订》《常见法律文书的写作》《法律英语》《诉讼法律实务基础》《非诉讼法律实务基础》《如何服务常年法律顾问客户》等，为的是让新人掌握更多、更好的工作方法，从而可以在上手工作的时候更有目标感。

(2)晋升培训。这是指律所员工从律师助理晋升到律师、从初级律师晋升到中级律师、再从中级律师晋升到高级律师、从高级律师晋升到顾问或合伙人时进行的培训。因为律所对不同职级阶段的岗位会提出不一样的要求，晋升培训就是帮助大家对相关的能力要求更为熟悉，收获全新的思维意识、工作方法。从律师助理成长为执业律师时，二者之间的核心差别就在于是否具备独立处理一般案件的能力，以及与之对应的，是否具备一定的客户服务能力。所以此时的晋升培训课程就应该提供独立办案相关的内容，如诉讼法律服务、非诉讼法律服务的专业进阶课，以及与客户服务、客户管理有关的课程，从而让新手律师认识到与客户沟通、对接时的核心要领。此后律师在往中高级攀升的过程中也会有对应的新增能力要求，诸如人员带教的能力、团队管理的能力、复杂状态下的应变能力、品牌建设与市场营销能力等，律所人事部门都可以结合相关方向找到适合于晋升者的专业培训。

(3)行业培训。律师服务的客户都身处不同的行业中，我们一直都在倡导律师不仅要懂法律，也要懂行业、懂商业，那么如何了解行业呢？请各行各业的代表来向律师介绍行业，以及介绍行业视角下的法律服务需求就很重要。所以律所人事部门在安排培训的时候不仅可以安排法律方向上的内容，也可以安排行业相关的内容，从而帮助律师拓宽视野。

(4)综合培训。律师所拥有的知识面自然是越丰富越好的，他山之石对于律师的职业发展也会很有帮助。为此，人事部门在组织培训的时候就可以考虑更多跨专业的人文通识课程，比如《心理学》《经济学》《行为经济学》《管理学》等，当然实践中人事部门也不会相当别出心裁地安排《律师职场穿搭》《律师常用谈资》《如何订到心仪的餐厅》《艺术鉴赏》《亲子关系》等课程，这些内容的学习不仅有利于律师的自我提升，很多时候对拉近与客户之间的距离也会大有裨益。

需要注意的是，培训的形式还可以不仅仅是单一的讲课模式，

也可以结合课程的主题、内容等用到讲习会(Workshop)、现场体验等方式。对于人事部门来说,做好培训工作的核心在于:

- 理解律所管理团队组织培训的目的。每一场培训都有要实现的目标,以终为始地进行工作要时刻记在心上,转化到行动当中。

- 了解律所同事对于培训的需求。培训不应该只是管委会、合伙人、人事部门的一厢情愿,同事们到底需要怎样的培训,人事部门要学会倾听。建议人事部门每半年调研一次大家的培训需求,只有大家想要某一项培训,人事部门进行了安排,大家才有积极参与的兴趣。

- 通过有效的机制筛选优质的培训课程。律所人事部门有一项重要工作就是多方位地调研培训机构,要抽出时间通过线上、线下的形式试听课程、获取学习资料,和人事委员会一起判断相关培训机构和培训课程的专业度对律所同事的必要性。律师们的时间都是非常宝贵的,如果让律师花费大量时间去听含水量很高的课,那就会大幅降低律师未来参加相关培训的积极性。

- 重视培训与知识管理之间的联系。无论是我们的律师为所内同事进行内部培训,还是安排律师参加外部培训,或者邀请外部讲师来为律所同事进行培训等,将培训的内容沉淀为知识管理成果是非常重要的。

- 重视培训与律所文化打造之间的联系。培训能够营造学习型组织的氛围,培训本身也是文化建设的一部分,人事部门可以通过培训凝聚共识。

第四部分 律所数字化建设工作指南

第十三章 | 数字化建设与律所运营能力

由于不同的律所、律师在理解信息化、数字化、数智化、智能化等名词的时候大相径庭，所以在该部分的内容介绍中我会倾向于多讲场景、少下定义。但如果一定要说说何为律所的数字化发展，我的理解是：

- 将传统律所通过书面、纸质形式沉淀下来的管理资料、业务资料、品宣资料、营销资料等搬上云端或者管理系统，可供在线化查询调阅，这就实现了信息化；
- 将这些信息实现互联互通，使得律师业务、法律服务产品、财务数据、知识管理、品宣管理、客户管理等一系列的事情变成一件事情，能够相互交叉分析、提供数据支撑，发挥降本增效、提升竞争优势的作用，那就是数字化；
- 而数智化是结合人工智能、算例算法，对数字信息作出分析与预测。

放到我们日常的工作场景当中，从律所内部的纸质化立案转变到在线立案，这就是信息化；结合立案信息分析律所的主要客户分布在哪些行业、需要哪些类型的法律服务、单案收费情况如何、付费周期情况如何等，这就是数字化；在此基础上，能够主动提示律所可以考虑在哪些行业或者哪些业务板块进行怎样的战略布局，就实现了数智化。目前，在信息化、数字化阶段，已经有不少律所进行了成功的实践，提供了很多示范性样本；相对而言，数智化阶段还在探索与尝试当中，但也不乏小切口的创新型案例。

接下来，我将会向大家介绍律所如何通过数字化建设提升运营管理能力。

从 ChatGPT 到 Sora，人工智能对整个世界都产生了颠覆性的影响。如今，我们写一篇通讯报道、发言稿或主持稿，做一份 PPT，又或是进行法律英语翻译时，都会借助人工智能类的工具，他们高效、便捷，甚至精准，给我们的工作生活带来极大便利。也是在此趋势之下，法律科技、数字化律所等概念再度成为行业内热议的话题，全国很多地方都相继出台产业指导政策，鼓励法律科技行业的发展，鼓励律所加快数字化建设的步伐，上一次出现这样的场景可能还是七八年前，律所开始高度重视内部管理系统建设的时候。

内部管理系统的建设可以说是典型的信息化工作，也是构建数字化律所的雏形。通常情况下，一家律所的管理系统会由客户管理系统、业务管理系统、财务管理系统、人事管理系统、知识管理系统等共同组成，这几个系统模块应当具备哪些功能，这些功能如何助力律所发展，下面我将展开讲讲。

一、客户管理系统

我在客户管理的专章中就提到过系统的重要性。概言之，客户管理系统建设相对完善的情况下可以做到：

- 当我将客户信息录入系统之后即可进行利益冲突检索。
- 系统会根据企业工商信息查询系统所载数据，对我录入的客户信息进行补充、完善、打标签，帮助我标识客户类型、所处行业、企业性质、股权情况、关联公司情况、独特的标签等（世界 500 强、中国 500 强、独角兽、小巨人等）。

• 系统将根据已经录入后台的律所客户管理分级分层标准，对客户进行分级分层标注；当然，除系统本身的自动标注外，我也可以进行人工标注或对系统的标注进行调整。

• 接下来，因为不同等级的客户所对应到的服务内容、服务频次、增值服务等存在差异，系统就将按照预先设置好的标准定期进行客户维护动作。比如每月自动给客户发送电子版的行业动态、法规动态、经典案例汇编，根据客户的行业、标签等自动定向邀请客户参加律所组织的活动，或者让客户收到相关专业文章的定向推送，或者对客户的负责人进行维护客户的提醒。比如系统会自动弹窗或发讯息提示律师维护重要客户，尤其是在律师的维护动作频次未达到律所要求时。

• 我们可以随时通过客户管理系统统计律所客户的行业分布、类型分布、客单价情况、分析客户的普遍性法律服务需求、分析高客单价客户的法律服务需求等，也能统计我们的服务时长、平均小时费率等诸多信息。律所可以设置让客户管理系统主动提示对客户的后续服务应当是提升服务费率、降低服务费率又或者是淘汰某些客户。甚至可以让系统自动生成一份有关律所下一步可以如何拓展新客户、维护老客户、在哪些法律服务领域进一步深耕的报告。

当然，客户管理系统也为律所内部考察合伙人的事业发展意愿，以及律所同事维护客户的意愿、能力提供了很好的基础依据。

二、业务管理系统

业务管理系统和客户管理系统自然是打通关联的，当我们点击某客户信息的时候可以看到该客户有哪些咨询案件、哪些正式案件，同样地，当我们在系统录入案件的时候，案件委托人的信息也能直接从客户管理系统中导入。

更重要的是，业务管理系统应当完整记录一个案子的各方面信息，既包括客户的需求、律师的服务内容，也包括收费标准、服务团队、分配比例等，案件相关的合同、发票、工作日志、服务账单、文书信息等都应出现在业务管理系统中；如果涉及开庭信息、保全信息等特别信息的，也应该在系统中登记录入并且设置提醒功能。

此外，当律所将知识管理做得很好时，就可以将不同案件类型的办案标准流程录入业务管理系统，律师在登记案件信息的时候就可以通过选择案件类型进入对应的模板界面，按照标准化的流程要求逐一完成各项动作，递交规定的材料、检核各个环节的要点提示。以星瀚承办争议解决案子为例，填写《诉讼管理表》是一件必须要做的事情，系统上会提供在线填写的界面，且相关材料的填写可以通过团队云端协同合作的方式来进行，从而使得案件的负责人、主办律师、协办律师、律师助理、法务秘书等只要一进入系统案件界面，就可以看到其权限所能对应的阅读、编辑、管理信息，实现更为高效率的内部协同机制。

与之对应的，大家可以设想一下这样的场景，当我们相同或相似类型的案件数量办得足够多，管理系统上已经积累了大量的案件信息、知识成果，那么关于该类案件的办案步骤、办案指引、文书写作方法与技巧、沟通与谈判要领，甚至是对案件周期、投入时长、人力配置、阶段与结果的预测等，是否就有可能智能化地实现了。这也给我们带来了启发，律所数字化发展或者律师拥抱数智化时代的难点往往并不在于缺乏技术能力、不具备理工科背景，真正的痛点或许是我们的工作习惯、信息输入、知识沉淀与内化工作做得还远远不够。

三、财务管理系统

我们看到，当我们在业务管理系统中录入案件信息时，该案件的收款信息、分配信息等就已同步录入进去，此时，这些和钱有关系的信息就自动关联到了财务系统。客户完成付款之后，财务部可以将付款信息与案件信息进行匹配关联，律师办案的时候如果出现办案费用、报销费用等，就可以直接在具体案件中进行登记，后续通过报销信息、凭证的登记上传等实现相关流程(财务系统可以结合算法判断报销本身的真实性、办案费用的合理性合规性以及相关发票的真假等)。结合案件信息当中包含的律师工作日志(工作时间的统计)，财务管理系统就可以为我们提供大量可视化的信息、报表等。最典型的就是具体个案的盈亏分析，可以将律师小时费率和律所的人工成本进行比对，从而为律师报价、业务分工的调整提供参考依据。而在律所整体层面上，就能综合看出不同业务领域、行业领域、案件类型、法律服务产品等各维度的收益情况,为律所的战略发展提供参考。

不仅如此,我们还可以将律所财务管理的预警规则提前录入到财务系统的后台,比如律所对外开具的发票中,有多少比例的款项没有入账,即应收未收的款项达到一定的比例标准时,财务系统就应该预警。又如律所的签约金占比低于某个特定的数值时,财务系统进行预警。或者,因为我们在业务系统录入案件信息的时候都会预估后续费用的收款金额、收款时间等,发生收款时间到了,但是费用款项并没有入账的情况,或者案件负责人申请调整收款时间和收款金额超出一定的比例范围时,财务系统同样可以进行预警。换言之,律所从财务管理的角度设置的各类指标都可以通过系统的方式进行自动提示,从而为律所健康、合规、可持续的发展提供保障。

当然,基于前文所说的,一个案件的业务信息、财务信息都有了且是打通的情况下,每月给客户发送常年法律顾问服务报告或者诉讼、非诉讼案件专项服务报告等自然也可以自动生成,只要我们在后台预先设置相关报告的呈现形式模板,律师或者法务秘书届时点击自动导出、发送客户,便可以实现账单的自动生成与发送。同样的原理,律所与提成分配的律师团队、独立律师之间的月度结算账单等也可以自动生成、自动发送。对于财务部门自身来说,其报表、报税信息以及要与律协、司法机关同步的数据信息等亦可在财务系统上实现。

四、人事管理系统

每当有新员工、新实习生入职律所时，人事部门就要在人事管理系统中录入、上传他们的相关信息，员工生日、入职周年的时候都会有提示功能，并且送上祝福。员工转正日期、劳动合同续签日期、建议晋升日期（提前将各职级的考核标准、晋升标准等录入后台，基于员工展现出的数据信息进行匹配）等也都会自动提醒人事部门，这就是人事管理系统的基础功能，帮助人事部门实现员工关系管理的数字化。

因为员工的休假申请、考勤信息等都是人事管理系统的组成部分，员工在业务上投入的时间、效率和效益信息等又都可以和人事管理系统打通，这样一来，员工薪酬管理、绩效管理、晋升安排、福利安排等事宜就可以在人事管理系统上实现。虽然律所在相关事宜的决策上不会仅依赖系统展现的客观数据，还需要进行主观的评估考察等，但人事管理系统的信息至少提供了一定的参考。

五、知识管理系统

在此需要强调一下，前述客户管理、业务管理、财务管理、人事管理的系统不是一个个独立的系统，而是融入律所整体的管理系统中，其包含以上这些模块，他们彼此之间是打通的，数据信息和逻辑信息等存在勾稽关系。

在2015年前后，国内的律师行业开始了对律所管理系统的大面积使用、采购，时至今日，尽管各家律所在系统使用时长、使用程度、功能开发程度上面有差别，但至少各律所在用的系统大多都覆盖到了客户、业务、财务、人事管理等几大模块，但对知识管理系统或称知识管理模块的建设有投入的律所却是凤毛麟角。

因为在传统律师行业中，基于自带生产力与生产工具的特性，律师往往都是守着自己的知识积累、办案经验、文本模板的，很多时候连徒弟都不传，又怎么可能贡献给所内的同事，甚至是同行呢。所以，很多律所在尝试做知识管理系统的时候都会发现，与其说是要研究系统怎么建设，不如说是要先想想怎么让大家愿意把知识共享出来。解决这一问题的关键还是律所的战略与文化，大家是否赞同协同合作能产生更大的效率和价值？大家是否认同知识管理工作的开展是律所增强竞争力、提升人员带教培养能力、提高业务管理水平和办案质量的关键所在？如果在精神方面能够取得共识，那么在知识管理系统的打造过程中要考虑的就是大家上传知识内容的便利性、大家使用知识管理系统时候的收获感、对于乐于进行知识分享的同事如何给予激励，以及如何对这些知识信息进行必要的保护。

我先从知识管理系统的界面呈现上来介绍常见的知识管理系统包含哪些功能、如何使用。通常，知识管理系统的界面有两类，一类是很像百度、谷歌这样的搜索引擎，也就是构建一个律所内部的知识搜索引擎，大家遇到客户提问了、需要合同模板了、想要看业务指引了，就可以在搜索栏中打出关键词或句子，然后就跟常规的搜索引擎一样,系统按照关联程度给出搜索结果,律师就去点击这些搜索结果从而获得自己想要的内容。这些内容都是所里同事主动上传的,一般律所会给上传行为以积分,这些积分与晋升考核、奖金激励、年度评优等都会挂钩。当搜索人看过这些上传信息之后,可以根据自己主观感受到的好用程度去给这些知识信息打分或者打标签,标签可以类似于“实用性强”“好用推荐”“五星好评”等,那么给出这些评价的知识使用者可以得到少量的积分,而提供这些知识的同事能够得到更多的积分奖励。久而久之,那些好评度高的知识信息就会在搜索排名上处于更高的位置,而那些无人问津的、好评度少的知识就会“石沉大海”。另一类界面形式类似于论坛,上传知识信息的同事到论坛上发帖,将知识内容、附件文档等都上传上去,同样地,同事想要获取知识信息时也可以在论坛搜索框中进行全局搜索并对相关知识的质量予以评价,一样也会有积分机制。相较于搜索引擎界面直观、高效的优势,论坛界面的优势是更强的互动性、参与感。一方面,即便我今天不上传知识、也不需要搜索知识,但我还是可以去论坛上逛逛,看看别人上传了哪些知识即新增了哪些帖子,可以看看同事们在知识管理论坛上的排名变化(因为发帖、回帖、加精华、版主贡献等都会有积分)。另一方面,论坛中可以形成不同的知识专区,每个知识专区都可以安排相应的版主,版主负责各专区的运维工作,他们的运维成果在论坛上可以比较清晰地展现出来。

知识管理系统搭建的关键在于无论是常见问题的问答、常用文本的下载,还是业务指引或业务指南信息等,都应当是动态的。

无论是法律知识本身还是我们的办案经验,一定是在持续变化的,这就需要我们的知识管理系统应当是一个日新月异的系统,而不是为了突击完成知识管理系统建设的目标一次性集中上传之后就再也没人管理了。就知识的更新而言,一方面仰赖于同事们的积极主动,比如我今天接触到新知识了,就自己去知识管理系统搜搜看,要是发现系统上的信息还是老知识,我就将新的内容更新上去。另一方面律所也要安排专人有组织地进行梳理。这种梳理既包括知识的更新,比如新《公司法》出台了,过去和公司法有关的知识内容就都要看一下;也包括对于常用知识的汇总性归纳,如我们在后台看到贡献股权投融资相关知识的,以及搜索股权投融资相关知识的比例都很高,那么就可以考虑将这些零散的知识汇总起来,出一本囊括办案流程、关键要点、法律法规、文本模板、常见问答的股权投融资业务实务指南。

只有当知识管理系统真正实用、高效,能够帮助解决问题,大家才有可能持续性地投入热情和价值。而且,只有当知识管理系统构建得好,在人工智能高速发展的时代背景下,一家律所的长远发展才有更多的可能性、想象力。将算法和知识管理成果相结合,有没有可能推出极大提升律师日常工作效率的工具?有没有可能在法律咨询的智能问答方面取得成绩?……这些预想的基础都是我们要先有语料库,而这是目前国内律师界普遍缺失的。虽然一家律所的知识管理成果之于许多想要做成的事情而言还相当微不足道,但是知识管理成果在很多时候就是基础建设中不可或缺的一环。没有知识的积淀就很难提升效率、释放律师的精力;没有知识的分享就势必存在大量所内重复劳动,而且很难落实传承工作。一家没有任何知识管理成果的律所可否基业长青,这是一个问号。

以上所说的内容是对数字化建设赋能律所运营管理进行的概览性介绍。大家还需要注意的是,谈及数字化发展就不能忽视系统的安全性问题、隐私保护的问题以及管理权限的问题。很多律师会以安全性为由拒绝数字化的浪潮,这实属因噎废食;但在律所管理层面上,也应当通过相关设施的建设和具体举措的保障让律师们意识到我们有能力解决安全、隐私、权限等问题,从而更好地帮助律师拥抱数字化发展,被数智时代赋能。

第十四章 | 数字化建设与效率提升、客户赋能

上一章主要分享了数字化建设对律所组织运营、管理的影响，而在本章里，将要分享的是数字化建设对律师提升工作效率、提高展业能力所能带来的正向意义。

在拥抱数智时代方面，律所要推进具体工作或许还有不少顾虑与障碍，但正如行业内大家普遍认为的，无论律所的数字化工作能够推进到什么程度，都不妨碍一个个超级数字化律师个体的产生，在超级个体的聚集之下，再来共同推动、塑造律所的数字化发展。

一、效率工具场景

1. AI 与常规文本的自动生成

毫无疑问,AI 工具已经成为我们日常工作生活中不可或缺的一部分,尤其是在处理常规文本方面,我们可以结合 AI 工具和自制简易程序(通常是基于 Python),再加上人工复核的方式就能完成许多质量不错的招投标材料、法律服务方案、报价方案、翻译资料、主持稿、发言稿等。

以招投标材料为例,有过经验的人都知道其主体内容通常包含两个部分,一部分是技术文件,即对此次招标方所提需求的响应,表达我们能够提供什么服务(服务内容)、由谁来提供这些服务(律师团队)、我们提供的服务好在哪里(优势)、我们曾经有过哪些经验(代表案例与客户)、我们将以什么样的价格提供这些服务内容(服务报价);另一部分是商务文件,通常是各类资质证明和补充材料,如律所的概览性介绍、荣誉证书、执业许可证正副本、银行开户证明、审计报告等。很多拥有招投标、入库事宜比较多的律所会安排专人专岗来做这件事情,因为这些材料乍一看不难,都能准备得出来,但是麻烦的点在于要将大量的素材复制、粘贴到一起,很耗费时间和精力。因此将律师助理投入做这个事情是不划算的,还不如从非业务团队中安排一个专人,但是即便专人专岗做这些事情,对于其他相关同事来说也很难说不痛苦的。那么 AI 工具和自制的简易程序可以发挥什么作用呢？前者可以帮助我们起草、润色服务内容、服务优势、报价方案等文字材料。而后者是帮助我们做资料的调取与集成，即可以与我们律所的管理系统打通（链接律所的客户管理、业务管理、知识管理、人事管理等模块），调取律师团队的服务简历、相关领域的代表案例和代表客户、律所的各类荣誉证明和资质文件等，调取完毕后根据客户邀请的格式要求进行组装，这样一来，一份投标入库文件很快就能完成。

此外，相信大家也都知道，用 AI 工具做 PPT、做表格、做海报设计等都是相当便捷的。当然也要承认的是，以 AI 目前的输出成果质量而言，其水平大多时候在合格线以上，距离高手还有差距，但这并不妨碍其能辅助我们先完成一些基础工作，让高手也能减轻一点时间成本的投入。

2. AI 与专业文本的自动生成

对于律师而言，除关心常规文本处理方面的效率提升外，更为关心的可能是 AI 或者其他数字工具对于法律专业工作的助力。

我们在市面上已经可以看到不少该类产品与其适用的场景，如通过 AI 进行法律调研、起草合同、审核修订合同、提供法律咨询智能问答等。现如今，大家使用 AI 工具时有一个很大的便利，就是我们可以用自然语言即很日常化的语言与之对话，提出需求、得到反馈；但缺点是大家也会发现，AI 给到的答案不一定靠谱，同一个问题你问 3 个不同的 AI 工具大概率会得到 3 个不同的答案，其中是否具备有用的答案、哪个才是有用的答案,这都需要人工对其进行识别、判断。当我们和AI交互常规类的文本时,这种识别判断是比较容易的,但当我们和AI交互法律专业类的文本时,识别判断就很有难度。所以,我们既要拥抱创新的工具、勇于尝试,也要对结果报以合理的预期,暂时还不能太过理想化。

在现阶段,还是有一些结合了AI技术的产品做出了不错效果的,这在一定程度上能够帮助律师提升日常工作效率。就我个人的感受而言,我向一个AI工具用日常语言以对话的形式提出需求,而它为我提供支持的信息都来源于一个非常可靠的、限定的数据库时,产出的结果往往是比较好的。例如"法天使"就有类似的产品,"法天使"的合同库本身是由上万份人工审核过的、质量可靠的合同文本组成的,当我有合同需求时,我与"法天使"的AI大模型对话,用日常语言描述客户的背景信息和场景,让AI判断哪份合同或者哪几份合同是最适用于我的,并从合同库里面调取过来,这是很便捷的。又如我们看到市面上有商标检索报告自动生成的工具,其背后的数据是官方的、经过识别的,那么这份检索报告就很可靠。还有我们做投融资并购案件的时候常常要做尽职调查,过往做尽职调查就难免要到各个常用的公开信息网站上去逐一检索,随后截屏、粘贴、调整格式,但现在基于技术能力,这显然是一个可以快速实现的场景。

随着我们技术能力的提升,底层的数据信息、知识管理不断完善,AI等技术在法律专业领域所能发挥的作用一定会越来越大。但其会完全替代律师的工作吗?显然不会。我非常认同"法天使”常金光老师所说的，这里面还有两件很关键的事情需要人类来完成，一件是提需求，在未来，明确需求、问对问题会变成很重要的能力；另一件就是做判断，就像前面说的，技术产生的成果未必是真实可靠的，还是需要人类对其进行识别。具有判断、识别能力的律师就能运用 AI 解放自己的时间和精力，进一步提升效益；而不会判断、识别的律师就有可能被 AI 所误导，此前也已出现过境外的律师在庭上引用通过 AI 查询到的判例，后被证明这些案例都是 AI 杜撰的。

3. 建立万物都可智能化的思维

技术变革到底能为我们带来多少影响，还有多少实用的场景能够助力我们提升效率，这些例子是无法穷尽列举的。但是大家可以形成一种意识，就是当我们在做一项任务做得非常疲倦，感觉是在低效重复劳动，专业技术的含量不高，本质上是体力活的时候，这个任务大概率可以通过技术手段来解决。如果律所当中有 IT 岗位的，可以与 IT 人员请教；如果律所没有 IT 人员的，可以与在合作的法律科技公司探讨；或者日常看看论坛，甚至是在电商平台上找找外包服务聊聊，往往都会聊出火花。而且大家要知道，技术还不仅是前面所说的对部分工作的替代而已，当大量的数据信息沉淀，再结合算法和数字化思维，可能还会产生许多出人意料的新成果。

此外，大家可以多多留心 AI 智能体的搭建，每个人都可以拥有自己的 AI 助手。目前不少大厂和法律科技领域的垂类公司都有推出该类AI应用开发平台,从而使得即便是没有编程能力的普通人,也能快速搭建基于大模型的各类智能体。比如对于业务律师来说,可以将某类业务的法律法规、专业文章、案例信息、自己的知识管理成果等导入,在开发平台上匹配必要的技能并且选择合适的大模型,为自己的智能体做好角色设定、匹配角色风格等,逐步进行调试和优化。如此一来,当我们想要培训实习生的时候,可能就不必全部由律师手把手带教,智能体就可以提供支持;当我们想要调取某个知识信息的时候,就不再是传统地去到自己的知识管理文件夹逐一搜索,而可以直接向AI智能体提出问题、得到答案……同样地,我们律所的运营管理也可以借助智能体提效,比如可以通过智能体预约会议室、获得律所的介绍材料、了解律所的各类管理数据、咨询律所的规章制度等。而且在我们的生活场景中同样可以尝试让智能体发挥作用,诸如搭建一个擅长推荐餐厅的智能体、擅长规划旅游线路的智能体、擅长写好书推荐语的智能体等。

至于大家担心的一些技术所带来的负面影响也并非完全没有应对之道。例如,在安全性方面,律所可以针对不同的资料信息、数据信息进行分级管理(如客户的案件信息、资料信息肯定是最高等级的,但是律所介绍、律师介绍等就可以是普通等级的),结合不同的等级制定对应的处理方式要求,并加以规范(结合律所的网络设置、服务器管理等都可以具体操作)。同样地,还可以通过脱敏工具先将材料脱敏,再根据等级要求与外部工具进行对接。至于大家顾虑的AI答非所问、胡言乱语、大语言模型出现幻觉等情况也可以通过问对问题、说对需求来优化,比如我们自己的提示语要尽量清晰、没有歧义;要给 AI 提供上下文、提供语境与背景信息等,帮助其更好地理解;还可以提供一些示例,告诉 AI 我要的是什么,即充分学习、探索 Prompt 编写。总之,比起一味抗拒,先用起来,做出尝试、解决问题才是关键的。

二、数字化营销场景

技术不仅可以使律师的工作效率变得更高,也可以让营销行为变得更为便捷且更好管理。列举几个典型的场景,比如数字名片。过去,数字名片主要是以小程序作为载体,发送给新认识的朋友之后对方可以看到律师的姓名、律所、职位、联系方式等,有些律师的电子名片上还会有照片、更加完整的个人履历、律所介绍信息等。换言之,电子名片的初始目的是一个信息的载体,通过一个相对轻量级的媒介让新认识的人更为全面地了解律师、了解律所。但现如今,数字名片还可以和律所的客户管理系统、市场管理工具或者营销工具等打通,提供更多的价值。例如,今天我认识了张总,可以将张总的信息录入律所的客户管理系统中,我发送电子名片给到张总,张总点击后的浏览行为和偏好会被记录,和客户管理系统实现信息的打通。比如我会看到,张总不仅看了我的简历信息、律所的介绍信息,还关注了我们律所的多个业务领域介绍,读了我写过的一些专业文章,跳转看到了我们律所近期即将组织的线下活动,看了我们过往发布的视频课程等。由此,我进而可以知道张总对我们律所是否感兴趣、对哪些业务领域感兴趣、有哪些文章话题或者活动信息吸引了张总的注意力,这样一来,我在对接张总的时候就能更有针对性。当然,这些信息的收集都应在合法合规的基础之上。

再说一个场景——数字人。如今,日常做视频内容、做直播的律师越来越多,但是大家都知道,真人做视频会耗费大量的时间,当律师精力不够、时间不够或者身体抱恙的时候如何能够继续产出视频内容呢?数字人就是变通方式。同样是在合法合规的情况下,数字人可以帮助律师减轻视频拍摄的负担,使得律师能够更为高效、轻松地进行内容生产。当然,数字人的效果较之真人还存在一定的差距,真人出镜产生的亲切感、真实感尚且不是数字人可以完全替代的,但这至少是营销方案中的一种选择。

对于高度依赖网络推广或者电话销售的律所来说,智能客服工具就非常重要。比如客户通过搜索引擎点击律所官网,并选择在线与客服沟通,此时的客服就可以是智能客服,基于数据和算法,部分智能客服的表达能力可以发挥得相当不错。智能客服负责获取客户的初步需求,根据需求将客户分配给真正的律师,同时也能消化大量的无效咨询或者非真实咨询等。又或者,我接到过不少律所的营销电话,接听电话的一瞬间就知道这是机器人来电,询问我是否需要聘请常年法律顾问,如果需要的话可以给我转接对应的律师,这种机器人的目的也是用来节约人力的。当然,还有一些推广电话的智能化程度会更高一些,一方面是其更加贴近于真人的语音语调(虽然听多了之后仍然可以识别出是机器人);另一方面是其有一定的对话能力，这种对话能力也是基于大量的电话沟通训练产生的。因此，有些时候，电话都不需要由真正的律师接起，上门咨询预约就已经登记完成了。

概括来说，数字化营销的作用就是让营销行为更加高效、精准，能够用最短的时间辐射到最多的目标客群。当然，营销行为当中有不少红线，有些营销行为也显然是“双刃剑”，律所、律师对此都应该有所取舍，坚持底线。

三、用科技为客户赋能

法律科技与人工智能产品除了能够为律师赋能之外，也能配合律师更好地为客户赋能。如今，很多企业法务部都在尝试数字化法务部的建设或者用法律科技助力法务发展，律所可以和客户公司多多合作、相互助力。

例如，企业法务部日常要负责为全公司的部门、员工解答各类法律问题，零星的法律问题咨询其实是非常占用时间的，尤其是法务部成员正在完成重点工作的时候，一下子被打断，思绪可能很难快速回来。所以，有些法务部门会需要一个企业内部的智能法律咨询 AI 工具，这个 AI 工具能够帮忙消化部分基础性的问题，像这类工具的开发就可以由律所协助提供支持，或者律所已经建设、布局完成 AI 智能问答工具的，也可以考虑是否向客户开放共享。又如，企业当中的业务部门在开展业务对接的时候如果过多与法务确认细节，那么会给法务部增添不少工作量，也会使得业务工作的开展非常拖沓，但如果业务部跟法务部缺乏前期的沟通对接，在已经将业务基本谈妥的情况下走法务部的流程，就很有可能遇到法务无法为其放行的尴尬情况，整个过程中并不是谁要为难谁、谁在给对方添麻烦，而是困扰于信息的不对称，这类问题也是可以通过技术工具来改善的。比如律所可以为企业法务部定制或者与企业法务部合作一些可以给业务部门用于前期自查自测的效率工具，由此帮助各方减少沟通当中的误会，共同提升企业发展的效率等。

而且相信大家都具备的共识是，当企业需要合规方案、治理方案的时候，如果律师只是单纯提供厚厚的文书材料，这对企业来说是缺乏实用价值的。企业需要的是能够真正解决问题的，与企业日常经营管理可以融合到一起的办法，比如很多企业会问我们，在做广告的时候有哪些合规要求，我们会给企业上课、做培训、提供指南，但这都比不上一个“营销合规小程序”。企业将海报信息、视频信息或者文案信息等上传到小程序中，小程序就能自动识别并告诉企业宣传物料中存在多少不合规的细节、为什么不合规、应当如何调整、该类不合规行为一经查实会面临怎样的结果等，这对企业来说才是它真正需要的。基于类似的初衷和逻辑，在企业合规内控体系建设、劳动人事管理、知识产权管理、数据合规管理、争议解决管理等方面都可以有科技产品的应用空间，大家要形成的思维是，今天我给企业提供服务，除了传统的制度、文本、表单、培训、宣贯、指南之外，有没有办法将相关的方案技术化，从而实现更务实、更有用的效果。但基于我个人的观察和判断，此处也要提醒一句：在拥抱数字化方面，律师个人的提效、律师超级个体的产生、律所的数字化发展通常是优先于面向客户提供数字化解决方案的。而且给到客户的数字化解决方案在现阶段一般是法律服务环节中的锦上添花,以律所或者律师为主导,希望通过研发、推广面向客户的数字化产品从而实现盈利,目前应该还是很有难度的事情,建议谨慎评估、投入。

第五部分

律所业务支持工作实务指南

第十五章 | 业务管理与风险控制

业务管理与风险控制是一家律所能否长远健康发展的关键所在。广义上，律所层面的风险控制包括业务风控、财务风控、人事风控、品牌宣传风控（舆情管理）、行政风控、IT 风控（数据合规、隐私保护与信息安全管理）等。

本章我们将着眼于业务管理与风险控制，律所中，通常由合伙人委员会中的风控委员会进行分管，并聘请专职的业务管理专员来具体执行。尽管相关职能对于律所经营是常态化的日常工作，但依然有不少细节值得强调。风控是高压线、是红线、是律所发展的生命线，从事相关工作的人员一定要有高度的责任心、使命感。

一、守护立案这道关

在过去很长一段时间中，律所当中的运营管理职能始终是被忽视的，没有专门的品牌、市场、商务团队，也缺乏专业的人事、秘书等，但是，业务管理（业管）这一职能却是例外，任何一家律所设立，就总会安排一个人员担任业管的角色。当然，律所初创、规模较小的时候，业管、行政往往会是同一个人，但是当律所规模大了、业务体量上去了之后，就一定会出现专职的业管，甚至是多位专职业管。

行业内普遍的人员配置考量是：律师人数规模不足百人时，所里应当有至少2位员工可以从事业管工作，其中一位是常态化的专职业管，另一位则是可以作为专职业管的代班人员，或者在特殊情况下进行交叉审核。而当律师人数突破百人但尚不足500人时，通常专职业管就要增加到2人，并且要储备第3人作为补充力量。后续伴随律师人数每增加二三百人，基本就要多增加一位专职的业管，当然，考虑到避免人员的冗余和效率的低下，业管们也可以适当兼顾一点其他工作，比如辅助人事招聘、知识管理等，但无论如何，**把握律所业务管理的底线、尽一切可能预防业务风险始终是律所以及业管们的头等大事**。如果一家律所从事资本市场、非诉讼业务或者刑事辩护业务较多，经常要出具对外盖章的函件、法律意见书等材料时，律所的业管配置还需要进一步加强。

之所以在律所成立之初就要有业管职能，其初衷就是守护立案关。对律师行业来说，有一件非常重要的事情——利益冲突检索。利益冲突，顾名思义就是同一家律所的不同律师代理的委托事项存在利益上的冲突，彼此的代理会直接影响委托方也就是客户的切身利益。所以，当律师接到客户需求的时候要做的第一件事情就是先和业管确认有无利益冲突，有没有同事代理了相对方或者利益相关方。需要提醒注意的是，并不是客户确认委托了才进行利益冲突检索，而是客户一旦开始与我们接洽，就应当先进行利益冲突检索。因为我们在客户接洽过程中一般都会涉及了解客户的需求，了解案件的简单信息，知悉一些客户的想法，甚至有些积极度高的律师，尽管没有向客户收费，也愿意先提供一些免费的增值服务，如跟客户说材料可以先发来看看。这种情况下，如果没有产生利益冲突那就是律师提供了更加优质的客户服务，让客户优先感受到了律师服务的专业性、高效率，但反过来，如果律师做了这些工作，后续发现利益冲突了，客户的感受就会变得非常糟糕，律师的处境也会变得尤其尴尬。所以律师一定要养成良好的习惯，先进行利益冲突检索，再对接具体细节，在律所管理系统当中先申请咨询案件立案(即便不收费)，再进行咨询案件转正式立案。这样做既可以避免利益冲突带来的麻烦，又可以统计律师咨询案件转正式案件的转化率，对律师的客户接洽复盘是很有帮助的。

利益冲突检索要做得又快又准有两个必不可少的要素。第一个要素是业管专员本身的专业能力，其必须对《律师法》《律师执业管理办法》《律师和律师事务所违法行为处罚办法》以及各级司法行政主管部门及律师协会的管理要求了然于心，能够清晰准确地判断是否符合利益冲突的情形与标准，如果真的落入利益冲突的情形应当如何沟通协调、发起豁免。与此同时，业管的专业能力也包括他的经验和思考力，有时候会出现律师为了接洽成功某案件而人为规避利益冲突的情况，业管专员要能够识别出来。第二个要素就是律所客户信息的完整程度。我们在讲客户服务与管理的时候就强调，客户信息的完整度关系到我们服务客户、维护客户的精确性、有效性，同样地，也关系到我们利益冲突检索时的结论和效果。因为企业客户会存在关联公司、分子公司、集团公司等各种情形，个人客户会存在重名等情况，只有客户信息录入齐整，这样每次利益冲突检索的时候才会效率更高。

录入客户、完成利益冲突检索、在律所内部管理系统中立咨询案件、客户确认委托之后申请签约转为正式案件，只有这些步骤都完成了，律师才有可能得到律所盖章的合同，各类办案必要的文件、文书材料等。而律所也应当根据内部管理规范的要求，不断细化每一个环节的流程、节点、前置条件。比如在星瀚，咨询案件转正式立案的时候，业管要重点确认以下几个信息：

• 客户信息的准确性和案件分配比例的对应性。此前的章节中已经介绍，我们在录客户信息的时候会有很多要求，填写一定的内容，为的就是客户服务的效果以及为招投标工作、品牌与市场建设工作等做好基础素材的积累。考虑到律师刚刚开始接触客户的时候得到的信息未必完全，所以业管在审核咨询案件的时候不会对客户的一些信息要求那么苛刻，如姓名或名称、手机号等一定要有，但是客户的职位信息、行业信息就不一定要很精准。但在正式立案环节，客户已经不是初期刚刚认识的接洽阶段了，客户已经要将法律服务需求委托给我们了，那么这些必要的信息就要全部修改准确，否则就变成了律所客户名单看似很多，但细看之下都是无效信息，客户管理工作就做成了表面文章。随后，业管就要根据客户的来源信息对照着看立案申请当中的案源分配信息是否能够对应上，如果客户来源是 A 律师，但案源比例分配当中完全没有出现 A 律师，这就有问题了。即便 A 律师和 B 律师已经协商好，这个案子自己不切案源，那也要在案源人一栏体现 A 律师，只是他的分配比例是 0，因为在我们的内部管理系统中，立案审批流程是要在业管、案源人、案件负责人这些角色中走一圈的，案源人添加不准确就会导致案源人获取的信息不对齐，由此就会留下隐患。事实上，这种细节上的严谨性也是吸引优秀合伙人律师的优势所在。

- 收费方案要填准确。为了律所能够较为准确地预估每一年度的创收水平，也为了各业务部门、律师团队做好自身的团队发展，同时也是避免报价不合理、不合规的情况，我们要求大家在立案的时候一定要填写收费方案，其具体信息包括采取的是哪种收费方式：计时、固定，或者计时与固定收费相结合、固定加风险代理等。根据收费方式的不同就会跳转至与该收费方式相对应的填写界面，比如采取计时收费的，就需要登记办案团队的小时费率和预估小时数；如果是固定收费与风险收费相结合的，就要填写固定收费的金额，案件的标的额和风险收费的对应比例等。我们每年都会更新律所的官方收费标准,也会跟律协进行备案,当收费不在标准范围内的时候,管理系统就会自动识别提醒,由此就能避免在收费环节出现问题。此外,律师还需要登记费用会在什么时候或者什么条件下收进来,这些数字就成了律所管理系统中统计的签约金,有助于律所、合伙人判断发展的健康程度。而且录入时间之后,系统会对律师进行提醒,由此也会避免收费不及时的情况出现。

- 关联方信息要齐整。如果是企业客户,那不能只有企业客户的公司信息,一定要有企业当中的具体联系人信息,这些联系人的信息是否具备,业管需要进行检查。如果是诉讼案件,那么一定要有对方当事人的信息;非诉案件,通常要有会计师事务所、券商、投行的信息等。

- 勾选是否为法律服务产品。因为星瀚的战略是“产品化、强运营”,所以法律服务产品的研发是相当重要的,律所也为此提供了专门的制度保障。每年统计法律服务产品的成案数量、创收金额是一件很重要的工作,既关系到产品的长远发展,也关系到产品团队的利益分配与律所激励。所以业管就一定要复核案子本身是否匹配律所的法律服务产品,如果是法律服务产品相关的案件,就要注意核查律师或者法务秘书在登记立案的时候有没有勾选、勾选的产品名称是否准确等。与之原理类似的是,因为星瀚是涉外业务示范所,每年都要上报涉外业务办理情况,所以立案的时候要勾选案件是否涉外,对此,业管也要复核。

- 确认律师聘用合同。星瀚为各个类型的案子都提供了聘用合同的模板,律师或者秘书如果上传的定稿版合同用的就是星瀚模板,经管理系统自动匹配确认一致之后,业管只要核对合同上需要额外填写的信息是否准确(如客户需求、承办律师、收费标准等),是否和系统登记的信息一致就好。但是,如果律师使用的合同并非星瀚模板,而是客户提供的签约模板时,业管就要确认律师有没有同步提交签呈说明。根据我们的管理制度,签呈说明要讲清楚为什么用客户模板而非律所模板,两个版本之间的核心差异是什么,使用客户提供的模板会存在哪些风险等,业管要对律师写的签呈内容进行复核并且预判风险程度。因为有些客户的合同模板会约定一些非常苛刻的,难以执行的条款要求,或者过高的违约责任,又或者有过多的排他条款会影响律所的后续展业等。律所肯定不能为了一个案子就不顾将来,而且即便最终接受了客户的要求,那也一定应该是经过评估的、有过协调动作的。在客户不接受电子章的情况下,业管还要确保盖章版的纸质合同和系统上申请的电子合同的一致性,原则上,盖章合同由业管从系统上直接打印、盖章后再上传,如果律师或者秘书着急忙慌拿一份合同过来要求盖章的,这章一定是不能轻易盖下去的。

- 特殊案件要走特别审批流程。为了高效管理,也为了尽可能地助力律师接案,常规案件的审批由业管完成,但对于一些情况特殊的案件,业管需要点击特殊案件审批流程,这样一来,相关案件的审批就会去到业管风控委员会。常见的特殊案件情形包括行业主管部门格外关切的涉黑涉恶案件、社会影响力较大的案件、集体性案件等,也包括与律所的制度规定相悖的案件,如收费不符合标准的案件的、承办不属于律所专业范围内的、承办非律师专业标签项下的案件的等各类情况，遇到这类情况，业管都会先与律师确认是信息误填还是真的需要特别申请，假设律师是有特别申请需求的，则需要填写签呈说明，经由业管确认后走特别审批流程。

由此可见，在管理制度较为严格、规范的律所中，业管工作的强度和要求还是很高的，而以上所说的这些都还不涉及资本市场、金融类案件的特殊流程。但是业管和整体运营体系也要有一个基本定位，一方面，大家的工作是为了避免律所发生风险性事件，所以一定要有管理的意识；但是另一方面，律师接洽案件、赢得客户也并不容易，要在理解律师的基础上尽可能地找到共赢的方案，而不能非常生硬地一味说“不”，本着多一事不如少一事的心态单纯规避责任和麻烦，这也是不可取的。

二、慎重使用证照章

立案完成之后，一切还只是刚刚开始，在案件办理的过程中律师也总免不了会提交各类盖章申请，就此业管要始终绷紧一根弦：证照章的使用一定要慎重。

很多律师为了表达对客户的尊重，往往会先让律所在聘用合同上盖章再邮寄给客户，请客户盖章之后再寄回来，此时业管就要留意催收这些合同。此外，案件办理的过程中，业管也常常会遇到律师申请所函、律师函、法律意见书、询证函等文书材料盖章的情形，对此，律所的底线管理制度一定是空白所函不盖章、空白文书不盖章。而且通常情况下，业管要在管理系统上先确认客户是否已经按约付费，再给相关文书盖章。如果客户没有按约付费，但律师催促要先给文书盖章的，业管一定要了解清楚缘由，如有必要的话，要走特殊审批流程。

在一些项目当中也会涉及使用律所的执业许可证正副本或者银行开户证明等材料，每次出具这些材料时，业管都要了解清楚用途，并将相关用途以水印的方式表现，从而确保律所的各类资质证明不被滥用。

通常情况下，律所内部的管理系统要是设计得好，那么大家的行为都会有留痕，谁在什么时间点填写了哪些信息、附件上传了哪些材料，谁提交的申请，谁又在什么时间点进行了审批等都会一目了然。如果内部管理系统还做不到完全数字化的程度，或者有特殊事项暂时还无法在系统上实现留痕的，那么业管也要安排好各方的线下纸质签字。换言之，业管一定要有凡事都留痕、未来可倒查的理念。

三、认真对待结案归档

案件的归档要遵循一案一卷的原则，业管需要复核的细节主要是业务律师有没有按照律所的结案归档要求提交结案材料。例如，一个争议解决案件的归档材料应该包括：案卷目录、聘用合同、授权委托书、发票，证据材料复印件，为委托人起草的全部法律文书稿件，裁判机关的举证通知书、出庭通知书等法律文书，判决书、裁定书、调解书、裁决书、和解协议等记载案件结果的文书等。此外，根据星瀚的要求，还要提交一份有客户签字的结案确认书，无法提交结案确认书的需要有签呈说明。而如果是非诉讼案件，要提供与合同审查起草、参与谈判、提供法律意见与建议等相关的工作记录和材料，材料过多且已线上存档的，可以纸质材料和电子材料相结合的形式提交归档申请。此处需要特别提醒的是，资本市场案件、金融类案件、出具法律意见书的案件的工作底稿一定要齐整完备，需要落实律所风控内核委员会的完整流程。

在星瀚，递交结案申请材料只是结案工作的第一步，接下来是客户满意度调查，案件负责人、案源人、财务部的逐一审批确认。

结案归档工作一定要认真对待，一方面，如果未来遇到客户纠纷或者主管部门检查，完整的电子归档材料和纸质归档材料对于还原事实，保护律所和律师都是极为重要的。另一方面，每一次案件归档都是进行知识管理资料更新和市场营销素材更新的好机会。大家都知道，赢得客户信赖、获得市场关注度和美誉度的最佳方式之一就是案例宣传，各类评奖评优、榜单申报的过程中也高度仰赖办案经验等相关材料，与其突击征集，不如将功夫落在平时。

此外，律所的业管需要结合立案、结案的情况，每月制作业管工作报告，同步律所收案的情况，如有没有新增重要客户、有没有新增重要收费，还有律所收案、结案的周期情况，以及细分到各个业务部门、业务团队的具体数据信息。特殊事项也应在业管工作报告中汇总，对业管工作或律所发展有意见或建议的，可以在业管报告中提出。这份月度报告对于律所管理层推进战略以及管理工作有着非常重要的意义。

所以,虽然业管职能是一项传统职能,但是传统工作不能越做越麻木,而是在看似平凡的工作当中找到创新点,或是提升效率、提升律师的体验感,或是为律所的决策提供更多的数据支撑,又或是持续降低业管风控工作可能存在的出错率等,从而不断将律所运营管理的职能优势发挥到最大化。

第十六章 | 高质量的行政工作与秘书工作

律所行政人员(也简称行政)是一家律所的门面担当,是客户、合作伙伴、优秀人才来到律所之后的第一印象,不仅如此,行政也是确保律所正常运转的重要组成部分,看似做着细碎的工作,但却处处可以提升大家的体验感。而秘书则是业务体系和运营体系之间的重要纽带,也是业务律师的得力助手。很多同行都问过我,律所当中的行政与秘书究竟有什么区别,秘书和法务秘书又有什么差异,希望让行政或者秘书提供更多的支持但总觉得差口气,怎么办?本章将解答这些问题。

一、严谨细致的行政工作

1. 前台接待与会议室管理

很多人提到行政的时候，第一反应就是前台的接待人员，可见前台接待岗位的重要性。走进一家律所，如果前台亲切有礼，行为得体大方，那么大家对这个律所的第一印象就会非常好，很有可能会增加客户签约付费的概率、人才加入这家律所的意愿。但前台如果只是低头看手机、做自己的事情，没有笑容也沉默寡言，对于来访者的需求一问三不知，那么来访者大概率就会觉得这家律所的管理水平不行，进而就可能怀疑这样的律所、律师能信得过吗？所以，前台的素养是格外重要的。对于前台素养的提升，有一些关键点：

- 准备合体的工作制服。前台穿什么，很重要。因为律师行业是专业的服务业，所以前台的穿着应该端庄、得体。有不少律所会专门为前台定制工作服，相关预算一定不能太省，如果不合身或者材质不够好，反而容易显出廉价感（建议春夏多采用丝制面料，秋冬多采用羊绒面料，留意面料的抗皱性和质感）。此外，可以将律所的品牌色和工作服相结合，如果品牌色是蓝色、青色等色彩饱和度偏低的颜色，那么用这些颜色来做衬衫通常都会有不错的效果；而如果品牌色的色彩饱和度比较高，那么就可以考虑用丝巾、腰带等小色块进行点缀。

• 培养标准话术。前台接待一定会有话术，例如："您好，欢迎来到星瀚律师事务所，请问您预约了哪位律师？""请问您需要喝什么，我们可以提供咖啡、红茶、绿茶、热水、矿泉水、气泡水……""麻烦您先稍坐下，我这就去通知律师。桌上有我们律所的 Wi-Fi 密码，您面前的专业刊物和服务介绍您都可以随时翻阅。"同样地，前台也负责接听律所的总机电话，就此也应该有标准的话术和接听、记录、转接规范。此外，如果律所日常的参观量比较大，市场部带参观会存在照顾不过来的情况时，也可以安排前台熟悉参观话术，协助带领参观。

• 招聘亲切感强的前台。前台是需要天赋的，有些人如果天然不合适，即便经过培训和历练往往也很难达到预期的标准；但反过来，如果应聘者一走进会议室就给人带来耳目一新、适配度很高的感觉，那么后期只要稍加培训，通常就能将前台工作做得非常好。

• 细化工作内容的颗粒度并且安排补位机制。前台工作看似只是跟客户问好，将客户带到会议室，随后给客户送上茶水，但实际上还有很多细节可以去做，比如，给客户递上茶水的时候，茶水的状态应该是什么样的？绿茶、红茶的茶叶应该放多少？水温应该多少度？水位线要控制在哪里？送上茶水的时候要不要用小托盘？是否搭配小茶点？是否要结合可加热茶壶一起送？这些都值得研究。因为既要考虑客户的感受，也要考虑前台工作的实操性。又如，如果客户需要的是美式咖啡，要不要另外附一小包糖和一小罐牛奶？如果客户要的是拿铁咖啡，是不是可以做个拉花？

这些都是细节控们要考虑的事情。再如,前台要记得在客户与律师的沟通过程中适时去加水,换言之,前台要记得某个会议室的客户已经进去多久了,进去的时候是要的茶还是咖啡,如果客户是要的茶,那么通常就是进去加热水,如果是要咖啡,通常是进去送一瓶矿泉水并且询问是否还有其他需求。此外,很多律所前台会忽略的一件事情——客户不仅要迎,也要送。律师和客户一起走出会议室了,前台要起身微笑,帮忙摁电梯,给客户营造有始有终的极致体验。如果可以的话,前台最好记下今天有多少律师约了会议室,约的客户叫什么名字,客户一过来前台就能称呼出对方的姓氏,而非在电脑上反复确认,这样客户的感受度会更好。这个过程其实也不太难,因为不需要一次性记下全天的完整信息,每小时复核一下接下来一两个小时中会过来的客户就好。因为前台会有迎来送往,端茶倒水的任务,所以前台至少需要两个人,在客户约访量较大的情况下还应该安排补位成员。

在接待环节除了要体现前台的专业素养外,会议室本身的环境状态也很重要。这就需要前台同事经常巡查会议室,确保会议室在使用之前已经都安排到位,以及一拨客户离开之后前台需要快速将会议室整理复原。一般情况下,律所要对会议室的布置提出细节的要求,比如会议室当中通常会包括电视屏幕、接线口、遥控器、白板、白板笔、餐巾纸、充电宝、书写笔、书写纸、宣传册等。前台在检查会议室的时候就要留意以下细节:白板是否擦干净了,假设上面还有内容的话,要赶紧和前一拨使用的律师确认白板上的内容是否还需要;白板笔是否有墨水、可书写;投屏所需的接线是否一切正常;餐巾纸是否还有,如果快用完了应当及时更换;充电宝有没有电;书写笔的出墨是否流畅,书写纸是否都是白纸,是否有书写纸上面留有记录信息等。通常,前台巡查会议室的时间段包括接待开始前、接待结束后,以及每小时的固定巡查,因为可能存在虽然会议室没有被预约但依然被使用的情况,此时如果缺乏检查,那么下一拨客户进入会议室的时候就可能存在问题。

2. 办公空间与办公环境

为全所同事提供整洁、舒适、安全、功能齐备的办公空间和办公环境是律所行政的必要工作。具体包括:

(1)办公场地租赁。因为办公场地所涉的租金成本比较高,而且事关律所发展战略、品牌定位等关键性事宜,所以在涉及新租场地或者场地续约、扩租的时候,律所会组成一个专项工作组,专项工作组一般由律所权益合伙人牵头,由分管行政的合伙人具体负责,并且由行政部门进行对接与执行。在租赁事宜上,通常涉及的主要工作包括:

- 明确场地需求,如计划租赁的时间、时长、地段要求、面积要求、预算要求等,由行政部门将需求梳理汇总之后制定供应商招标方案,邀请行业内知名的商业地产服务机构进行投标和述标。与此同时,行政部门也要拟定评分标准供律所内的专项工作组复核。
- 经过公开、公平、透明的招标流程,选定商业地产合作机构之后,行政部门首先要与合作机构完成签约,并开始和合作机构一起对齐市场信息并制定候选楼宇列表以及楼宇评判标准、拟定项目进度表、确认谈判策略等。

• 首轮楼宇考察一般由行政部门与合作机构共同完成，建议分管合伙人在时间允许的情况下尽量参加，以便形成理性、客观、真切的判断。

• 在经过初期的楼宇考察之后，结合律所需求和拟定的评判标准可以缩小候选楼宇范围，安排权益合伙人考察若干重点楼宇，对于这些重点楼宇，行政部门同期也可以进行一些内外部尽职调查工作。

• 伴随相关工作的深入推进，行政部门将收到商业地产合作机构拟定的谈判策略和工作节奏，在完成律所内部的信息对齐之后便可实操推进。租赁价格的谈判有一定的周期性、逻辑性、策略性，行政部门的核心关切应当是：确保与商业地产合作机构、律所内部专项小组的沟通顺畅、信息同步；始终关注市场行情，了解第一手的商业信息；在面价、免租期、装修期、装修补贴、起租日、扩租权、还原要求、停车位等核心要点上综合争取。换言之，行政要做到的是成为一个信息中心，将信息准确传递给专项小组，以便核心决策的合伙人能够确定谈判策略和方案，明确律所的租赁条件底线。

• 最终目标确认之后，行政部门将负责推进详细的尽职调查工作，协助落实各类文本的签署，并且继续推进后续的交房、装修、搬迁、复原等各类事宜。

(2)办公场地装修。和办公场地租赁一样，设计装修也是行政会遇到的重点项目。因为设计装修的周期关系到交房的时间点、搬迁的时间点、还原的时间点等，所以在租赁事宜进度过半的时候，通常要和各家设计装修公司先接触起来，一方面是让设计装修公司对律所的品牌、战略、文化、氛围有一定的了解，另一方面也可以让设计装修公司将时间表排出来，以便和租赁事宜相衔接。设计装修一事也需要进行招标，即律所方面先确定需求，既包括客观需求，如要容纳多少会议室、多少办公室、多少工位等，也包括主观需求，如有没有偏好的风格、想要传递的品牌信息和文化信息等，甚至可以和设计师描绘一下大家在律所当中会如何度过一天的，实习生、助理的工作生活节奏是怎样的，律师、合伙人的状态又会如何。在看设计方案的时候充分考虑相关需求是否被满足，同时兼顾考虑预算、实用性、今后的维护成本、维修成本、还原成本等，要重视场景的代入感。当预算有限的时候，专业的行政部负责人要知道如何把钱花在刀刃上。当设计装修公司选定，具体方案打磨完毕之后，还会有一系列的手续性事务、现场衔接工作、办公家具和办公用品采购等事宜，可以说，装修时期是律所行政部负责人最忙的时候。

(3)办公设施报修与维护。办公场地投入办公之后就免不了发生设施报修的情况，根据具体设施的不同，或是与物业对接，或是与装修公司对接，行政部要做到及时响应、快速联系、高效落实并且给到报修人反馈。条件允许的情况下，建议相关工作通过律所管理系统登记完成，类似于工单处理的模式，从而使整个过程可视化。这样也能看出每年是否存在高频次的物业报修或者装修公司报修情况,由此与供应商的沟通协调也能更有针对性。一般情况下,租户入住之后物业都会给到一份很厚的租赁服务手册,行政部门的相关专员要熟悉其中的内容,因为日常和物业的沟通不畅、扯皮是很难避免的,此时对彼此所作约定的熟悉程度就很重要。

(4)办公环境软装、保洁与绿植维护。前面谈到律所文化的时候我就有提到软装设计的重要性,软装工作可以由行政部门在全所范围内进行动员,广泛收集创意,结合行政部门的意见、市场部门的策划和外部设计公司、广告公司的沟通予以具体落实。如今无论是软装也好、绿植也罢,很多机构都提供租赁和维护服务,律所行政部门不妨考虑。比如在艺术画、装饰品方面,可以每季度请专业公司前来更换一批,如此一来,每次选品的时候都可以和当季的律所活动主题、风格相联系,或者和季节、气候相关联,给人以耳目一新的感觉。绿植在租赁的情况下,尽管成本预算相对高一些,但行政部门的养护压力就会小很多,而且也能给客户、员工带来更多的新鲜感。律所保洁一般也隶属行政部门,相关人员可能是全职服务于律所的,也可能是兼职的,对于保洁岗位同样要细化工作的颗粒度。例如,明确保洁的区域范围、周期频次、具体要达到怎样的标准、如何检核等。包括前台区域的大理石、木制地板清洁,办公室区域的地毯吸尘、复印打印区域整理、碎纸机和橱柜整理等。会议接待区的桌椅、屏幕、书写板,员工休息区的茶水间桌椅、冰箱、储物柜等都是每天要清洁的地方,而各类设备的定期消毒、地毯的清洗、地板的打蜡等更多细节化的保洁可以视情况每月或者双月安排一次。同时建议设置奖惩机制,从而确保保洁的工作积极性和工作质量。

(5)办公环境安全性保障。有关办公环境的安全保障问题可以从人、财、物视角予以安排。在员工日常办公的安全保障方面，行政部需要关注消防设施的齐备和有效期问题，有无电路设施老化，以及办公室空气质量情况、急救药箱和 AED 的使用情况等。行政部门应当适时组织安全教育和制度宣导，从而保障员工可以在律所舒心、安全地工作。律所中的重要办公资产包括电子资产和实体资产两个部分，前者关系到数据信息的安全、机房的安全等，如果律所有 IT 部门则由 IT 部门负责，如果律所没有 IT 部门，则可以由行政部门联合外部供应商共同应对；后者的关键在于钥匙、密码的管理机制，固定资产的登记、维护和盘点机制等，务必责任到人。同时考虑到律所接触到的客户信息、案件信息的重要性，行政部门应当长期提醒员工将重要资料上锁管理，并且在公共空间内安装监控探头，以便在重要财物或资料遗失的时候可以通过监控追踪找回。

3. 供应商管理

因为涉及大量的采购行为，行政部门是律所接触各类供应商较多的部门之一，如对接办公用品供应商、电子设备与电子产品供应商、差旅供应商(机票、酒店、车辆)、快递供应商等，也包括前面已经提及的对接商业地产服务供应商、设计装修供应商等，所以建立一套律所行政部门的供应商管理办法相当重要。这套管理办法并不仅仅是行政部门适用，对市场部门、人事部门、IT 部门等涉及采购行为的部门来说都可以覆盖。

供应商管理的要点包括：

- 公平公正的供应商选择流程。行政部门应当明确自身的需求和对供应商的要求，出具招标方案和评分标准，预审供应商资质、排除利益冲突，与潜在供应商签署保密协议和承诺书，安排供应商述标（候选供应商至少 3 家以上），结合书面投标材料和现场述标情况综合打分、评定。选定最终供应商的过程、依据等信息应该在律所内部存档。
- 与供应商一同确定最优的采购方案。选定供应商之后，行政部门需要深入审核供应商的资质，并与供应商沟通采购方案，全面确认细节，尽量做到集中采购、集中管理、充分沟通，以降本增效作为关键目标。
- 使用律所合同模板完成供应商签约。在与供应商签约的时候一定使用律所出具的合同模板，从而降低合同执行过程中的各类风险。
- 对供应商进行绩效评估与考核，淘汰不适格的供应商。

通过完整的供应商管理流程能使律所的采购价格始终具有竞争力，毕竟在首次合作采购时拿到的最优价格伴随着时间的推移，可能一年两年之后就不是届时市场环境中的最优价格了，律所行政部门对此如果没有足够的意识，就有可能持续花冤枉钱。

更加极致的做法是，行政部门每年在提交预算的时候就要对比上一年度的决算情况，逐一对每一项的供应商进行绩效评估和价格复核，始终保持至少有三方进行比价的机制，争取用最低的成本用到最好的产品与服务。而律所对于行政部门在降本方面做出的成绩也可以给予激励,从而共同将供应商管理工作做好。

还有一个制度和供应商管理常常相伴,那就是律所有关赠送或接受礼品、招待的合规指引,对此,行政部门及相关人员的廉洁性、公正性非常重要。我们的惯常做法是明确不得与供应商深度接触的时间节点、明确接受礼品的价值上限以及要有备案登记制度。事实上,律所在为客户提供合规、内控、反舞弊法律服务的时候往往都有非常多的文本、制度和措施,在律所内部的管理上也同样可以参考适用。

二、周到全面的秘书工作

1. 日常工作的全面支持

相信大家对“法务秘书”这个岗位的提法并不陌生,只是很多人会有困惑,“法务秘书”和“律师助理”有什么区别,哪些事情是秘书做、哪些事情是助理做,以及“法务秘书”和“秘书”的工作又有什么差异?关于前者,核心区分的要点是处理相关工作是否需要法律专业背景。换言之,律师助理做的工作是和法律专业相关的,而法务秘书做的其实是与法律专业无关,但与律师行业有关的事务性工作。比如,星瀚法务秘书的主要工作内容包括以下模块:

- 根据律所制度,在管理系统中完成客户信息登记或复核业务同事登记的客户信息,确保律所客户信息的真实、有效。

- 根据律所制度，通过管理系统提交利益冲突检索申请，并且跟进完成相关流程。

- 根据律所制度，协助律师录入咨询案件或正式案件（原则上正式案件都应为咨询转立案），并在案件中登记各类必要的信息，上传律师聘用合同（上传前应预审，如果未使用律所模板，需要律师说明理由、填写相关签呈，一并上传留档）。

- 根据实际情况，协助律师修改案源分配比例、办案分配比例等案件登记信息，相关行为应当符合律所规章制度。

- 协助律师录入开庭信息、保全信息等，设置到期前提醒功能。

- 对于案件项下文书申请盖章的，应进行预审，符合律所制度的情况下报业管审核。

- 根据律所制度，协助业管对律师出具的律师函、法律意见书、询证函等文书进行形式预审，确认背景材料、工作底稿及出具该文书可能存在的法律责任风险分析和案件负责人、承办律师签署的《承诺书》等已经在系统中提交。

- 对接盖章、开票等事宜。全部用章申请必须系统登记，法务秘书和业管交叉执行；全部开票信息必须系统登记，发票扫描件应在系统上存储，法务秘书和财务部交叉执行。

- 协助律师根据律所制度完成结案归档流程，提醒律师与客户签署《结案确认书》。

- 日常协助复印、打印、扫描、装订、材料整理等事务。

- 日常协助文件寄送、接收等事务，对接行政部做好快递凭证的留存。

- 日常协助会议室预约。
- 协助律师完成发票管理和报销事务。
- 协助律师进行文本的格式修改与优化。
- 协助律师对接律所市场部完成招投标相关事宜。
- 协助律所运营体系同事汇总、收集各类信息，协助发布、提醒各类通知。
- 协助律师完成年检工作等。

细致、严谨、周到是对法务秘书的基本要求。通常情况下，法务秘书要为10～20位律师提供相关服务的支持，这就需要法务秘书有着较强的抗压能力，因为同时收到多个律师发来的多个需求是经常会出现的情形。此时，法务秘书要做到不急不慌，有序地分析好每件事情的轻重缓急，根据顺序逐一推进落实。法务秘书在做事的时候绝对不是被动执行就好，比之没有感情的机器，优秀的法务秘书应该能够同时理解律所的要求和律师的想法，以让律所、律师都满意的方式做好工作。

事实上，法务秘书是公司制律所或者大规模的提成制团队都会配备的角色，因为有了规模之后就意味着要面临的琐事会太多，势必需要专人解决。星瀚在按公司制模式发展的时候为每个业务部门都配备法务秘书，意图是实现专业分工、让专业的人做专业的事。而在星瀚引入了以提成方式进行分配的造星律师之后，我们将法务秘书的机制福利共享给了造星律师，因为以法务秘书为桥梁，能够更好地衔接律所和造星律师之间的沟通、互动，也能通过法务秘书的工作协助让造星律师更好地理解律所制度和管理规范,不使其认为这些制度、规范、要求过重地增加了他们的负担,因为很多事务可以由法务秘书帮忙分担,即让造星律师觉得,有了法务秘书,他们就能从事务性的工作中解放出来,集中更多的时间精力到客户拓展、业务办理、科研等事情上。

当然,不是所有的律所都一定要设置法务秘书岗位,在提成分配的律所中,法务秘书的成本也不一定是律所承担,如果合伙人团队自己认为有需要的话也可以是合伙人团队自行聘请法务秘书。因此,在律所层面上,如果设置法务秘书岗位则初衷要设想好,一旦设置了相关岗位,就要定义清楚岗位的职能、要求,使其发挥真正的效用。

2. 优秀秘书的进阶能力

从字面就能看出,“秘书”的工作范围较之“法务秘书”会更广一些,因为“法务秘书”还是侧重于和法律事务本身相关的辅助性工作,而“秘书”要提供的支持事项会更多一些。通常,律所的管理层、团队规模比较大的合伙人、社会职务比较多的合伙人可能需要专职秘书给予支持。某种程度上,秘书不仅是合伙人的辅助者,也会兼顾团队发展,协助管理团队中的日常事务。通常,合伙人秘书的工作职责会包括以下内容:

- 每周向合伙人汇报团队新签约案件情况、在办案件情况、结案案件情况、客户拜访和维护情况、营销工作安排等(主要是统计数据、汇总信息、上传下达,不涉及法律专业细节)。

● 每月复核、导出团队服务客户的账单，并代表团队向客户发送账单或法律服务报告。

● 根据合伙人的要求安排合伙人的工作日程以及合伙人与团队成员沟通、交流的日程，做好纪要，整理待办事项并在管理系统中录入。

● 协助合伙人组织团队聚餐、庆功、团建、培训等事宜。

● 协助合伙人录入工作日志和日程提醒，协助安排合伙人的用车与差旅事宜。

● 根据合伙人的要求与律所人事部对接招聘、薪酬、福利、考核、晋升、离职等相关事宜。

● 代表团队为新加入团队的新人提供入职培训，告知其团队内部的管理规范、文本格式要求、模板要求、工作流业务流要求等。

● 根据合伙人的要求与律所市场部对接品牌宣传与营销任务的安排，对接投标入库、奖项申请、国际榜单申报等事宜。

● 协助合伙人进行律师团队自身的品牌建设和市场营销，包括但不限于协助打造公众号、小红书、视频号等新媒体矩阵；对接、组织活动；对接、维护渠道。

● 协助合伙人准备客户洽谈阶段所需的各类材料，包括律所介绍、服务方案、演讲 PPT 等。

● 协助合伙人拟定发言稿件等。

● 协助合伙人规划团队自身的财务预算安排，并进行执行、管理、复核、调整。

● 如果合伙人有社会职务，协助合伙人对接与社会职务有关的各类工作。

- 如果合伙人是律所管委会、执委会成员,协助合伙人落实相关工作。

可见合伙人秘书的能力应当是较为综合、全面的,一般由律所中较为资深的法务秘书、行政等转岗成为合伙人秘书,也可以是外部专门聘请有一定工作经验的秘书。秘书要有比较好的待人接物能力、处理人际关系的能力以及综合解决复杂问题的能力,对律所熟悉、对合伙人团队了解、与合伙人之间的沟通配合较为默契。高素质的秘书之于合伙人而言是相当宝贵的财富,能够有效提升合伙人的时间效率和管理能力,产生更多的效益。

对于律所当中的行政、法务秘书们而言,如果期望自己能够发挥更大的价值,具有更强的不可替代性,就可以尝试在与市场部门、人事部门的合作中多学习、多了解,在日常的工作中也多接触业务、理解业务,这样就有更大的机会成为主任秘书、管委会秘书或者合伙人秘书,为自己争取到更好的职业发展空间和综合待遇。

第十七章 | 财务工作的底线与财务工作的价值

财务部之于律所的重要性不言而喻，一方面，财务要在常态化的工作中精益求精、展现专业、守住底线，另一方面，我也将在本章中与大家分享律所财务部门的更多可能性。

我本人不是财务背景出身,在律所的运营管理板块中,财务也并非我的独立分管板块,所以在这一章的内容里我并不会过多着墨财务的具体工作怎么做,而是希望大家更多了解到财务部门除了常规的本职工作之外,还能如何帮助律所发展。

我们先概览一下财务的本职工作内容,大致包括以下部分:

- 及时核对网银收付款,录入银行日记账,确保账实相符;
- 审核、开具律所发票;
- 负责律所对外付款信息的核对与操作;
- 审核报销、整理报销数据;
- 制作会计电子档案、纸质账册;
- 定期整理往来款项(应收/应付/预付);
- 与银行、税务局等对接沟通;
- 梳理、复核律所财务管理制度,提出修订建议,向所内同事宣导财务相关的制度、提供解释说明服务;
- 协助律所业务体系、运营体系以及与财务工作相关的各类事宜。

此外,财务部门还会有一些专项工作,包括但不限于:

- 协助律所完成年度审计、汇算、财政扶持等专项工作;
- 为以提成方式分配的业务团队制作账单,管理、发放分配金额;
- 为律所权益合伙人测算各类数据,计算分配方式,管理、发放分配金额;
- 根据司法行政部门、律协、律所的要求,制作各维度的财务数据统计情况；

- 预算管理与决算管理事宜。

从我的视角看，财务部有四项工作是相当重要的：

其一自然是守好合规经营的底线，杜绝律所的管理层、合伙人、律师有任何违规的要求和想法，确保律所整体的可持续经营。

其二是财务数据统计和预算、决算管理。岁末年初的时候我们都会根据律所的战略规划和主要目标拟定预算事项，财务部门在审核分析预算的合理性，以及相关预算对律所财务健康状况的影响之后给出建议，在全新的自然年度内，全所上下都应按照预算制度执行对外付款事宜，涉及超预算支出的部分需要特事特批。每个月，财务部门都会给律所的权益合伙人们发送月度决算表，告知当月的收支情况，对于决算表中明显有违常规情况的支出，对管理者而言要加以重视，相关情况需要分析清楚，究竟是因为有重大项目、突发项目所产生的必然结果，还是因为疏于供应商管理等缘故造成的，即便是合理的大额支出，也要重视相关支出得到的效果反馈。到年底看年度决算表的时候，相关数据又是分析成本结构、辅助制定新一年预算安排的重要依据。通俗地讲，财务部门就是很直观地帮助我们了解律所在哪些地方能够赚钱，在哪些地方会多做多亏，利润水平究竟如何，以及在哪里花了多少钱。

其三是做好与合伙人、律师之间的沟通工作。无论是计点制分配还是提成制分配，只要涉及钱，就一定涉及算钱的规则、拿钱的规则，这些规则是怎么制定出来的，合理性在哪里，财务部门是相关事宜的重要宣导人、沟通人、执行人。每个人基于各自的立场不同，思考问题的方式和关注的核心焦点问题自然会有差异，财务部门作为中立的第三方要在兼顾律所视角、管理团队视角和律师当事人视角的情况下给出合情合理的解释说明。如果财务部门的沟通工作到位，就能加强律所内部的凝聚力、向心力；如果财务部门如果态度生硬、刻板，不愿意理解对方或者懒得沟通说明，就容易使同事之间产生隔阂、嫌隙，甚至在无意间制造了各方的对立情绪。尽管很多人认为财务部门因为其工作性质的特殊性自然应该是铁面形象，但实际中或许刚柔并济的工作风格会成为更好的选择。

还有很重要的一点是，财务部门对于律所的“里子”是了解得相当清楚的，因此可以就律所的管理制度完善，或者对律所的长远发展策略多提意见。尤其是当律所要作出关系重大的决策时，财务部门要用冷静、客观、专业的分析帮助律所进行科学化的决策。

除此之外，财务部门的定位和可以发挥的作用还有更大的想象空间吗？财务部门的工作只能是被动执行吗？财务部门就一定是一个成本部门吗？其实未必。

我们在现实工作中不难发现，财务部门已经越来越多地参与到了对律所业务发展的支持环节中。最典型的情况就是，我们的律师在处理一些业务时难免遇到财务、税务方面的问题，就像非法学背景人士遇到法律术语的时候会有距离感一样，律师遇到财务、税务方面的专业知识时（在不是税务律师的情况下）也一样会觉得陌生，此时他们就会去找财务部门咨询、请教，请财务部门给出意见或建议。所以，我们律所的财务部门是会给业务部门上课的，讲授基础的财会、税务知识入门,从而让律师在处理业务的过程中能够对很多问题有基本的概念和认识。

此外,在涉及投融资并购、破产清算等一些特殊类型的案件中,财务部门还可以和专业律师一起发挥更多的实质性作用,在某种程度上,律所财务部门提供的服务不再是单纯对律所内部发挥作用,也同样可以为律所的客户提供服务和赋能。

结语和致谢

2022 年是我正式从事律所运营管理工作的第十年，当年年初我就萌生了写作本书的想法。但是，一方面，当时的我并没有想好是写一本律所运营管理角度的书，还是写专门分享律师团队如何市场化展业经验的书；另一方面，过多的日常工作也让我完全没有精力来写这本书。

直到 2023 年下半年，写书的想法又一次在我脑海中浮现，花了一段时间列好排篇布局和主要提纲后就迎来了全年最忙的年终总结和新年规划时期，真正开始主体内容创作已是忙完律所年会之后的事情了。为了确保自己的写作效率，又要保证对正常工作不带来任何影响，我的写作时间都是每天早上 5 点至 9 点，生物钟宛如回到大学时期。但比之体力上的付出，写作带来的精神压力还是超乎我的想象。每次写完回看的时候都会觉得写得不够好，读一次就想改一次，本书的不少章节都经历过被完全推翻重写的过程。但即便如此，还是会觉得可以更好，只是按此心态下去，这本书怕是一辈子都写不完了。于是我发现，要取得成果就一定要承认自己的局限性，写书如此，运营管理律所也是如此。

本书的出版要感谢编辑朱海波老师。朱海波老师是律师行业发展的见证者、参与者，他熟悉律师的需求和律所管理者的心态，也知道国内大部分律所在发展之路上面对的困难与挑战,对本书的出版给予了大力支持。同时也要感谢“法天使”的常金光老师和胡婷老师,是“法天使”组织的年度合同大会让我认识了海波,以及胡婷在知道我有写书计划之后就立刻热情地给我推荐图书编辑,这在无形中激励了我,也鞭策了我。

感谢卫新律师、汪银平律师和星瀚同仁在过去那么多年中给予我的帮助与包容,在我的职业道路上能遇到卫律师这样的良师益友是我莫大的幸运。同时特别感谢星瀚运营体系的伙伴们,本书的很多经验、经历是我们一起共创的结果。

这些年来,律所运营管理工作从一个小众领域成为行业热点,进而被越来越多的律所置于战略高度、当作核心竞争力来打造,这离不开很多人的引领与推动。律新社、新则、iCourt、智合、法蝉、法天使、案牍、无讼……有太多的法律新媒体、法律科技公司一起为律师行业的发展作出了大量的努力与贡献。因为投入律所运营管理工作而认识了那么多优秀的朋友们,这是一件相当有幸福感的事情。

也要感谢全国数十家律协对我的信任,使我借由授课的机会认识了全国各地的律所管理者们,与大家的交流给我带来了很多启发与思考。特别要感谢上海律协行政主管联谊会,多年来,联谊会的各项工作极大帮助沪上律所提高对运营管理团队的重视,并且通过年度集训的方式真正帮助律所中的非业务人员开阔视野、提升能力。

最后,特别感谢我的家人。此时,语言在家人的关爱、支持与赋能面前都会显得如此苍白。谢谢妈妈给予我的无条件的爱护、培养与理解,是她鼓励我阅读、写作,是她磨炼了我的能力与品质;也谢谢爸爸对我的关心与付出。在我一路奔跑的时候,我始终知道我的身后是温馨、有爱的家。

中国的律师行业正走在高速发展的快车道上,中国律所的创新时间故事也才刚刚开始。律所运营管理的方法、工具一定会不断更新迭代,真正值得学习、借鉴、沉淀的是底层逻辑、思考问题的方式和解决问题的能力。

"你当像鸟飞往你的山去。"这条奔走之路上需要我们在经历复杂之后依然保持简单、满怀初心;在面对质疑、阻碍的时候始终积极地去探索应对方案,从不丢失把事情做成的决心;在面对非议、挫折和失败的时候,仍旧愿意相信时间的力量、相信做难而正确的事情是自我赋予的人生意义,我们每天在做的,都是对自我的超越。感谢本书的读者们,愿大家永葆热情、勇气、执着与信仰!